新时代河北省 企业国际化发展 战略研究

Research on the international development strategy of enterprises in Hebei Province in the new Era

李韶鉴 / 著

河北出版传媒集团
河北人民出版社
石家庄

图书在版编目（CIP）数据

新时代河北省企业国际化发展战略研究 / 李韶鉴著.
石家庄：河北人民出版社，2024. 10. -- ISBN 978-7
-202-17077-9

Ⅰ. F279.272.2

中国国家版本馆CIP数据核字第2024BK3510号

书　　名	新时代河北省企业国际化发展战略研究
	Xinshidai Hebeisheng Qiyeguojihua Fazhan Zhanlüe Yanjiu
著　　者	李韶鉴
责任编辑	阴耀华
美术编辑	李　欣
封面设计	郝灵慧
责任校对	付敬华
出版发行	河北出版传媒集团　河北人民出版社
	（石家庄市友谊北大街330号）
印　　刷	河北文曲印刷有限公司
开　　本	787毫米×1092毫米　1/16
印　　张	19.25
字　　数	273 000
版　　次	2024年10月第1版　2024年10月第1次印刷
书　　号	ISBN 978-7-202-17077-9
定　　价	60.00元

版权所有　　翻印必究

序 一

推进高水平对外开放是构建新发展格局的应有之义，有利于增强国内大循环内生动力和可靠性，有利于提升国际循环质量和水平。习近平总书记在党的二十大报告中指出："推进高水平对外开放。依托我国超大规模市场优势，以国内大循环吸引全球资源要素，增强国内国际两个市场两种资源联动效应，提升贸易投资合作质量和水平。稳步扩大规则、规制、管理、标准等制度型开放"。

一直以来，河北省委、省政府高度重视对外开放工作，坚定不移深化改革和扩大开放，谋划实施招标投标"双盲"评审等一批改革性举措，积极打造市场化、法治化、国际化营商环境，努力建设对外交往密切、经贸往来活跃、人文合作多元的国际化河北。改革开放以来，河北加快对外开放步伐，积极融入世界经济大格局，对外经济从无到有，成功实现了从封闭半封闭型经济向开放型经济的历史性转变，逐步形成了全方位、宽领域、深层次的开放格局。党的十八大以来，全省对外经济进入快速发展时期，对外贸易实现跨越式发展，对外交流更趋紧密，外贸结构持续优化，成为全省经济的重要组成部分和增长点。

随着外贸体制改革深入和经贸战略的实施，经营主体活力持续增强，贸易伙伴多元化推进，出口产品竞争优势稳固，对外贸易队伍壮大，河北企业积极开拓国际市场，逐渐成为外贸发展的主力军，进出口规模增长迅速，展现出了强劲动力。当前，世界经济仍然低迷，贸易保护主义抬头，地缘冲突加剧，外溢风险显著上升，国际贸易的外部环境日益复杂严峻。面对不稳定性不确定性上升的外贸形势，面对产业链外移、外需不振、汇率波动等不利因素，企业要素成本持续上升，传统竞争优势逐步弱化，对外贸易亟须增添新的发展动能。

民营企业作为推动对外开放的重要力量，在高质量发展的进程中，致力于打造国际化发展战略，不断开拓国际视野，融入共建"一带一路"，促进产业转型升级，加快形成新质生产力，加大关键核心技术攻关力度，推动制造业高端化、智能化、绿色化，不断提升产品质量水平，持续推动开放型经济发展迈上新台阶。省工商联作为党和政府联系民营企业的桥梁纽带，始终把引导服务民营企业"走出去"作为重要任务，积极搭建国际经贸交流合作平台，深入开展助推民营企业高质量走出去行动，引导服务民营企业深化拓展对外投资合作，加强民营企业境外风险防控，深化调查研究和建言献策，努力推动多层次对外交流工作，服务民营企业更好参与国际合作。

李韶鉴同志专注于河北省企业国际化战略研究，在梳理河北各项产业现状的基础上，科学分析国内国外经济发展趋势，客观中肯指出我省企业国际化进程中的挑战，提出了参与国际竞争的合理化建议，为河北企业家开拓国外市场提供了重要参考，在激励河北企业更好"走出去"方面作出了有益探索。

李红录

（河北省委统战部副部长、河北省工商联常务副主席兼党组书记）

2024 年 3 月 7 日

序 二

经济全球化是历史大势、时代潮流。新时代以来,中国始终坚持扩大对外开放,倡导合作共赢,为全球经济发展注入更多稳定力量。促进经济全球化健康发展,是习近平新时代中国特色社会主义经济思想的重要原创性贡献。这一思想强调坚持奉行互利共赢的开放战略,推动形成全面开放新格局,形成对外开放新体制,发展更高层次的开放型经济。共建"一带一路"倡议、推动区域全面经济伙伴关系协定"RCEP"的签署,是打造国际合作新平台,推动经济全球化朝着更加开放、包容、普惠、平衡、共赢的方向发展的重要举措,是贯彻习近平新时代中国特色社会主义经济思想的重要举措。

"一带一路"目的在于探索人类共同实现现代化的新路径,破解全球发展难题和完善全球治理体系,改变世界经济发展由少数国家主导的局面。"RCEP"机制的启动,形成了东盟与中、日、韩等国高水平的区域合作机制。"一带一路"与"RCEP"相叠加,为河北省企业提供了新的国际化发展空间。推动河北省企业国际化发展战略,帮助企业更好地"走出去",有助于激发企业的发展活力和创新能力;有助于借力实现区域内产业结构的调整、升级;有助于促进经济高质量发展、加快形成新质生产力;为加快建设经济强省美丽河北的目标,提供了更多的探索路径。

在经济全球化深入发展的同时,也存在着世界经济复苏乏力、部分发达国家消费疲软、中美战略竞争和西方世界贸易保护主义挑战等严峻形势。不同主张交织纷争,逆全球化、保护主义、单边主义言论和行为凸显,形成了不少"回头浪"。在这个特殊的经济发展环境和机遇当中,开展河北省企业国际化问题的研究,借鉴学习国际化程度较高的国内外企业发展路径,回顾总结河北省企业国际化发展历程,以及利用区域经济优势,走出国门的实战经验,对省内涉及外贸的企业,尤其是民营企业，具有很强的现实意义。

我国民营经济伴随着改革开放发展壮大，40多年来从小到大、由弱到强，具有了"五六七八九"的特征，已经成为我国经济制度的内在要素，是高质量发展的重要基础，是闯市场、搞创新的生力军。"鼓励民营企业提高国际竞争力""鼓励民营企业拓展海外业务"这是2023年发布的《关于促进民营经济发展壮大的意见》提出的明确要求。近年来，许多民营企业充分利用"东盟""一带一路""RCEP"等国际合作平台，依托技术和产品创新，发展新业态新模式，从价值链低端逐步向高端迈进，从传统产业向新兴产业拓展，不断开拓发达国家，以及拉美和非洲等新兴市场，不断提高国际竞争力，逐步成为了外贸稳增长的主力。

本书作者李韶鉴同志，立足河北实际，围绕共建"一带一路"与《区域全面经济伙伴关系协定》以及一些发达国家和地区政府在推进企业国际化发展方面的实践经验，开展了系统的研究，梳理总结了河北省机电、光伏、纺织等多个行业、企业国际化发展现状，回顾了我国及河北省企业国际化发展的历程，提出了国际环境、外向型人才缺乏、信息获取约束等因素制约了河北省企业国际化进程的看法，提出了一系列有研究价值的建议措施。研究成果经过系统整理，形成了《新时代河北省企业国际化发展战略研究》一书。希望能够帮助人们加深对企业国际化发展战略的理解和认识，为致力于为走国际化发展道路的企业以及从事相关研究工作的专家、学者提供参考。

姚奎章

（河北省民营经济研究会会长、河北养元智汇饮品股份有限公司董事长）

2024年3月11日

目 录

导 论 新时代河北省企业国际化发展机遇 ………………………… 1

第一章 把握机电产业的新机遇 ………………………………… 44

第二章 发挥河北光伏产业优势 ………………………………… 64

第三章 推动纺织服装产业新发展 ……………………………… 100

第四章 加强生物医药产业国际合作 …………………………… 128

第五章 河北钢铁行业国际化之路 ……………………………… 151

第六章 提升建材行业国际竞争力 ……………………………… 176

第七章 寻找河北农业国际化突破口 …………………………… 194

第八章 进一步加强国际金融合作 ……………………………… 214

第九章 密切数字经济国际化合作 ……………………………… 229

第十章 推进教育领域的国际合作 ……………………………… 249

第十一章 推进科学技术国际化合作 …………………………… 262

第十二章 经贸合规与风险应对 ………………………………… 276

跋 …………………………………………………………………… 291

参考文献 …………………………………………………………… 293

导论　新时代河北省企业国际化发展机遇

2020年10月，党的十九届五中全会通过的《中共中央关于制定国民经济和社会发展第十四个五年规划和二〇三五年远景目标的建议》提出，要加快构建以国内大循环为主体、国内国际双循环相互促进的新发展格局。党中央提出构建新发展格局，关键在于实现经济循环流转和产业关联畅通，必须深化改革、扩大开放、推动科技创新和产业结构升级，发展新质生产力，以实现国民经济体系高质量发展为目标，突出重点，抓住主要矛盾，着力打通堵点，贯通生产、分配、流通、消费各环节，实现供求动态均衡。

《区域全面经济伙伴关系协定》（英文简称RCEP）在2022年1月1日正式启动，这是进入新时代以来，在新格局下国际经济环境出现的一个重大历史机遇，是包括民营企业在内的河北企业"走出去"实现国际化发展战略的重要窗口和机遇期。

《区域全面经济伙伴关系协定》由东盟十国发起，我国一直是积极参与者和推动者。在贸易保护主义和单边主义盛行的新格局下，全球贸易体系正在面临着新一轮的重构。《区域全面经济伙伴关系协定》充分考虑到亚太地区经济发展的多样性，以此为基础在多样性和高标准之间制定具有灵活性和可操作性的规则，使《区域全面经济伙伴关系协定》顺应各方国情，推动国际贸易和经济发展。

2021年11月，国家主席习近平在中国-东盟建立对话关系30周年纪念峰会时强调，"我们要全面发挥《区域全面经济伙伴关系协定》的作用，尽早启动中国东盟自贸区3.0版建设，提升贸易和投资自由化便利化水平，拓展绿色经济、数字经济等新领域合作，共建经贸创新发展示范园区。"党的二十大报告提出，依托我国超大规模市场优势，以国内大循环吸引全球资源要素，增强国内国际两个市场两种资源联动效应，提升贸易投资合作质量和水平。稳步扩大规则、规制、管理、标准等制度型开放。推动货物贸易优化升级，创新服务贸易发展机制，发展数字贸易，加快建设贸易强国。合理缩减外资准入负面清单，依法保护外商投资权益，营造市场化、法治化、国际化一流营商环境。

《区域全面经济伙伴关系协定》建成是我国实施自由贸易区战略的重大进展，该协议签署之后，我国签署的自贸协定达到19个，自贸伙伴达到26个，大大提升了我国自贸区网络的经济容量，能够加快亚太经济一体化进程，助力形成我国"国内国际双循环"格局，维护世界多边贸易体系，也将为我国未来参与国际贸易规则制定赢得战略主动。故此，深入研究分析《区域全面经济伙伴关系协定》启动之后对河北省主要产业带来的机遇与挑战，服务河北省扩大对外贸易和经济高质量发展，具有重大理论和现实意义。

此背景下，在新时代河北省企业面临着新的发展机遇。河北企业实现国际化发展既要面对新格局下出现的"脱钩锻炼"挑战，也要积极把握以《区域全面经济伙伴关系协定》新的国际经济合作机制带来的新的历史机遇。河北省国有经济、民营经济要协同发力，特别是民营经济要发挥机制灵活的优势，齐心协力推动河北经济在海外的发展壮大，不断拓展国际市场。

以下对河北省部分主要行业的外贸发展进行一个总体性的梳理，其中国有经济成分与民营经济成分都已概括在内。对行业骨干型企业来说，下属二级、三级公司在股权结构上经常是不同经济成分"你中有我、我中有你"，混合所有制企业越来越常见。

一、河北省重点外贸行业发展现状

根据石家庄海关的数据，2021年河北省外贸进出口总值5415.6亿元人民币，同比增长21.5%。其中，出口3029.8亿元，增长20.2%；进口2385.8亿元，增长23.2%。其中对东盟进出口579.9亿元，增长18.5%。

在全省进出口总额当中，以一般贸易方式进出口4735.5亿元，占进出口总值的87.4%；以加工贸易方式进出口305.7亿元，以保税物流方式进出口300.7亿元。在出口货物中，机电产品出口1085.4亿元，增长23.8%，其中汽车零配件出口149.7亿元，增长33.6%；汽车出口118.4亿元，增长1.1倍。劳动密集型产品出口692.1亿元，增长2.6%；钢材出口389.8亿元，增长44.4%。进口货物主要为铁矿砂、原油、天然气、铁矿砂及其精矿,以及大豆。

根据河北省商务厅统计,2021年全省备案(核准)非金融类对外投资企业72家,对外投资总额67.8亿美元;2021年全省实际利用外资116.1亿美元,同比增长5.3%。

目前,在河北省对外贸易结构中,主要涉及七大重点行业。

一是机电行业。近年来,河北省机电行业整体规模保持平稳,但经营绩效呈下滑趋势。2020年河北省规模以上机电行业工业企业共5216家,相较于2019年增加373家,其中金属制品业企业最多,达1590家;从用工规模看,2020年河北省机电行业平均用工人数达77.9万人,同比增加1万余人;从资产规模看,2020年河北省机电行业资产规模总额达1.2万亿元,同比增长8.1%;从营业收入规模看,2020年河北省机电行业营业收入总额达9764亿元,同比增长7.5%;从利润总额看,2020年河北省机电行业利润总额达386亿元,同比减少5.6%;进一步计算发现,2020年河北省机电行业整体利润率为4.0%,同比下降0.5个百分点。受市场竞争日趋激烈、生产要素成本上升以及技术升级缓慢等因素影响,河北省机电行业的经营环境日益严峻,行业整体利润率下滑趋势明显。

表1 2016—2020年河北省规模以上机电企业主要经济指标

年份	企业数量(个)	资产规模(亿元)	用工人数(人)	营业收入(亿元)	利润总额(亿元)	利润率(%)
2016	5174	10324	-	12137	847	7.0
2017	5516	11812	-	10521	605	5.8
2018	4988	10624	-	8517	374	4.4
2019	4843	11153	769024	9082	409	4.5
2020	5216	12053	779223	9764	386	4.0

资料来源:根据历年《河北统计年鉴》数据整理计算得到;利润率用利润总额除以营业收入计算得到,下同。资料来源:根据2021年《河北统计年鉴》数据整理计算得到。

机电产品作为第一大类出口商品,在河北省出口贸易中占据重要地位。石家庄海关统计数据显示，2021年，河北省机电产品出口额为1085.4亿元，首次突破千亿元大关，同比增长23%，为2016年来的最高增幅。自2006年起，河北省机电产品出口便超过服装出口，成为全省货物第一大品类，近年来占全省货物出口总额的比重一直稳定在3成以上。2021年，在河北省几大主要出口商品中，机电产品出口占全省货物出口总额的比重为35.8%，远高于钢材出口的12.9%，服装及衣着附件出口的10.1%，纺织纱线、织物及制品出口的5.6%，以及农产品出口的4.0%。除了为全省货物出口贸易增长提供重要动力外，机电产品出口对全省经济的贡献也在稳步提升。例如，机电产品的出口依存度从2016年的6.3%逐步提升至2021年的7.5%，这一方面表明全省经济对机电产品出口贸易的依赖程度在逐渐提高，同时也反映出机电产品出口对全省经济的影响也在日益提升。

二是光伏产业。光伏产业链分为上游、中游和下游。上游主要是硅料和硅片的生产，中游是电池和电池组件，下游是光伏应用。

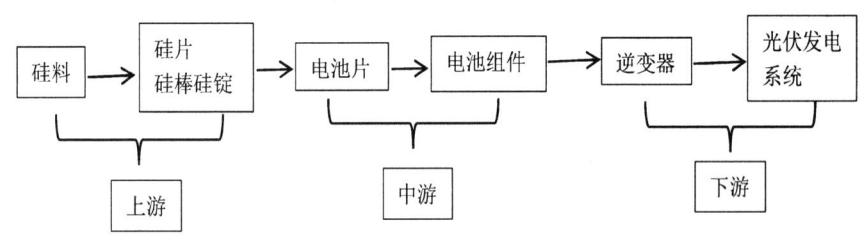

图1 光伏产业链上下游环节

根据对河北省12家光伏企业的调研得知，河北省光伏产业的优势主要集中在产业链中下游。

在上游产品中，河北省基本上没有硅料的生产，据调查，仅有不到10%的光伏企业生产硅片和硅锭硅棒。2021年，河北省硅片（纳入规范条件并上报数据的生产企业）产量为6.0GW，同比增长20.0%，占全国总产量的2.6%。从品类看，2021年，河北省生产的硅片全部为单晶硅片，单晶硅片对多晶硅片的替代进程已基本完成。虽然河北省硅片产量总体占比不高，但晶澳科技集团是全国乃至全球排名都很靠前的企业。根据中国光伏行业协会CPIA的数据。2021年晶澳硅片的产量都排在全球第5位。

在中游产品上,从调研数据看,河北省有14.29%的企业生产组件,4.76%的企业生产电池片,两者合计占比19.05%的企业在做光伏中游产品的生产。另根据省商务厅数据,2021年,河北省电池片产量为10.3GW,同比增长94.0%,占全国总产量的5.2%。组件产量为7.6GW,同比下降2.3%,占全国总产量的4.2%。可见河北省电池片的生产有大幅度增长。其中晶澳科技是行业领头企业,根据中国光伏行业协会CPIA的数据,2021年,河北省晶澳科技电池出货量、组件出货量都排在全球第3位。

另据石家庄海关的进出口数据也可以进一步验证河北省在硅片、电池片和电池组件上的优势。2021年,河北省的硅片、太阳能电池和组件净出口额分别是3487.7万美元和70944.2万美元,显示了河北省太阳能电池和组件出口的较大优势。

在下游产品方面,根据调查得知,河北省生产逆变器的企业在20%左右,光伏应用发电及安装和支架、储能设备等辅助设备生产的企业占比在33%左右。两者相加可看出河北省在光伏产业链的下游有着超过50%的企业在运营,这也是河北省光伏发电并网容量居于全国第2位的重要原因。

表2 2021年光伏发电建设运行前5名 单位:万千瓦

排名	省市	2021年新增并网容量			截至2021年底累计并网容量			
		合计	集中式发电站	分布式发电站	省市	合计	集中式发电站	分布式发电站
1	山东	1070.9	203.95	867.0	山东	3343.4	1008.97	2334.4
2	河北	730.0	213.32	516.7	河北	2921.3	1658.84	1262.5
3	河南	381.0	21.95	359.0	江苏	1916.0	941.08	974.9
4	浙江	362.5	164.86	197.6	浙江	1841.8	577.03	1264.8
5	安徽	337.2	121.46	215.7	安徽	1706.8	947.02	759.8

数据来源:根据国际能源局官方网站整理。

光伏发电方面，根据国家能源局统计，2021年河北省新增光伏装机容量为730万千瓦，光伏发电累计并网容量为2921.3万千瓦，均排全国第二名，其中累计分布式发电站并网容量河北省为1262.5万千瓦，浙江为1264.8万千瓦，排在第二位，两者仅差2.3万千瓦，河北省位居第三。

目前，河北省光伏制造企业（符合准入条件）从业企业有40余家，其中晶澳太阳能和英利能源（中国）均为全球领先的高性能太阳能电池制造供应商、服务商，晶澳被授予国家新型工业化（太阳能光伏）产业示范基地、国家光伏高新技术产业化基地，英利被授予国家高技术产业化基地（可再生能源）、国家可再生能源产业化基地、国家新能源与能源设备产业基地。唐山海泰、科林电气等也是该领域骨干企业，均具备自主承担大型地面光伏电站、分布式光伏发电系统及集成控制等建设运营能力。

三是纺织服装行业。河北省纺织服装产业历史悠久，是新中国最早建设的纺织工业基地，具有集群特色明显、产品类别齐全、加工能力强大、产业链相对完整、制造成本较低等基础优势，拥有包括棉纺织、毛纺织、化纤、皮革毛皮、服装、家用纺织品、产业用纺织品、印染、纺织机械等子行业在内的门类齐全、产业链完整的纺织工业体系。RCEP签署国是河北省出口的主要目的地，在对外贸易中具有重要地位。

河北省纺织品服装出口一直处于我国纺织品服装出口前十大省市之一，在我国各省市纺织品服装出口中处于第三阵营。2020年河北省出口纺织品服装70.45亿美元，占我国纺织品服装总出口的2.38%，位居第八。浙江、广东、江苏是我国纺织品服装最主要的出口省份，三省合计占比超过57%；山东、福建、上海处于我国纺织品服装出口省份的第二阵营，合计占比超过23%。五省一市合计占我国纺织品服装出口约80%。

表3 2020年我国纺织品服装出口前十大省市

排名	省份	出口额（亿美元）	占比%
1	浙江省	724.44	24.46
2	广东省	500.02	16.88
3	江苏省	474.08	16.00
4	山东省	269.79	9.11
5	福建省	215.96	7.29
6	上海市	200.74	6.78
7	湖北省	76.14	2.57
8	河北省	70.45	2.38
9	广西壮族自治区	53.99	1.82
10	安徽省	52.02	1.76

数据来源：《中国纺织品服装对外贸易报告2020/2021》。

2021年河北省纺织品服装出口中，服装（服装及衣着附件）出口占比约58%，纺织品（纺织纱线、织物及制品）出口为42%；在纺织品出口中，66.25%为纺织制品，20.23%为纺织织物，13.52%为纺织纱线。2021年，河北省对RCEP成员国纺织品服装出口占全省纺织品服装出口的比重为20.72%，其中，对东盟10国出口合计占比为13.45%。在所有RCEP成员国中，越南是河北纺织品服装出口第一大市场，其次为日本（2.81%）、泰国（2.69%）、印度尼西亚（2.26%）和韩国（2.12%）。

四是生物医药行业。2021年，河北省规模以上医药制造业工业增加值增速为14.0%，高于全省工业平均水平9.1个百分点，医药制造业增加值在全省工业行业的比重为3.13%。2021年全年规模以上医药工业实现营业收入1068.79亿元，同比增长10.7%；实现利润总额187.5亿元，同比增长12.0%。实现了规模和效益双提升。河北省的医药行业有五大龙头企业，包括了华北制药集团有限责任公司、石药控股集团有限公司、石家庄四药集团、石家庄以岭药业股份有限公司以及神威药业集团有限公司，其营业收入总和占到了全省医药的40%以上。

五是河北省钢铁行业。钢铁行业是河北省重要的支柱产业。2021年，河北省粗钢、生铁和钢材的产量分别是22496.45万吨、20202.98

万吨和 29559.38 万吨，占全国的比例分别为 21.78%、23.60% 和 22.11%；利润完成 769.85 亿元，占全省工业利润的 33.92%。进出口对河北省钢铁行业具有重要的影响。

2021 年，河北省铁矿石进口 10844.43 万吨，同比下降 16.93%，进口金额为 183.01 亿美元，同比增长 29.34%，进口均价为 168.76 美元/吨，同比增长 62.79%。河北省铁矿石主要进口市场为澳大利亚和巴西，两大市场合计进口 157.77 亿美元，占铁矿石进口总值的 88.89%。

2021 年，河北省出口钢材 587.24 万吨，同比增长 13.15%。出口金额 60.32 亿美元，同比增长 55.10%。2021 年，河北省钢材出口目的地共有 164 个国家和地区，出口市场排在前五位的分别是东盟、韩国、欧盟、巴西和阿联酋，对上述市场的出口金额同比分别增长 41.76%、136.69%、103.59%、204.53% 和 39.30%，对前五大出口市场的出口金额共计 31.24 亿美元，占钢材出口总值的 50.92%。

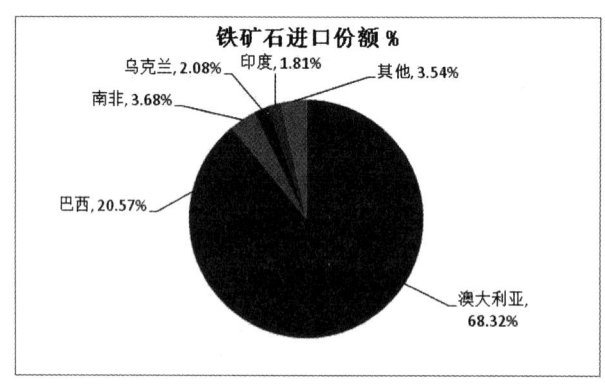

图 2　2021 年河北省铁矿石主要进口市场进口金额比值图

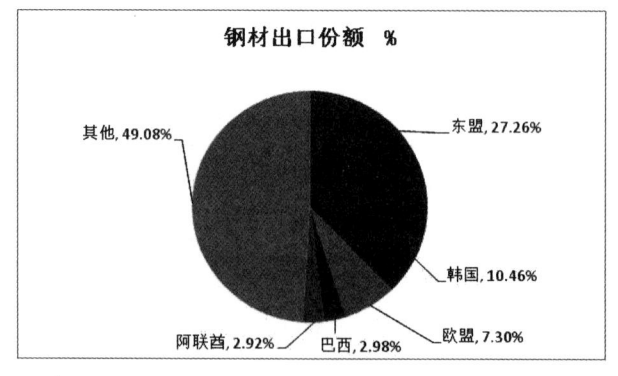

图 3　2021 年河北省钢材主要出口市场出口金额比值图

2021年全省钢材出口金额所占份额中，东盟占比为27.26%，韩国占比为10.46%，欧盟占比为7.30%，巴西占比为2.98%，阿联酋占比为2.92%。

六是建材行业。省住房和城乡建设厅统计，2021年河北省全年共完成建筑业总产值6484.6亿元，同比增长9.0%；完成建筑业增加值2303.9亿元，占全省生产总值的5.7%，连续5年占比达到5%以上，建筑业支柱产业地位持续巩固。其中，河北省建筑建材产量，平板玻璃居全国第一，卫生陶瓷、水泥等居全国前列。

2021年河北省全年共完成建筑业总产值6484.6亿元，同比增长9.0%；完成建筑业增加值2303.9亿元，占全省生产总值的5.7%，连续5年占比达到5%以上，建筑业支柱产业地位持续巩固。其中，河北省建筑建材产量，平板玻璃居全国第一，卫生陶瓷、水泥等居全国前列。

七是农业。《区域全面经济伙伴关系协定》（RCEP）成员国是河北省主要的贸易伙伴，2017—2021年河北省与RCEP成员国农产品（HS编码01~24章）进出口总额呈波动上升态势，占河北省农产品贸易总额的比重在19.45%和28.35%之间波动。河北省对RCEP成员国农产品出口额整体呈上升趋势，且占河北省农产品出口总额的比重均超过了50%，所占比重较为平稳，可见RCEP成员国是河北省非常重要的农产品出口市场。河北省自RCEP成员国农产品进口额整体也呈上升趋势，但占河北省农产品进口额的比重远低于出口，且自2019年以来，该比重呈逐年下降的趋势。进一步分析发现，河北省进口农产品中大豆所占比重较大，2019年大豆进口额占河北农产品进口总额的比重为66.37%，2020年和2021年大豆进口大幅增长，其进口额所占比重分别达到74.30%和74.84%，而河北省大豆主要进口自巴西、美国、阿根廷等非RCEP成员国，同时受新冠肺炎疫情影响，一些国家采取了限制部分农产品出口的措施，相比之下河北省自RCEP成员国的农产品进口额所占比重呈现了下降趋势。此外，河北省在与RCEP成员国农产品贸易中呈现顺差，且顺差额呈先降后升的态势。

河北省与RCEP成员国之间的农产品贸易以一般贸易为主，加工贸易和其他贸易为辅。2021年双边一般贸易进出口农产品12.72亿美元，占双边农产品进出口额的 90.49%。其中，河北省对 RCEP 成员国一般贸易出口农产品 8.95 亿美元，占河北省对 RCEP 成员国农产品出口额的 93.44%；河北省自 RCEP 成员国一般贸易进口农产品 3.77 亿美元，占河北省自 RCEP 成员国农产品进口额的 84.16%。

2021 年河北省与 RCEP 成员国农产品加工贸易主要是进料加工贸易，加工贸易总额是 1.19 亿美元，占双边农产品进出口额的 8.47%，其中河北省对 RCEP 成员国加工贸易出口农产品 0.57 亿美元，占河北省对 RCEP 成员国农产品出口额的 5.99%；河北省自 RCEP 成员国加工贸易进口农产品 0.62 亿美元，占河北省自 RCEP 成员国农产品进口额的 13.79%。其他贸易方式占比较小。

河北省与 RCEP 成员国 2021 年农产品加工贸易涉及的农产品种类比一般贸易少，且主要集中于水海产品及其制品和蔬菜、水果、坚果等制品，其占河北省与 RCEP 成员国农产品加工贸易总额的比重达到 91.41%。农产品加工业是提升农业价值的重要环节，河北省农产品贸易加工贸易的比重较小，也说明河北省农产品加工水平有待提升。随着河北省农产品加工业和农业产值比不断提高及农产品加工业的不断转型升级，可考虑进一步拓宽和延长农业产业链条，扩大农产品加工贸易规模。

二、RCEP 给河北产业带来的机遇

（一）原产地累积规则推动河北与 RCEP 各国贸易，放大产业链集聚效应

货物的原产地被形象地称为商品的"经济国籍"，原产地规则在国际贸易中具有重要作用。原产地累积规则是 RCEP 达成的货物贸易领域价值最亮眼的成果。原产累积规则的实施使得企业便利化程度更高，成本降低。由于我国之前与不同国家签订不同的自贸协定，企业无法充分掌握各种优惠政策而导致贸易成本与风险增加，而 RCEP 的签署实现了统一的自贸协定，为企业提供了极大的便利性。总之，RCEP 原产地累积规则的存在有效降低了产品获得协定项下原产资格的门槛，促进了生产要素在区域内的自由流动，能够鼓励更多协定缔约方参与生

产制造，从而推进区域经济的一体化。对于河北企业来说，可以借助累积规则，在 RCEP 缔约方内拓展产品原料和零部件的采购渠道，优先选择缔约方的进口原料和零部件，提升采购灵活性。这样河北省在生产销往 RCEP 缔约方货物时所使用的其他缔约方的原产材料，均可视为本国的原产材料。

（二）削减贸易壁垒，扩大河北相关产业与 RCEP 各国间的贸易规模，河北制造深度融入全球价值链

关税降低，不仅对出口有利，对进口也提供了极大的机遇。协定生效后，已核准成员国之间 90%以上的货物贸易将最终实现零关税，且主要是立刻降税到零和 10 年内降税到零，这意味着各国将在较短时间内兑现货物贸易自由化承诺。伴随着原产地规则、海关程序、检验检疫、技术标准等货物规则落地实施，关税削减和非关税壁垒的取消将产生叠加效应，显著增强成员国间贸易联系。

河北作为人口大省，需求庞大且多样。RCEP 其他成员国出口许多商品也是国内市场的供给品，如日本的电子产品、韩国的化妆品、新西兰的纺织原料等。对于省内消费者来说提供了更多的选择，对于省内能很好地把握国内市场的进口企业也是一个机遇。

（三）新议题提供了新的贸易空间，促进传统外贸企业的转型升级

在电子商务方面，协定中有专门的一章讲述安排，旨在促进缔约方之间电子商务的使用与合作，列出了鼓励缔约方通过电子方式改善贸易管理与程序的条款；要求缔约方为电子商务创造有利环境，保护电子商务用户的个人信息，为在线消费者提供保护，并针对非应邀商业电子信息加强监管和合作；对计算机设施位置、通过电子方式跨境传输信息提出相关措施方向，并设立了监管政策空间。缔约方还同意根据 WTO 部长级会议的决定，维持当前不对电子商务征收关税的做法。同时协定中以创造一个促进区域供应链的环境为目标，对于海关程序简化提供贸易便利化的要求，这些都将加快河北跨境电商的发展。目前，日韩的化妆品、消费品等在我国广受欢迎，中国庞大的消费市场也将加快河北电子商务的发展。

（四）RCEP 助力河北高质量增长，是双循环战略重要抓手和平台

RCEP 的正式生效使中国与各国关税进一步降低，市场准入进一步扩大，贸易更加便捷，生产要素流动更加高效集聚，从而有助于构建良性可持续的国际经济循环体系，助力我国高质量增长进程。此外，RCEP 各成员国的服务与技术可更加自由便捷进入中国市场，其适用原产地累积等规则有助于企业依托比较优势，在区域内灵活采购生产材料和开展投资布局，提高国际竞争力，为我国高质量增长创造有利环境并搭建平台。

当下世界经济形势复杂严峻，亟待构建国内国际双循环相互促进的新发展格局。在这一战略中外资外贸将要扮演重要角色，RCEP 的落地生效将为实施双循环战略带来诸多积极作用。在外循环方面，各成员国与我国空间距离相近，交通便利，合作潜力巨大。同时，各成员国与我国产业互补性强，更易产生贸易动机，从而更好地助力外循环顺畅。在内循环方面，RCEP 的落地生效将在更大程度上提高商品进口量级与水平，国内企业和个人能够更加充分利用这一契机通过提高效率并在此基础上扩大对外贸易市场，从而更好地带动国内消费与经济，搞活作为主体的内循环。

从总体上看，RCEP 加强了成员国间的贸易、投资与要素流动，使各国产业链、供应链更加联通，经济联系更加紧密，相互间依赖程度不断加深，在构建国内国际双循环新发展格局的同时也为内外循环之间的有机结合注入了动力。

（五）有助于河北产业链、供应链合作进一步深化，为区域价值链的重构提供新的契机

整体来看，除中国之外的 14 个 RCEP 成员国资源禀赋、发展水平、贸易结构、市场需求等迥然不同，可以将其分为 4 个梯队：第一梯队为日本、韩国、新加坡、澳大利亚和新西兰，属于发达或较发达经济体；第二梯队为印度尼西亚、马来西亚、菲律宾、泰国和越南，属于取得了一定成就的新兴经济体，正处于快速发展阶段，其中马来西亚和泰国发展程度相对较高；第三梯队为缅甸、柬埔寨、老挝，仍处于待大发展阶段；第四梯队为文莱，经济体量较小，但社会发展水平较高。

中国在经济发展水平和资源禀赋上介于第一梯队和第二梯队之间，与第一、第二梯队国家间的竞争与合作会长期存在，河北企业应在竞争中发挥比较优势，在保持就业和产业安全的前提下积极向产业链高端移动。在RCEP作用下，第一梯队国家主要会在产业链高端凸显优势，利用资金技术优势加大投资第二、三、四梯队国家，带动相关国家经济发展；同时，第一梯队国家较强的消费能力也将创造更多贸易机会。第二梯队国家会结合各自在人力、资源等方面的优势在产业链中低端深度竞争，并找到更多发展机会；同时，其基础设施改善需求也会带来工程与投资机会。第三梯队国家对外部资金的需求会保持长期迫切态势，在产业链低端以及基础设施建设方面存在一定业务机会。第四梯队国家资源单一，对外部市场依赖较大，会在贸易以及油气加工、水产投资等特定领域创造业务机会。

（六）有利于河北参与RCEP成员国的基础设施建设，为企业发展提供了更多机会

河北对RCEP成员国特别是东盟国家承包工程发展潜力较大。2020年，河北对RCEP成员国承包工程新签合同额8.2亿美元，完成营业额4.8亿美元，分别占全省份额的26.6%和17.3%，对外承包工程业务均集中在东盟国家，从完成营业额来看，主要集中在老挝、泰国、印度尼西亚、菲律宾、文莱、缅甸等国家。2020年，亚洲及澳大利亚的工程建设规模占世界的近三分之一，仅东盟的智能电网市场规模自2019年起5年内就将达到30亿美元。

RCEP在基础设施建设领域的机遇，电力行业主要在澳大利亚、新西兰存在基建升级改造，澳大利亚、马来西亚、菲律宾、越南存在新能源项目建设机遇，如2021年6月，越南金瓯350MW海上风电项目EPC合同签约，该项目是越南乃至整个东南亚截至目前最大的海上风电项目；印度尼西亚、马来西亚、菲律宾、越南、缅甸、柬埔寨存在传统能源电源（煤电除外）和电网建设及升级改造机遇。在交通上，澳大利亚、新西兰存在道路、港口等升级改造机遇；泰国存在高铁、城市轻轨等建设机遇；印度尼西亚、马来西亚、菲律宾存在公路、铁路建设和机场、港口升级改造机遇；越南、缅甸、柬埔寨、老挝存在海陆空多个

领域建设机遇。在电信行业，东盟成员国普遍存在电信建设机遇，其中新加坡、印度尼西亚、马来西亚、泰国等发展水平较高国家存在5G发展机遇。

（七）有利于河北企业走出去，培育新的国际竞争力

RCEP的签署标志着一个更加统一、宏大的市场，能够为中国跨国公司带来更加灵活的产业布局并构建更加完善的产业链，使得企业各种成本大幅降低，并为企业开拓了更加广阔的发展空间，有效地整合了资源，形成自身优势。RCEP生效意味着各行各业准入门槛放宽，其在投资领域采取的负面清单的方式，提高了政策的透明度，投资壁垒降低，将大大推动区域内资本流动的增长，有利于我国企业进行产业链布局，进而促进我国对外投资增长。

因此，河北相关企业应充分利用成员国要素禀赋优势主导建立具有国际竞争力的区域价值链，同时宽松的市场环境与壁垒的减少使得河北在跨国公司的培育上机会更多，更有利于河北新兴跨国公司的产生。跨国企业不仅能够在国际环境下进行改革和创新，还能提升企业的国际竞争力。在RCEP中，相关规定表明将会降低原材料的进口成本，使得一些行业更具有成本优势，促进企业在市场中优化资源配置，进一步提升河北"走出去"企业的盈利能力及产品的核心竞争力。

目前RCEP领域内带来的海外投资机遇主要在以下几方面：

首先在工业领域，矿业有：澳大利亚、印度尼西亚存在多种矿产投资机遇；文莱存在油气投资机遇，目前恒逸石化投资的大摩拉岛综合炼化项目已成为文莱全国汽柴油、航空燃油等油品的最大供应者。制造业有：日本、韩国存在高端汽车和钢铁投资机遇；马来西亚、泰国、越南存在汽配等机械零配件和电子产品投资机遇，如2021年7月，长城汽车在东南亚最大汽车生产国泰国的罗勇智能工厂正式投产；越南、缅甸、柬埔寨存在纺织业投资机遇，如柬埔寨的纺织服装企业中80%以上来自中国。电力行业：日本、澳大利亚、马来西亚、菲律宾、越南存在光伏、风电等新能源投资机遇，如2021年6月，东方日升批准422亿马币（约合100亿美元）的投资计划，将在马来西亚建设3GW大型光伏电池和组件生产工厂；印度尼西亚、马来西亚、菲律宾、

越南、缅甸、柬埔寨存在传统能源电站（煤电除外）和电网投资机遇。交通业：除新加坡之外东盟成员国普遍存在公路、铁路、机场、港口等投资机遇。电信行业：东盟成员国普遍存在电信投资机遇，其中新加坡、印度尼西亚、马来西亚、泰国等发展水平较高国家存在 5G 投资机遇。

其次，在农业领域，日本存在高端农业和渔业生产和加工投资机遇；澳大利亚、新西兰存在农牧业生产和加工投资机遇；除新加坡之外东盟成员国存在广泛的农林牧渔业生产和加工投资机遇。

三、当前河北省外贸有关行业存在的问题和挑战

（一）外贸产业集聚度不足，未能形成规模效应

在产业聚集度方面，河北生物医药产业存在明显短板，未能形成规模效应并降低成本。生物医药产业的发展，需要协同科研、应用试验和市场空间，需要建立较为完整的产业链并形成产业规模效应，更好孵化催生高附加值产品。

目前，河北省医药企业多、小、散、乱，企业之间关联度低，规模效应不明显。对比医药大省，江苏省则形成了泰州、徐州、连云港、南京、南通、无锡、常州和苏州八大城市产业集群，集中了全省 80% 以上的医药企业，产值占全省 95% 以上。而美国医疗城休斯敦、日本的神户科技岛，集聚了大量的医药科研机构、医院和药企，形成举世闻名的生物医药科研和制造中心。河北省的医药产业主要集中在石家庄、安国、沧州，虽然省内各地区都有不同规模、类型的医药产业园区，但是大多数布局分散、功能单一、建设标准低、规划起点低、管理水平低，导致生产集中度不高。企业的产业链整合不充分，资源规划不平衡，尚未形成网状结构的现代产业体系，创新性产业集群的竞争力仍需提高。

同时，河北省医药制造业产品结构相对单一，化学原料药产品结构偏重，2019 年化学原料药和化药制剂营业收入占到了行业总量的 57.28%，而一些高新技术产业如医疗器械等所占份额较低，2019 年医药专用设备和医疗器械等占行业比重仅 4.02%，导致产业结构不平衡，

综合实力较弱。医疗器械是高新生物技术，制作难度大，要求高，但是行业利润高于其他医药行业，收入增长较快。故此，河北省医药行业亟须调整产业结构、转型升级，完善产业链，提高聚集度，加大对高新生物技术的研发力度。

（二）部分企业过度依赖扶持政策，未形成核心竞争力

RCEP启动既加剧了河北省新能源汽车产品与国外产品的竞争，同时，在各地政府扶持下纷纷发展起来的国内其他新能源产品，也是我们强有力的竞争对手。当前得益于国家政策支持与大量资金投入，河北省新能源汽车技术研发有了一定进步，但是还面临着诸多挑战，关键技术研发依然处于瓶颈。长城、长安、中兴等主要汽车生产企业，尽管不断加大自主研发力度，然而科研投入以及研究成果都无法与国内汽车生产大鳄相提并论。河北省在整车生产技术等方面还比较落后，还有待于攻克难关。

新能源汽车产品竞争力有待进一步提高，长城汽车纯电动轿车产品投放市场时间较短，市场竞争力和占有率不高，河北长安、上汽唐山纯电动客车产品核心零部件均为外协外购，核心竞争力不足。电池、电机、电控等新能源汽车核心零部件企业在全国市场尚未形成竞争力。因此，河北省新能源汽车产业要想在更高层次参与产业分工体系，谋求有利的产业链位置，就必须突破瓶颈提高自身的技术吸收与创新能力。

RCEP的生效不仅给了国内新能源汽车行业出口的市场空间，同样，海外新能源汽车也可以借机进军中国市场，扩大在中国的市场份额，这可能会对我国本土品牌造成一定的冲击。比如，RCEP成员国中的日本、韩国作为重要的汽车制造基地和新能源汽车技术引领者，在RCEP协定汽车零部件流通成本降低的大背景下，相关产品将与国内汽车及新能源汽车零部件生产商直接竞争，并对自主品牌整车企业造成压力。

（三）企业同质化导致过度竞争，造成效益低下

RCEP启动使市场容量空前扩大，河北外贸出口行业已经存在的内部竞争也更激烈。以往我国汽摩产业在东南亚陷入内部的恶性竞争、

相关企业两败俱伤，最终黯然退场的教训必须充分吸取。如何避免重蹈覆辙、充分吸取教训，值得各个行业、各个企业乃至政府部门高度重视。这种问题在纺织行业、新能源两个领域尤其突出。

以纺织业为例，纺织服装业作为我国传统优势行业，已经经历了长期的发展，在发展的过程中，由于门槛较低，国内涌现出数万家纺织服装企业，但期间可供使用的生产要素资源却是有限的，国内纺织行业的同质化竞争也十分激烈。部分纺织服装企业显示出较差的行业自律性，出现了以恶意降低价格、低质生产等手段打开出口的态势，形成了不健康的竞争秩序，造成了市场竞争秩序的混乱。

随着RCEP中部分进口产品关税下降，中国的纺织服装产业也面临和东亚、东南亚国家的竞争，这些国家将凭借资源和价格优势，加大在RCEP区域内部市场的占有程度，纺织服装供应链之间的比较优势竞争将更加激烈，河北省纺织服装产业突破价值链低端任务更加紧迫。

（四）管理和技术人才匮乏，没有形成协同研发的合力

为转移基建过剩产能，我国把建筑行业作为重要的对外贸易和对外援助渠道。但整个建筑行业普遍存在技术和管理人才匮乏问题，劳动力素质不高，难以承接品质高、效益好、能够创品牌的项目，在市场竞争中处于劣势，主要由于我国教育与培训体系的建设滞后所致。建筑业是河北传统优势产业，但是河北省建筑建材行业发展存在设计标准化程度低，建造方式相对落后，科技支撑能力不足等问题。

生物医药等产业是知识密集的高创新高技术产业，必须以知识型资本积累为基础，以研发创新为驱动，必须依靠人才带来的技术创新、进步和效率提高才能持续保持和引领产业发展的步伐，而河北科技人才队伍目前的数量和质量都存在不足，缺乏足够的科研开发能力，未能研发出在国际上具有竞争力的新产品。

（五）虽有一定出口规模但附加值较低，环保压力增大

部分产品出口规模大，但产品附加值不高，产品结构有待优化，其中以钢铁行业最为突出。河北省一直是我国钢铁出口大省，但钢材出口却始终以中低端的棒材、板材为主，热卷等高端产品产能不足，钢材产品只能在中低端市场靠价格优势争夺市场席位，而缺乏核心技

术优势。种种原因导致河北省钢铁产品出口价格过低，但钢材的生产、运输、保养、仓储、物流等成本的激增，使得钢铁行业利润与其规模不符。除此之外，作为国家工业重要材料的高技术含量钢铁产品——高端装备用钢材材料却严重依赖进口，而其进口价格是出口钢材的两倍不止。

同时，钢铁行业技术落后，产能过剩，环境保护压力加大，产品面临升级挑战。河北钢铁行业"去产能"压力不断加大，而钢铁行业作为河北省主要经济支柱产业，"去产能"必然会涉及就业、社会福利等诸多问题。同时，《钢铁行业碳达峰降碳行动方案》将钢铁行业碳达峰目标初步定为2025年实现碳达峰，到2030年，钢铁行业碳排放量较峰值降低30%，预计将实现碳减排量4.2亿吨。受其技术水平的限制，河北省大部分钢铁企业依然还在选择高炉炼钢生产模式，而这种高耗能的生产模式加上不断增加的出口数量，必然会存在将污染留在国内的局面。这就进一步说明河北省钢铁行业转型升级迫在眉睫。

(六) 部分原材料对外依赖度较高，承受国际市场不确定性影响

河北钢铁行业作为铁矿石和部分中间产品需求方，对进口依赖程度较高。且恰恰该类产品是RCEP成员国具备供给优势的产品，因此，原材料国际市场价格波动带来的钢铁企业的成本不确定，刺激需求扩张和产业链综合成本上涨，对省内钢铁和部分关联产业形成冲击。

同时，对于具备国产能力的中间品和原材料，关税降低也可能对本土产业形成冲击。例如，RCEP生效将降低我国从日韩进口中高端钢材的成本，同时也将给国内部分中高端钢材产品市场带来一定竞争压力。

另外，河北机电行业出口产品结构不合理，处于全球价值链中低端。近几年，由于国内劳动力、地价等成本上升等因素叠加影响，河北机电行业出口产品结构调整加快，低附加值环节转出与高附加值环节转入并行。目前机电行业在设计技术、制造技术、集成技术等方面取得长足发展，河北集成电路、计算机、医疗器械等高技术、高附加值产品出口增速提升明显，但机电产品中手机、计算机等电子商品出口量虽大，却对高端芯片、关键零部件进口依赖性较强，受海外疫情及

贸易摩擦影响而导致的断供风险较大。

(七)来自科技领先国家和劳动力成本较低国家的竞争

RCEP成员间关税的下降、原产地规则的优化，会导致部分产业外移的现象出现，来自东南亚的人口红利，来自日本的高新技术，都会对省内现有的相关产业链产生巨大的冲击和影响。随着河北省经济发展，人均工资水平、用地成本逐步提高，廉价的劳动力优势减弱且投资建厂成本增加，剩下的只有大的消费市场，可能出现投资转移的可能性，投资方会选择廉价劳动力、低廉房价的不发达国家进行投资建厂。

一方面，与日本、韩国相比，河北省新能源汽车、生物医药、精密机械出口竞争力较弱，日韩产品在东盟等国家占有优势地位。另一方面，在RCEP的带动下，部分零部件生产企业会加速外迁，转移至东南亚等劳动力成本更低的国家。河北省汽车产业、农产品加工、服装鞋帽等原有的劳动密集型产业结构将受到挑战，这将对大量的中小企业形成压力与鞭策，如何利用RCEP加快实现从劳动密集型到资本密集型的转变，促进产业结构优化升级，提高产品质量，让本地产品更好地走出去仍是河北省有关行业的一大挑战。

与RCEP其他成员国相比，河北省初级农产品、土地密集型农产品的竞争力弱，初加工农产品、劳动密集型农产品的国际竞争力相对较强。RCEP成员国中，新西兰和澳大利亚具有较强的农产品国际竞争力，而日本和韩国的农产品国际竞争力非常弱，东盟农产品国际竞争力较弱；加入RCEP后，河北的农产品市场将会受到来自澳大利亚、新西兰农产品的冲击，影响农业出口结构。

早期河北省的农产品出口主要凭借低价格占领国际市场，农产品附加值较低，再加上近年来劳动力成本上升以及资源环境的约束，农产品在国际市场上的价格优势逐步消失。

随着RCEP生效，关税的降低，日本、澳大利亚、东南亚等国的高端果蔬，澳大利亚、新西兰等国的奶制品、肉制品，东南亚国家的大米、水产品等传统优势产品，将以十分具有竞争力的价格进入河北市场，势必对本土的农产品带来冲击。日韩的蔬菜种子会对河北省种业形成一定的冲击，同时也倒逼行业加速规范和升级。

（八）在贸易规则制定权的竞争中落后，遭遇技术性壁垒

在当前国际贸易活动中，发达国家越来越多通过设置技术性贸易壁垒打击竞争对手，中国深受其害。技术性贸易壁垒造成河北的电子企业生产成本大幅上升，国际市场竞争力逐渐下降，严重影响了电子产品对外贸易正常、有序发展。

技术性贸易壁垒主要包括绿色措施、合格评定程序、技术法规等多种表现形式，对电子行业包括加工制造、设计、生产、回收、报废等各个环节都产生了较大影响。在经济全球化背景下，国际贸易竞争越来越激烈，传统贸易壁垒关税、保护措施等已经逐渐被技术性贸易壁垒所取代，技术性贸易壁垒成为引发贸易摩擦的主因。

此外，发达国家还强制中国企业在出口电子产品时必须在其指定的国外认证机构进行检测，致使电子企业不得不花费更多时间、费用完成产品认定程序，大幅增加了企业运营成本。

（九）知识产权等制度方面可能遇到文化挑战

东南亚各国不同的历史、文化和社会发展等因素，知识产权法律制度也存在较大差异。东盟各国中除泰国外，其他九国都曾长期受到殖民统治，各自的知识产权法在一定程度上也深受这些国家的影响。如菲律宾、新加坡、文莱、马来西亚等国家深受英国、美国历史的影响，均继承了英美普通法传统。而越南、柬埔寨、泰国等国则沿袭了德国、法国的法律习惯，形成了以成文法为支柱的知识产权保护体系。

由于知识产权的地域性特征，从中国输入到东盟各国产品的知识产权可能不会得到这些国家的认可和保护，尤其是专利权或商标权已在中国境内注册，但在境外被抢注的现象时有发生。

（十）当前民营企业"走出去"面对的一些特殊难题

首先，民营企业基础不扎实，规模小，优势不明显。在目前境外投资企业的构成中，中小企业占绝大多数，规模小缺乏实力，而发达国家的投资企业规模都比较大，大型的和特大型的跨国公司居多。境外企业规模偏小，难以形成规模经济，也难以与世界大型跨国公司相抗衡，难以在国际市场竞争中立足。其次，境外投资融资困难、法律法

规不规范。融资渠道少，境外资金筹措困难已成为制约民营企业国际化经营的主要因素。虽然各级政府部门想方设法为中小企业的发展提供便利，但是由于受到中央调整存款准备金率的影响，货币供应量受到控制，使本来贷款环境就相对较差的中小企业因此在近几年来的融资更加困难。再次，民营企业的人才素质存在差距。人力资源是企业发展的唯一"活"资源，企业产品和管理的创新都需要合格的人才。人才缺乏导致了中小企业产品创新和管理制度跟不上时代的步伐，阻碍了河北民营企业发展的势头。人才素质偏低，成为民营企业顺利走出去实现海外创业的瓶颈。

在民营企业治理上，自身也存在一些问题。比如，盲目实施多元化战略。20世纪改革开放初期，中国的民营企业希望多元化经营能够开拓企业发展新道路，但中国民营企业因多元化经营而失败的例子却屡见不鲜。事实证明我国民营企业多数属于中小企业范畴，以这样的企业规模去搞多元化经营模式，就客观条件而言不具备、也不成熟。再比如，民营企业存在严重的家族式经营。我国的大多数民营企业都带有"家族企业"的色彩，这体现在产权结构、组织基础、权力分配上，甚至还体现在决策方式上。家族化管理对当前民营企业来说，具有其积极合理的一面，在一定程度上降低成本提高了效率。但是从长远来看，家族化的固有缺陷导致了这种管理模式将阻碍企业的进一步发展。

四、通过 RCEP 机制推动河北外贸和投资发展的对策建议

（一）推动产业集聚，形成具有规模效应的出口型产业基地

面对 RCEP 启动呈现的更大规模市场，河北新能源汽车企业不能止步于雄厚的自有资金，而应积极利用金融力量为业务的升级和快速发展赋能。在 RCEP 框架下，河北省新能源汽车企业应该尽快突破传统思维，积极发展国内合作伙伴，增强国内的竞争力，同时树立国际化视野，谋划企业整体或者相关业务板块的海外市场，抓住 RCEP 创造区域一体化加速发展的机遇，加紧布局海外市场的国际业务。

另外，河北是一个 7400 万的人口大省、资源大省，可以邀请全国

知名整车厂来河北投资，增强该行业的国内竞争力。奇瑞和比亚迪已经在河南、山东都布局了大量产业，而在河北的布局目前属于空白。河北省应该积极邀请一些知名企业，如奇瑞、吉利、比亚迪、蔚来、小鹏、理想、上汽、广汽、长安等来河北布局智能汽车产业。同时，汽车产业链中的电池及相关材料产业一点不低于汽车整车产值。宁德时代、弗迪电池（比亚迪）、中航锂电、亿纬锂能、国轩高科、欣旺达、蜂巢能源（长城）、捷威动力、孚能科技、鹏辉电池、恩捷股份、赣锋锂业、盐湖股份、汇川技术、天齐锂业、华友钴业等，这些公司市值都在千亿以上，在动力电池及储能产业大发展的背景下，都在全国大力布局，而整个河北成了此产业链荒漠化地带。河北当"以省之名"邀请这些企业来河北布局发展。

同时，可充分利用石家庄省会的便利，与保定、邢台进行深度合作。在智能电动汽车时代，保定、邢台等城市人才流失严重，这些地级市对于人才的吸引力是非常匮乏的。石家庄可发挥省会优势，成为各地级市汽车产业的引擎。保定长城汽车的智能驾驶、智能座舱、智能芯片、三电等产业可以放在石家庄。同样，邢台与石家庄就可以很好地合作，邢台布局制造厂，石家庄布局研发、销售等产业。

相比之下，河北纺织服装产业聚集度更高，但整体上仍处于初级发展阶段，集群内企业众多，产品种类众多，没有形成规模经济，容易受到外部环境波动的影响。集群内企业普遍产品附加值低，缺少知名品牌等，外部溢出效应非常有限。因此推动河北纺织服装产业转型升级，提升集群竞争力，解决产业链不合理现象是当前河北发展的当务之急。

目前河北省有八成纺织服装企业分布在石家庄、保定、邢台、邯郸等中南部地区，形成20多个纺织服装基地、产业园区。2019年，河北有5个产业集群进入中国纺织工业联合会纺织产业集群试点名单，分别是清河县的"中国羊绒纺织名城"、南宫市的"中国羊剪绒和毛毡名城"、磁县的"中国童装加工名城"、容城县的"中国男装名城"和高阳县的"中国毛巾毛毯名城"。

河北下一步要发挥化纤和毛纺行业优势，打通产业链各个环节，尤其是提升面料加工制造能力，将上游的优势迁移到下游，形成化纤和毛纺产业链条的整体优势，为发展服装、家用和产业用纺织品奠定基础。具体举措包括：鼓励有能力的上游企业向产业链中、下游延伸；进一步巩固上游优势，通过优化营商环境、建立产业园等吸引外来投资进入面料加工和纺织制品及服装生产领域，实现产业链条的协同发展，构建完整产业链。

同时，河北省要引导资本向产业集群内流动，形成高效能的产业基地，提高自主创新能力，推动河北省纺织服装产业集群向创新型转变，并向产品价值链的关键环节延伸，进一步提高河北省纺织服装业的国际分工地位。

（二）支持行业整合，形成高效协作的外贸主体

在RCEP协议下，河北省和东盟国家在新能源汽车领域合作前景更为广阔。东盟是全球非常重要的汽车市场，河北省和东盟在汽车电动化领域的合作具有非常强的协同性，可通过以下两个方面进行深度合作。

一是产业合作，东盟推动电动化具有得天独厚的产业优势，河北省可通过政府搭台，与东盟国家进行合作建厂，积极拓展东盟市场。同时利用东盟矿产资源优势，发展电池材料、电池制造产业链，形成深度合作。在合作过程中，可以充分利用投资贸易合作平台，比如建设更多充电基础设施、拉动电动汽车生产的投资、扩充供应链等，在电动汽车行业创造更多价值。

二是政策领域，经过十几年的发展，我国电动汽车产业已经形成了非常成熟的政策体系，很多经验做法也得到了实践验证，河北省可以和东盟政府有关部门进行充分交流和分享。

建筑行业则需要大力推动产业转型升级，鼓励河北建筑建材企业引进日本、韩国先进技术，也可成立中外合资企业，利用外资技术和渠道优势，推动建筑建材等河北优势重点行业企业发展，不断扩大在RCEP其他成员国的市场份额。同时壮大产业集群，以省重点特色产业集群为主，重点发展石家庄技术服务、高碑店被动式超低能耗建筑集成系统技术、承德双滦区建筑构件材料、大城保温材料、任丘新型建

材、沙河玻璃深加工等产业集群,力争到2025年100亿元产业集群达到10个以上。更加注重培育领军企业,扶持省内重点企业成为世界级被动式超低能耗建筑产业旗舰企业,使龙头企业达到15家以上;重点培育防水隔气膜、防水透气膜等产业链瓶颈环节企业,省级以上单项冠军企业和专精特新企业分别达到15家和30家以上。

(三)支持企业开展自主研发,推动产学研合作

在支持企业开展自主创新研发方面,在此仅以医药、钢铁、纺织服装三个行业为例,分析说明河北面临的实际情况并提出应对措施。

医药产品创新具有时间长、投入高、风险大的特点。根据美国化学制药工业协会统计,全球开发一个真正含义上的新化学结构实体平均要12~13年,花费8亿美元,而一个新药从靶标发现、药理、毒理、临床试验到开发成功上市的几率却只有1/25000。所以,尽管新药研制成功能够带来巨大利润,但是现阶段,单个的河北医药企业是无法承受这样漫长的时间、昂贵的开发费用以及不确定的巨大风险的。因此,省内众多医药企业和科研机构联合起来建立省级技术创新平台,整合省内技术资源与资金,走合作研发之路,可以实现强强联合,增强河北省医药出口企业整体自主创新能力。浙江省新药创制科技服务平台就是这样的组织,它为浙江省新药自主创新提供了关键技术支撑。

在价值链上游,聚焦关键医药领域,探索新型研发模式。

创新研发所需的资金不足是影响企业自主创新能力的一个重要因素。根据课题组的调查,由于目前河北医药企业的利润率一般,大部分医药企业的研发投入占销售收入的比例低于5%。风险投资业在我国尚处于成长期,而国际上风险投资体制已日臻完善,风险投资资本达到几百亿美元,目前重点支持的对象就有医疗保健行业,河北的医药企业可以主动出击,根据行业新技术和研究发展方向,选择有价值、有前途的开发项目,争取国际风险资金投资于河北医药企业。

一要"有所为有所不为",支持高校和科研院聚焦关键领域发力。在有限的研发资金下,河北应结合自身的优势,进一步聚焦研发创新的方向,避免对研发项目的分散支持。尤其在中美贸易战的背景下,

更应围绕河北在建的大型科技基础设施，重点关注生物医药领域的关键核心技术和"卡脖子"难题，超前谋划布局，开展前沿引领型研究，力争成为"全球生物医药创新中心"。

重点研发项目向生物医药的关键领域给予适当倾斜支持，加大高校的研发投入，加强前沿技术研究，注重生物医药的基础研究、应用基础研究和技术创新。设立创新药开发的专项基金，扶持和鼓励一批有发展潜力的高尖端项目，打破进口药的垄断。实现重点专项领域的创新突破，在化学药方面，重点开展针对新靶点、新机制创新药以及新释药系统的研发；生物药方面，重点开展新型抗体药、抗体偶联药、基因治疗等研发；中药领域，重点开发基于经典名方、疗效特色明显的中药复方；医疗器械方面，推进人工智能和医疗的有效结合等。

二要探索新型生物医药研发模式，破除成果转化的障碍。目前，国内外已积累了大量生物医药研发与成果转化的成功经验。例如，美国 Intercept 制药公司首创的将风险投资（VC）+知识产权（IP）+研发外包（CRO）集成的"VIC 模式"正作为一种新的研发模式被上海张江所采用。美国波士顿/剑桥生物医药产业集群通过资助高校、科研院所建立科技成果转化办公室，并将最新的科研成果反馈给企业，加快科研成果转化。

河北省协同创新研究院开创的"无障碍转移""我创新你创业"计划、"中小企业协同创新工程""龙头企业整合创新工程"等模式，以及生命科学研究所在建立新型研发机构方面的经验，都值得在全河北范围内推广。

在价值链中游，加强医药制造工艺攻关，提升区域协同创新能力。

一要建立河北生物制药制造创新研究中心。作为美国制造业回归战略的一部分，美国先后成立了两个与生物制药制造相关的创新中心。美国生物制药制造创新研究所（NIIMBL）旨在加速生物制药制造创新，支持能够推进高效快速地制造能力的标准的开发，教育和培训世界领先的生物制造劳动力。先进再生制造创新中心（Bio Fab USA）旨在解决阻碍细胞组织工程大规模制造和医学研究产业化的重大挑战，制定符合模块化和可扩展的良好生产规范的流程、集成技术和相关标准。

二者均是由联邦政府和非联邦政府共同出资，致力于生物制造的产学研机构，其经验值得河北省借鉴。

二要利用京津冀地区协同分工，提升产业区块功能。在医药制造用地不足的情况下，需要从土地集约高效利用的角度进行引导布局，深化生物医药产业在"三城一区"和京津冀地区的协同分工。目前，长三角地区建立的"G60科创走廊"和"长江流域生物医药创新服务联盟"，已经在深化长三角地区产业集群布局、加强基础设施互联互通等方面取得了良好成效。未来京津冀地区也应加快建设区域协同创新平台，打造生物医药产业的协同共赢样本。

在医药行业之外，钢铁行业总产值大，技术开发一旦取得突破，将带来巨大经济和社会效益，改变在特种钢材领域长期受制于人的被动局面。所以，在钢铁行业需加强科技创新，为钢铁企业转型升级提供强劲动能，力争实现突破。

支持科技领军企业中的钢铁企业开展跨行业、跨领域关键核心技术研发。加强关键核心技术突破，力争每年突破1至2种关键短板材料。推动装备技术改造提升，推进炼铁、炼钢主体装备大型化，提升工艺技术和装备水平。推动全省钢铁企业普遍建立研发机构，全面提升产品供给质量，加快钢材产品向铁基新材料、优特精品钢、高端专用钢方向发展。要深化对去产能、调结构、促转型的认识，大力实施创新驱动发展战略，加大技改和研发投入，加速科研成果化、成果经济化，实现新旧动能转换，推动企业不断向高端化、绿色化、低碳化转型发展，努力抢占技术制高点，提高钢铁企业核心竞争力。

再者，河北纺织服装产业应紧跟时代发展要求和我国纺织产业发展定位，加速行业的改造升级。随着时代的快速发展，人们生活水平的不断提升，消费者对于个性化与高质量纺织服装产品的需求不断增加，国际市场对于高科技产品的竞争更是空前激烈。长期以来，河北省在服装加工生产的比较优势来源于劳动力成本和纺织服装工业基础。尽管河北省纺织服装产业拥有全产业链综合竞争优势，但纺织服装产业链面临被锁定在供应制造环节低端的风险，纺织服装国际竞争压力日益增大。河北企业应具有紧迫感和危机意识，要在服装品牌和设计方面加大力度，提升纺织面料技术含量，推动服装新产品的开发。河北企业要抓住RCEP带来的机遇，完成转型升级，实现产业链的高端化。

一方面，要紧跟绿色可持续发展模式，加快绿色产品开发、推广绿色制造技术、加强企业的绿色、低碳管理，实现产业的绿色转型。另一方面，加强纤维材料、先进装备、智能制造等领域关键技术突破，补齐产业链短板，扩大智能制造生产线，提高信息化综合管理水平，再造生产流程，提升企业的生产运营效率。

（四）继续深化"放管服"改革，营造良好发展环境

河北省要按照省委、省政府"放管服"改革要求，在主管部门指导下坚持"只有进行时、没有完成时"的精神，继续加大相关行政审批改革力度，助力企业快速高质量发展，打造良好营商环境。医药行业是行政审批较为复杂的行业，下面以此为例来说明。为扩大药品研发和出口，扶持医药企业做强做大，需要进一步推进药品审评和检验检测改革，简化创新医药审批和销售服务，简化引进企业行政审批，并推动医药市场一体化建设。

一是探索新型审批制度。对药审机构进行去行政化改制，尝试建立社会化的第三方药审机构。创新审批机制，变严进宽出为宽进严出，允许企业根据研发的进展和临床的实际需要"滚动提交"材料，并加强临床的后期监管。落实药品上市许可持有人试点制度，设立专门的创新药审评部，对创新药和仿制药在审评要求、流程和程序上形成分类评审策略。针对电子药物、数字化医疗器械等新产品和新业态，探索既包容又有弹性的新型审批制度。在全省开展医疗器械注册人制度试点，会同京津探索推进京津冀注册人制度一体化。鼓励石家庄市成立创新药物、医疗器械临床试验的区域伦理委员会，推进伦理审查互认。

二是建立适宜的药品定价和医保系统，形成市场奖励创新者的机制。完善河北省药品生产流通的市场机制，进一步落实取消药品加成，尤其要加快落实仿制药一致性评价制度的后续配套政策。未来可以在医保支付、采购和定价方面进行探索，如允许通过一致性评价的药企在药品集中采购中获得优先权，或提高采购价格，以覆盖通过一致性

评价的高昂成本，从而提高药企的积极性。

三是引进企业审评审批程序。吸引创新型生物医药、医疗器械企业落户河北，对满足生产条件和产品安全性底线要求的，可采信原省（市）许可结论，直接发放有关证件，最大限度简化审评审批流程。

四是推动医药市场一体化。构建京津冀统一医药市场运作规则，实现高度接轨无缝连接的医药市场运行准则，营造公平的市场竞争条件。在区域内市场准入方面，消除地区市场条块分割的壁垒，形成对京、津、冀三地医药企业一视同仁的公平竞争格局与有利环境。开拓统一开放的医药生产要素市场，促进生产要素跨区域流动，以生产要素流动促进产业转移。北京医药产业的产业链条并不完整，突出体现在产业前端环节，如化学原料药、中药材提取等。北京可充分利用自身在资金、技术、信息等方面的高平台，加快向环京地区进行要素辐射，推动产业顺利转移；河北在提供大量医药原材料以及初级化药的基础上，也应充分利用地域优势、充裕的生产要素优化产业结构水平和提升产业结构层次。

（五）构建国际服务贸易平台，优化对外合作机制

首先，要加强载体平台建设，保障服务贸易平稳发展。

一要创新贸易便利化管理模式，建立和完善与服务贸易特点相适应的通关管理模式，发挥海关特殊监管区域的政策和功能优势，优化进出口服务，打造贸易信息化和电子化的高效平台。加快以创新、创意、研发为特色的重点服务贸易园区，打造国际化、特色化、多层次的服务贸易集聚发展格局。

二要建设海外科技伙伴平台，把握RCEP对于自然人跨境流动更高水平的承诺，依托大科学装置、国际科学合作项目、跨区域科学试验等跨国科技联合攻关项目，开展跨境技术贸易、离岸孵化等跨境科技合作业务；主动构建区域内资本引入平台，利用RCEP周边国家金融市场的多元化优势，加强与国际金融机构合作。

三要开展驻点招商，特别是利用好省内企业在日本、韩国、澳新等国家的办事处，加大重点城市宣传力度，加强与驻点区域的联系，更深地融入驻点区域产业和经济活动。加快推动服务贸易企业实施

"走出去"战略，鼓励引导具有较强竞争优势和经营管理能力的服务贸易企业赴境外投资，设立境外营销网络和贸易中心、接包中心，拓展境外业务，培育一批服务贸易跨国企业。

其次，要优化对外合作机制，推动服务贸易创新发展。

一要开展专业服务合作，引进会计、法律、建筑、会展、咨询等专业服务机构落户，探索设立服务外包合作示范区，承接全球服务外包业务，另外可组织相关企业加强与先发国家相关专业服务机构在项目管理、专业服务、项目公关等方面合作。

二要建立区域内人才互动平台，重点引进培养国际法务、国际贸易、投资融资、项目管理、财务管理等方面人才，邀请海外专家实施专项培训，提升现有人才的跨境工作能力。

三要完善与国际服务贸易企业的战略联盟深入合作的体制机制，吸引RCEP成员国的知名跨国公司在河北设立营运总部、研发中心、采购中心、分销中心、物流中心、结算中心等具有贸易营运和管理功能的服务型总部，进一步提升河北服务业招商引资的规模、层次和水平。

（六）开展国际科技和教育合作，提升人力要素国际化配置水平

教育对外开放是教育现代化的鲜明特征和重要推动力。目前我国已成为世界最大的国际学生生源国和亚洲最大的留学目的地国。2022年6月，教育部等八部门《关于加快和扩大新时代教育对外开放的意见》提出了坚持内外统筹、提质增效、主动引领、有序开放，打造我国教育对外开放新高地的工作要求。《意见》要求着力破除体制机制障碍，加大中外合作办学改革力度，改进高校境外办学，改革学校外事审批政策，持续推进涉及出国留学人员、来华留学生、外国专家和外籍教师的改革，着力推进相关领域法律制度更加成熟定型。

RCEP中我国承诺的教育服务范围包括初等教育服务、中等教育服务、高等教育服务、成人教育服务（包括非学历培训）、其他教育服务（包括非学历培训英语、烹调、工艺制作）；但不包括特殊教育服务，如军事、警察、政治和党校教育。RCEP的生效，也将为世界一流大学和一流学科建设提供有效助力。

河北是教育大省，又是教育弱省。尽管全省高校达到了123所，其中本科院校61所、专科高校62所，但是迄今为止河北仍没有一所"双一流"或985学校，唯一的211学校河北工业大学又坐落在天津。为了实现快速崛起，需要抓住先机、敢于下先手棋，通过开展国际合作迅速改变教育现状，为河北省经济社会发展提供源源不断的人才支撑和科技发展动力。河北省人口基数较大，人才总量巨大，高等教育、职业教育具有相当规模，但是与国内同等省份相比，教育质量和教育品牌显得相对落后，亟须提升改变。

一是坚持深化改革、扩大开放，按照承诺要求积极稳妥开放河北省教育市场。教育不等同于一般贸易和产业，涉及国家主权、文化环境和社会道德等重大问题，教育市场的开放应符合我国对RCEP承诺要求，在合作教育机构中按股权合法行使权益，准确把握国际法与我国法规的衔接。不能坐等观望，必须抢得先手，才能取得比较优势。

二是改变高等教育的行政管理职能，使政府职能由主办、领导型向高等教育的指导、监督和服务等管理型转变。深化国家对于教育改革开放的认识，解放思想观念，按照"放管服"改革要求，加快实现高等教育管理职能转变，鼓励企业参与办学，推动职业教育接轨国际标准；借鉴发达国家先进有益的教育思想和理念，通过改善高等教育专业结构，下放专业的审批权限，满足高等教育对符合市场需求专业的培养需求，确保优势专业和人才培养。

三是按照加快扩大教育开放要求，推动我国高等教育理论和教育模式的变革。采取先进的科技手段，及时更新教学设备，使高等教育理论和教学模式实现国际先进与科技的同步发展，实现"创新人才"和"复合式模式"的人才模式培养。

四是完善留学机制，适用RCEP开放性要求，推动经济全球化发展和自由贸易发展。在确保高等教育主权的前提下，为了改革开放，完善留学机制，充分发挥国际和国内两个人才市场的优势，选送更多的人才赴国外留学。

五是在国际教育投资"引进来"过程中加快与国际市场规则的融合，鼓励高校聘任更多的外籍教师，扩大留学规模，同时鼓励具备条件的学校"走出去"。

河北省高教资源相对集中于石家庄裕华区和保定莲池区，可以借鉴"中新广州知识城"，与新加坡合作设立"中新河北科教城"项目，快速推动河北建设教育高地。

（七）支持骨干企业"走出去"，依托海外基地实现国际化

河北省钢铁产业优势明显，在全国和全球均具有重要地位，据河北省对外投资和经济合作协会数据，截至2021年底，全省共备案（核准）境外钢铁企业18家，累计中方投资额74.34亿美元。随着中国等区域的钢铁需求达到峰值，钢铁需求的增长引擎将从中国转移至其他新兴经济体。

目前全球经济进入低速发展时期，钢铁行业产能结构性过剩问题也成为阻碍中国钢企发展的显著问题之一，东盟各成员国中，因菲律宾、越南、泰国、马来西亚等国在基础设施上的落后，致使东盟地区未来钢铁产能需求量增大，同时结合"一带一路"鼓励国际产能转移的方针，这对中国与东盟钢铁产能合作是一个很好的契合点。未来中国依然是东盟地区钢铁产能的主要供应国，对此，河北省一批先行企业抓住东南亚地区经济快速发展、钢铁需求强劲的历史性机遇，通过投资新建、股权并购等方式，进一步优化在东南亚地区的产能布局和产品结构，完善从钢铁原料、制造、深加工到客户端服务一体化的产业链条。

河北省可以采取大型钢企带动中小企业的方式进行对外直接投资。通过国企民企联合抱团出海，可以使得河北省民营钢铁企业也能努力发挥出其自身的优势。此外，对外投资的钢铁企业可以选择与投资国企业形成战略联盟。拿东盟举例，东盟国家大部分钢铁产业的发展较为落后，本土钢铁企业规模较小，生产能力落后。河北省钢铁企业可以选择与东盟国家的钢铁上下游企业达成合作。通过与上游资源企业和下游用钢企业的合作可以强化投资布局，延长钢铁产业链，以此提高河北钢铁业在全球价值链中的地位，也可以降低投资企业遭遇投资国法律制约的风险。

除了钢铁行业，河北纺织服装企业"走出去"也大有可为。RCEP

市场是河北省纺织服装重要出口市场，占全省纺织品服装出口的20.72%，整体来看，除中国之外的14个RCEP成员国资源禀赋、发展水平、贸易结构、市场需求等方面都存在差异，但大部分成员国在纺织品服装产品上存在贸易机会。河北省应联合行业协会，开展RCEP成员国市场发展状况调查，梳理各成员国人口、经济发展、主导产业、对外贸易、双向投资等信息，更好地为企业合作做好指导、服务工作。东盟和日本、韩国是河北纺织服装业的重要出口市场，日本对纺织服装的技术法规和标准要求较高，韩国对婴儿纺织品和儿童纺织品的安全检查和安全确认标志要求较严格，河北省应帮助相关企业进行面料、服装等方面的智能化生产，提高技术含量。越南、缅甸、柬埔寨存在纺织业投资机遇，柬埔寨的纺织服装企业中80%以上来自中国。越南正处于劳动力红利期，外资企业主要以纺织类企业为主。政府相关部门可牵头引导在这些国家设立产业园区，助力企业走出去，实现区域产业合作新发展。

另外，跨境农业投资合作大有可为。在RCEP下，东盟国家大幅压缩涉农领域的投资限制措施，农业投资准入门槛显著降低。例如，泰国取消了禁止外资进入大米种植、牲畜饲养、蔗糖加工等领域规定，允许乳制品制造、淀粉产品制造、通心粉制造等行业外商独资；越南取消了对外资从事水产品加工、植物油加工和乳品加工需使用本国原材料的限制；印度尼西亚将椰子肉加工、腌鱼熏鱼等水产品加工从禁止外商进入清单移除，调整为允许外商合资。除了农业种植和农产品加工领域，RCEP各成员国在仓储、物流、贸易等上下游环节的开放程度也显著提升，有利于各国开展区域农业产业链价值链合作，对我国提升在产业链的市场地位和话语权具有重要意义。

再则，中药出口RCEP区域国家极具优势。东盟是海外华人最集中的地区，中国与东盟国家有相近的用药习惯。新加坡深受中国传统养生保健文化影响，对中药材和中药制品颇为推崇，一直是中国中药材及中成药传统的出口市场之一；印度尼西亚华人众多，滋补品消费量大；越南老百姓对中国中药保健品认知由来已久，一直都喜欢使用中药。因此，要抓住机遇，使中医药商品化，打造中医药明星产品，并依托当地条件设立合资企业。

下一步要加大对RCEP成员国产业与市场的研究，助力企业对日本、澳大利亚等RCEP中的发达经济体的市场开拓，提升企业对RCEP中东盟国家的产业政策、营商环境的了解，引导企业利用好商务部"走出去"公共服务平台，中国自由贸易区服务网、全国工商联"一带一路"信息服务平台等公共服务平台，同时做好信息更新和预警服务，提升企业对国际市场环境变化的敏感性，增强应对防范市场风险的能力。

（八）充分利用信息技术，发挥跨境电子商务优势

跨境电子商务是互联网时代打破地域隔阂、贯通生产链的有效途径。应充分发展跨境电子商务平台，扩大河北对RCEP伙伴国贸易开放度，促使河北省对RCEP成员国贸易更加畅通、便捷。跨境电子商务应围绕河北省主要进出口产品，以跨境电商为核心，由跨境电商企业、外贸企业、电商平台企业、第三方跨境服务企业和物流企业等共同构建跨境电商产业链。

目前，河北省跨境电商产业链存在稳定性较差、受国际政治经济因素冲击较大、专业人才匮乏、物流成本较高等弊端，在RCEP生效后，跨境电商全产业链应当有利于电商的协议规则充分衔接，持续拓展完善跨境电商产业链，不断进行强链、延链和补链。

跨境电商企业应加大资金投入，加快海外仓布局和建设，不断延展海外仓在仓储、报关清关、入库质检等服务之外的功能，探索海外仓在信息建设、智能建设、多元服务等领域的拓展空间。

物流企业还应积极推动跨境物流标准化建设，积极搭建河北跨境物流信息平台和供应链平台，全力打造中国（河北）—东盟优质跨境供应链，促进跨境物流发展。积极打造智慧绿色物流体系，发展智慧港口、无人码头；推广先进多式联运组织模式，推动铁水、公铁、空陆等联运发展，打造多式联运线路。

应积极开展跨境电商市场分析、跨境电商市场主体培育、跨境电商模式创新、规则对接、供应链优化升级等工作，重点突破河北省跨境电商产业链中出口商品竞争力弱、RCEP贸易规则不熟悉、贸易便利化程度较低等发展瓶颈。

有关部门应全面掌握河北跨境电商平台和跨境电商基本情况，积极指导跨境电商平台用好 RCEP 规则，建立跨境电商平台知识产权保护机制，引导跨境电商完善在知识产权风险识别、风险防范、纠纷应对等方面的机制建设，并建立跨境电商知识产权保护规则。

（九）为河北企业国际化发展，提供有效金融服务

为了向河北省优势企业"走出去"提供融资服务，需要大力完善河北省金融市场，按照 RCEP 规则开放河北省金融市场，积极与国际市场接轨提高金融服务能力，营造良好的制度环境。金融服务贸易在"一带一路"基础设施建设上，如中欧班列、亚湾高铁、瓜达尔港贸易流通等方面，迎来广阔市场空间。

第一，要在 RCEP 协议下河北省银行业保险业机构应充分利用外方成员在外资持股比例、机构准入等方面的新优惠，营造良好的制度环境，不断开放的河北省金融市场和平台，给外资金融机构提供了更公平和广阔的成长空间，也有助于外资银行利用专业的、与国际市场接轨的金融解决方案，从而提升河北省金融服务能力，为河北省外贸企业发展保驾护航。

第二，要利用金融科技提高金融监管透明度，为金融服务贸易的便利化、自由化提供基础。一方面要建立有效的监管决策国际协调机制，以 RCEP 中各成员方联络点为平台，构建定期不定期的金融工作对话协商机制，同时完善对其他成员方金融机构在境内提供金融服务的审批流程和服务机制，比如与通关一体化共同为金融服务贸易的便利化、自由化提供基础条件；另一方面，强化物联网、区块链、大数据等新技术在金融监管中的科技支撑作用，提高监测金融机构跨境交易行为的覆盖率。

第三，搭建信息平台，多方信息共享，健全监管体系，防范金融风险。河北省应成立相关风险评估机构，对 RCEP 成员国的金融服务贸易市场进行调研，识别已有或潜在风险。政府、企业、客户通过搭建信息平台，实现多方信息共享，政府将所识别的风险告知金融服务贸易。积极参与 RCEP 成员国之间的金融风险监管框架构建。搭建各国监管合作机制，统一监管标准，进行资源整合和优化，实现技术和人才互

联互通。

第四，加强区域内高层次、新形式的金融合作，助力外贸发展。目前中资银行在RCEP其余14个成员国境内均设立了分支机构，中资保险机构在澳大利亚、韩国、新加坡、日本、印度尼西亚五个RCEP成员国境内设立了保险机构。RCEP成员国在金融领域的高水平承诺将催生区域内更高层次与更新形式的金融合作，释放区域内巨大市场潜力。协定生效后，外方新的开放措施将为中资金融机构优化境外机构布局、提升国际竞争力提供良好机遇，RCEP也将为中资金融机构走出去提供更有力的国际法治保障，更好的为河北省外贸发展保驾护航。以试点形式开展新的金融业务，根据创新业务特点和在河北省外资机构专长，给予外资相应试点机会，实现发展机会公平，同时注意防控相关风险，维护金融稳定。

第五，采取多样化地方政策，降低企业融资等成本。河北省针对重点出口企业提供税收优惠和财政支持，充分发挥政府性融资担保作用，积极引导企业"出海"开拓市场，高质量服务"一带一路"倡议。提升小微企业信贷支持的可行性，同时河北省要搭建各方机构与金融服贸企业信息共享与合作平台，利用数字技术给予企业金融数据支持，为其提高服务精准度、降低信息成本，坚持让利于企业，降低企业融资成本。

（十）"政府+行业+企业"联动，合理应对技术性贸易壁垒

企业处于市场的前端，是境外技术性贸易壁垒的直接受害者，对境外技术性贸易措施的动态最了解，提出的解决办法最有针对性、可行性，尤其是在技术方面，例如应当采用什么标准、质量的管理以及政府应提供哪方面的支援等，企业应及时向行业协会和政府反馈这些信息。政府接收到信息后，及时为企业提供帮助，另一方面还可通知其他企业做好应对措施，极大程度上降低非法或明显歧视性技术贸易措施对河北省出口企业的阻碍，形成"政府+行业+企业"三位一体的联动机制。

在此以机电行业为例，从三个维度分析应对措施：

政府层面：（1）集中力量建立完善的"TBT"贸易壁垒预警体系，

提高技术性贸易壁垒的社会认知度及应对能力。质检部门应联合检验检测机构、认证认可机构等多方力量，收集海外有关于机电产品的技术性贸易信息，建立技术性贸易壁垒预警体系，形成政府、行业与企业多方参与的应对机制，加强技术性贸易壁垒的应对能力。(2) 在"TBT"贸易壁垒预警体系信息堆成的基础上，建立企业、行业为基层建筑的多层次信息系统。政府提取关键信息向企业发布指令，避免遭受损失，建立并完善国内外有关于环保、卫生的信息指令库，以便政府实时管控。

行业协会层面：(1) 提升机电产品行业标准，与国际标准接轨，以减少贸易摩擦，促进国内机电产品出口。(2) 建立自主知识产权的品牌，提高机电产品技术水平，走自主品牌与创新之路，这需要行业内部与高校合作，以科研为基础，人才为优势，向行业输送创新技术。(3) 建立河北技术性贸易措施综合服务平台，实现动态跟踪、信息采集、数据加工、分类管理、通报咨询、在线评议、风险预警等功能。同时能够支持对策研究、组织评议、协调立场、共享资源、制定措施、趋势预测、战略规划等功能。此外，目前仅有"TBT-SPS"通报的中文专业网站，尚未有"TBT-SPS"特别贸易关注的中文专业网站，建议以此为突破口，建设含信息查询、内容显示、统计分析和报送审核等功能的基础信息服务平台，形成河北特色。

企业层面：机电企业应利用精益思想，从多种途径降低产品的成本。同时，机电企业应借助大数据技术，利用智能化、标准化、系列化进行产品设计，合理调整生产布局，外购原材料等多种措施进行成本控制。

(十一) 掌握国际商务法规标准，规避合规风险

RCEP 经贸合规，是企业在国际贸易与投资、国际经济技术合作、国际工程建设承包等领域境外业务的经营中，遵守相关法律法规和规章制度，遵守业务经营所在国家地区的法律法规和习惯风俗，遵守RCEP 包含的规则准则及相关行业商业行为准则，把握有关技术标准，保守职业道德操守，践行合规文化的经营管理过程。

RCEP 经贸合规风险，是企业或其员工因违规行为遭受法律制裁、

监管处罚、重大财产损失或声誉损失以及其他负面影响的可能性。合规风险可以分为两大类：第一类是企业因违法违规行为受到行政监管部门调查、处罚的监管合规风险。这种风险对企业产生的最大影响是经营资格的剥夺，这会给企业带来经济损失、商业交易资格损失、声誉损失等三重损失，由此引发的雪崩效应最终使企业难以承受。第二类是企业由于受到起诉而被定罪量刑的风险。企业一旦受到刑事追究，因为被定罪而丧失了声誉，无法获得贷款，也不再有客户愿意与其进行交易，同时企业上市资格会被剥夺，难以再有发展机会。故此，需要强化合规预警、提供合规服务和对标国际标准规则。

首先，关口前移，强化合规预警处置。加强国际税收、跨境支付、跨境金融、出口管制与经济制裁、海关事务、知识产权、数据保护、跨境电子商务、贸易救济、反商业贿赂等领域国际经营风险预警，提供应对指导和服务。提升重点行业、优质企业合规风险防控和应对能力。强化突发合规事件处置属地责任，提供前期咨询、事中指导和后期评估等服务。

其次，搭建合规服务平台，提高信息共享能力。提高数字化水平，加强数据开放共享，推广应用电子证照，充分依托已有平台，提供内外贸政务服务统一化、标准化、便利化的公共服务。深入推进内外贸监管部门信息互换、监管互认、执法互助。强化数字赋能，依托"订单+清单"监测系统，联合律师事务所、信息技术服务企业等第三方机构建立合规业务平台，发布全球经贸规则和预警信息，开展企业远程测评和诊断。搭建合规风险识别产品对接平台，发布外经贸企业合规指引，创新开展小微企业合规服务。

第三，对标国际，加强跨国公司合规一体化建设。当前经济全球化的国际市场环境形势下，加强企业境外经营合规管理，对于中国企业走出国门、成功推进"一带一路"和企业全球化战略极其重要。企业境内通常的合规风险防控措施，主要包括遵守国内法律法规、遵守行业公约规则、制定企业内部控制制度和强调合规专员职业道德准则等等，积极加强企业境外经营合规风险的辨识、甄别、预警、防控与应对能力建设，依法依规接受并有效应对境外合规监管审查。从疫情防控角度而言，企业境外经营的风险突出表现在：刑事关系、劳动用工、买卖合同、宣传销售、数据信息和无偿捐赠等方面。近年来由于疫情防控措施影响，合规风险防控更要对标国际通行做法，以协调、平衡与完善企业境外经营中的合规风险防范机制。

（十二）遵守知识产权保护规则，避免侵权并适时抢仿

知识产权保护是营商环境的核心要素，有效的知识产权保护有利于权利人去维护自己的竞争优势，保护自己的合法权益。随着全球贸易的蓬勃发展，海外商标纠纷也日渐增多。RCEP 协议的生效，为我国企业开拓东盟十国贸易市场创造了更加有利的条件，同时我国企业的商标保护面临着新的问题和挑战，商标的布局保护以及侵权风险是企业需关注的重点问题。

RCEP 知识产权章共包含 83 个条款和过渡期安排、技术援助 2 个附件，是 RCEP 协定内容最多、篇幅最长的章节，也是我国迄今已签署自贸协定所纳入的内容最全面的知识产权章节。涵盖了著作权、商标、地理标志、专利、外观设计、遗传资源、传统知识和民间文艺、反不正当竞争、知识产权执法、合作、透明度、技术援助等广泛领域。

知识产权保护水平的提升也意味着侵权风险的提高。企业走出去的过程中，知识产权侵权风险的防控也是非常重要的。随着知识产权保护水平的提高，原来可能不能维权的内容，或者原来侵权赔偿比较低的行为，现在将面临更高的赔偿或者更重的法律责任。因此，侵权风险也会相应增加，企业的知识产权合规管理水平也应当相应提高，以有效防控风险。

通过对河北省进出口贸易环境的调研可知，河北省进出口主要涉及的国家是澳大利亚、日本、韩国，主要涉及的知识产权类型为商标权，其次是专利权。侵权货物则大多是轻工业产品，例如服装、包等。

很多"出海"企业，由于缺乏对品牌国际化的了解，存在对国际知识产权规则不熟悉，商标品牌意识不强等问题。往往忽视了品牌保护的重要性，未能及时地开展商标国际注册工作，直到国际业务拓展至某国市场时，才着手进行商标国际注册。由于品牌保护方面没有及时进行，所以让竞争者有机可乘，提前注册了商标。

在仿制药研制当中，注意把握时机，在有关专利即将到期前提前一步抢仿，并争取国外认证。尽管研发具有知识产权的新药，是我国从制药大国走向制药强国的必由之路，但是，由于原研药品风险性高，所需资金量大，同时要求技术力量充足，在现阶段，河北的医药企业应该走仿创结合的道路进行创新，做到"仿中有创、创仿结合"。即便是欧美制药企业，他们也经常进行仿制。亚洲的以色列及印度的药企在仿制药方面也做得比较好，有的甚至与原研药相当，可以通过美国FDA认证，在国际上通行。河北医药企业目前也有许多仿制药，当务之急是进一步提高仿制水平，密切关注知识产权发展动态，在有关专利即将到期前提前一步抢仿，并争取通过国外GLP（药品实验室管理规范）、GCP（药品临床试验管理规范）、GMP（药品生产质量管理规范）认证，这是向美国食品与药品管理局（FDA）申请销售许可的必经之路。这样通过仿创进行利润积累，不仅可以拥有一定的资金实力，而且可以锻炼出优秀的研发技术人员，等到时机成熟，就可以谋求开发真正的原创药，以赚取更高利润。

（十三）用好RCEP规则，加快河北外向型经济发展

在RCEP生效实施的新形势下，政府应积极采取措施抓住对外开放新机遇，加深政府与产业层面的协同联动，充分理解、履行和利用好RCEP的开放承诺和规则条款，进一步推动国内国际双循环。

一是引导企业，鼓励企业自觉用好RECP规则，发挥公共服务作用。加强规则研究，避免贸易摩擦。政府及时组织开展RCEP条款及跨文化差异宣传、解读，通过详细和具有针对性的条款解读，帮助企业深入理解贸易规则以及操作要点，引导外贸企业充分利用协定中的关税优惠和贸易承诺积极发展相关进出口业务。针对RCEP生效可能对本土的企业造成一定冲击，对有关细分领域的本土企业加强此方面的知识普及和培训，提升研发水平并提前做好预案，尽早实现产品升级换代。亦可采取短期贷款优惠或补贴的方式进行过渡，积极渗透RCEP规则。对于中小企业RCEP分列单独条款，尽最大可能创造合作项目和活动，给予中小企业生存发展的土壤，促进中小企业逐步纳入区域供应链，通过区域经济平台走向全球供应链。地方政府及所在地海关，要

密切合作，为企业架起桥梁，让进出口企业尽快掌握RCEP优惠原产地规则及操作方法。

二是对标CPTPP和DEPA，加快改革进程，提高河北省企业实力。参考CPTPP和DEPA（数字经济伙伴关系协定）的多边贸易模式，在RCEP的实践中，应逐步推进建立新的自贸试验区、自贸协定网络和服贸负面清单试点。对于自贸试验区尽可能减少或免除贸易关税和数量限制，起到支持RCEP的先行示范作用，对标国际水平建立对外开放区域。在落实RCEP规则的过程中发挥先行先试和引领示范作用，推进产业转移和园区化发展，支持雄安新区、中国（河北）自由贸易试验区，以及各类产业创新示范区、高新区、产业园等产业平台建设。

三是发挥自贸试验区、学校多个平台作用，加快外贸法律人才队伍培养。随着RCEP自由贸易协定的生效实施，涉外法律服务业的重要性凸显，发展涉外商事纠纷、贸易争端等涉外法律争讼事务和非诉业务活动越来越频繁，河北需要发展涉外法律服务业，加强涉外法律服务机构建设，加强涉外法律人才培养和储备。河北自贸试验区应积极对标先进自贸试验区涉外法律服务的成功经验和做法，从平台建设、优惠政策、涉外法律人才培养等节点，着力打造河北自由贸易区公共法律服务新高地。积极推进以法律政策为保障，以公共法律服务产品为链接，以实体、热线、网络平台为窗口，以多元商事纠纷非诉化解模式为依托，以涉外法律服务人才培养为智力支持的自贸试验区公共法律服务体系建设。河北省要尽快建立涉外法律人才培养机制，建立起规范化、程序化的涉外法律人才培养的体制机制，以制度建设为出发点，应当做好高校政府之间的有效互通互信，人才输入、人才培养计划，多层次地构建河北自贸试验区涉外法律人才培养的框架。

四是树立风险意识和底线思维，准备迎接更大范围竞争带来的挑战。把握RCEP启动后国际贸易投资环境的双面性，一些国家既存在着一些不确定性问题，又存在着可能因为不确定性带来的利益新空间。及时跟踪RCEP国家政局变动产生的冲击，政治风险产生的影响是最为深远的，注重合规经营，尤其是要关注重点贸易投资协定和各国的法律法规政策，包括RCEP在内的自贸协定，其不仅能够指引企业找到新机会,也能给企业提供一些支持和保护,处理好疫情防控与经济复苏的关系,合理安排生产节奏。

(十四)在国际化新格局下,发挥民营经济机制灵活的优势

一是促进中小企业群聚发展。规模经济能使企业获得降低生产成本的竞争优势。因而,要使企业进一步向海外市场水平扩张、使企业产生对外投资和跨国发展的动力,就必须追求规模经济、必须促进中小企业群聚发展。国际化成长不仅要追求产品的市场份额与利润,更要注重技术进步与知识学习。以科技民营企业为例,该类企业国际化一般可以采取跨越式路径,包括群聚国际化、联盟国际化和独立国际化。(1)群聚国际化。群聚是指在某一特定领域内互相联系的企业之间的聚集行为,体现的是群内企业间的相互依存与支持关系。集群的一个优势是易于联合,能够抵抗国际竞争压力。在目前的全球经济局势下,科技型民营企业,尤其是中小型科技民营企业国际化成长的一条有效路径就是采取集群模式,通过强强联合走向国际化,而不是盲目地独立进行跨国经营。(2)联盟国际化。联盟国际化即联盟以更快的速度或更低的成本进入国际市场。它包括以下两种方式:一是与国际上大的跨国公司结成战略联盟,为跨国公司贴牌或者参与跨国公司价值链分工。民营企业可以在联盟网络中部分受到保护,避免有更大的竞争。二是与国内的大企业联盟借助大企业快速实现国际化,即中小科技型民营企业加入大型企业集团。(3)独立国际化。独立国际化是指企业独立地在国际市场上开拓,这种模式适用于具有一定的国际化经营经验、有较强的创新能力和经营实力的科技型民营企业,这种模式使企业可取得海外投资的绝对控制权以及投资的全部收益。

二是积极开辟民营企业多种融资渠道。民营企业外源性融资能力的提高,是一个漫长的过程,它需要全社会的一致努力。从企业的角度来说,提高其管理透明度,明确其所有权归属至关重要;从政府的角度来看,建立和保证一个公平的经营场所,制定一系列鼓励民营企业借贷行为和投资于民营企业的政策措施,如:推进利率自由化、允许银行征收交易费和开放更多借贷方式等。

三是充分发挥政府导向功能、增大其对民营企业的扶植力度。一方面，应完善相关法律法规，使其与市场经济的运行机制、国际贸易惯例、规则相适应。规范对民营中小企业的管理，减少制约民营中小企业向国际化发展的体制和行政方面的因素，健全民营中小企业的监督机构。另外，应给予民营中小企业以国民待遇，取消对民营中小企业营业范围的种种限制，将民营中小企业与国有企业一视同仁。

此外，对于企业治理来说，民营企业同时需要秉持长期战略、苦练内功。

一是建立与企业国际化发展相适应的现代企业制度，提高企业管理水平。彻底改变民营企业固有的家族式管理模式，按现代企业制度要求，加强企业规范化管理，把规范管理制度落实到生产经营活动的各个环节，塑造优良的企业文化，培养员工的凝聚力，变"家族企业"为"企业家族"。

二是提高民营企业的自主创新能力。民营企业应不断加大科研开发投入力度，增强自主研发能力，实现产业转型升级，打造国际品牌。具体而言，现阶段可以优先考虑与各大科研院所、上下游企业结成跨国经营战略联盟，通过"产、学、研"优势互补来占领国际市场。

三是创新用人机制，加大国际化专业人才培养与引进力度。国际化发展需要国际化人才。民营企业应以造就一大批懂外语、懂经济商务知识的复合型企业领导人才和具有国际贸易、金融、法律和财会专业知识的经营人才为重点，加快人才培养步伐，以适应企业国际化发展的需要。加大对引进国际化人才的投入。在培养本土国际化人才的同时，增强引进国际人才为民企服务的力度。

在"十四五"期间，RCEP对河北对外贸易与经济合作具有十分重要的意义。一方面，RCEP自贸区的建成意味着全球约三分之一的经济体量将形成一体化大市场，使其为区域和全球经济增长注入强劲动力，为我国双循环提供巨大动力，激发新质生产力并带动河北省对外开放，深化河北与其他国家的经贸联系，从而与世界经济融为一体。另一方面，RCEP启动使我国周边区域的地缘政治地位更加稳定，有利于促进我国参与全球治理的能力，在"逆全球化"的大潮中突出中国式"新全球化"解决方案，而在此进程中我们也能推动河北充分融入并做出积极贡献。

第一章　把握机电产业的新机遇

河北省是我国机电产品的出口大省，机电产品长期以来一直是河北省内第一大出口类别。机电产品的出口成为河北省出口创汇的重要组成部分，对拉动全省外贸和经济增长作出了重要贡献。受益于成员间关税减让、开放市场准入等政策，以及取消部分贸易壁垒措施因素，河北省机电产品对RCEP国家出口将迎来新机遇，同时也会面临一些新的挑战，如将直面更加激烈的竞争、短期内可能受既有体制机制的束缚等。基于此，本章将重点研究RCEP生效对河北省机电行业出口的影响，并据此提出RCEP生效后河北省促进机电行业出口健康、平稳、持续发展的相关政策建议。

一、河北省机电行业发展现状

机电产品种类繁多，通常泛指机械产品、电子与电气产品以及相关产品的零附件等。机电产品有其独特的产品特性，技术特征方面对产品的标准化要求高、产品的规格繁多；生产特征方面，零件制造专业化水平高且耗材量大；市场特征方面，机电产品易受国家政策影响，且对市场专业化技术发展有较高要求。

根据2017版的国民经济行业分类（GB/T 4754—2017）的划分方法，机电产品主要集中于制造业大类下的代码33-41的二级行业分类下（如表1所示），依次为金属制品业（33），通用设备制造业（34），专用设备制造业（35），汽车制造业（36），铁路、船舶、航空航天和其他运输设备制造业（37），电气机械和器材制造业（38），计算机、通信和其他电子设备制造业（39），仪器仪表制造业（40），其他制造业（41）。接下来，我们将利用上述行业的相关统计数据，对河北省机电行业的总体发展状况进行初步分析。

第一章 把握机电产业的新机遇

表 1 我国国民经济行业分类标准下的机电产品类别

代码	二级分类名称
33	金属制品业
34	通用设备制造业
35	专用设备制造业
36	汽车制造业
37	铁路、船舶、航空航天和其他运输设备制造业
38	电气机械和器材制造业
39	计算机、通信和其他电子设备制造业
40	仪器仪表制造业
41	其他制造业

资料来源：根据2017版的国民经济行业分类（GB/T 4754—2017）整理得到。

1. 总体概况。

近年来，河北省机电行业整体规模保持平稳，但经营绩效呈下滑趋势。限于数据可得性，此处以规模以上工业企业的统计口径数据为准进行分析。以2020年为例：从企业数量看，2020年河北省规模以上机电行业工业企业共5216家，相较于2019年增加373家，其中金属制品业企业最多，达1590家；从用工规模看，2020年河北省机电行业平均用工人数达77.9万人，同比增加1万余人；从资产规模看，2020年河北省机电行业资产规模总额达1.2万亿元，同比增长8.1%；从营业收入规模看，2020年河北省机电行业营业收入总额达9764亿元，同比增长7.5%；从利润总额看，2020年河北省机电行业利润总额达386亿元，同比减少5.6%；进一步计算发现，2020年河北省机电行业整体利润率为4.0%，同比下降0.5个百分点。再来看近5年河北省规模以上机电行业的经济运行情况。表2给出了2016—2020年河北省规模以上机电行业企业的主要经济指标。从中可以发现，2016年至2020年期间，河北省机电行业整体规模稳中有进（主要表现为企业数量、资产规模及用工人数的增长），但经营绩效却呈现较为明显的下降趋势（表现为营收和利润的双双下滑）。这表明尽管总体规模保持平稳增长，但受市场竞争日趋激烈、生产要素成本上升以及技术升级缓慢等原因的影响，河北省机电行业的经营环境日益严峻，行业整体利润率下滑趋势明显，企业经营绩效存在恶化风险。

表2　2016—2020年河北省规模以上机电企业主要经济指标

年份	企业数量（个）	资产规模（亿元）	用工人数（人）	营业收入（亿元）	利润总额（亿元）	利润率（%）
2016	5174	10324	–	12137	847	7.0
2017	5516	11812	–	10521	605	5.8
2018	4988	10624	–	8517	374	4.4
2019	4843	11153	769024	9082	409	4.5
2020	5216	12053	779223	9764	386	4.0

资料来源：根据历年《河北统计年鉴》数据计算得到；利润率用利润总额除以营业收入计算得到，下同。

机电行业发展规模在全省工业领域占据重要地位，但整体盈利能力并不强。表3反映了机电行业在河北省工业中的地位情况。从中可以看到，2020年，河北省规模以上机电行业用占全省规模以上工业企业36.6%的企业数量、28.6%的用工人数、23.5%的资产规模，创造了22.6%营业收入和17.7%利润总额；同时，河北省机电行业的整体利润率为4%，低于工业大类平均利润率1个百分点。可见，尽管河北省机电行业的企业数量在全省工业中的比重较高，但其经营绩效低于工业整体平均水平，盈利能力并不强。从表4中也可以证实这一点：2020年河北省规模以上工业企业平均利润总额为1529万元，而机电行业企业平均利润总额仅为739万元，不足前者的一半。此外，还可以发现，无论是平均资产规模、平均营业收入还是平均用工人数，河北省机电行业企业都低于全省工业企业的平均水平。这表明河北省机电行业"多而不强"的特征较为明显。

表3 河北省机电行业在全省工业中的地位（2020年）

行业类型	企业数量（个）	资产规模（亿元）	用工人数（人）	营业收入（亿元）	利润总额（亿元）	利润率（%）
工业	14239	51303	2721938	43213	2178	5.0
机电行业	5216	12053	779223	9764	386	4.0
占比（%）	36.6	23.5	28.6	22.6	17.7	—

资料来源：根据2021年《河北统计年鉴》数据计算得到。

表4 河北省机电企业与工业企业主要经济指标平均值对比（2020年）

企业类型	平均资产规模（亿元）	平均用工人数（人）	平均营业收入（亿元）	平均利润总额（万元）
工业企业	3.6	191	3.0	1529
机电企业	2.3	149	1.9	739

资料来源：根据2021年《河北统计年鉴》数据计算得到。

2. 行业结构。

河北省机电细分行业之间发展水平存在一定差异。从发展规模看，金属制品业、专用设备制造业、通用设备制造业、电气机械和器材制造业以及汽车制造业等5大行业占据重要地位。按国民经济行业分类（GB/T 4754—2017）的二级分类为准，以2020年为例，从表5中企业数量方面看，河北省机电行业中，规模以上企业数量最多是金属制品业（33），有1590家，专用设备制造业（35）、通用设备制造业（34）、电气机械和器材制造业（38）的企业数量也均超过800家，汽车制造业（36）577家，计算机、通信和其他电子设备制造业（39）208家，铁路、船舶、航空航天和其他运输设备制造业（37）和仪器仪表制造业（40）各100余家，其他制造业（41）30家。可见，河北省机电企业主要集中于金属制品业（33）、专用设备制造业（35）、通用设备制造业（34）、电气机械和器材制造业（38）以及汽车制造业（36）这5个行业，5个行业企业数量占全省机电行业企业总数的近9成。通过简单计算可以发现，这5个行业的资产规模、用工人数、营业收入和利润总额占全省机电行业的比重均超过 80%。从经营绩效看，利润率最高的是仪器仪表制造业（40），其利润率达到 14.9%，明显高于其他几类机电行业；排名第二、第三的铁路、船舶、航空航天和其他运输设备制造业（37）与计算机、通信和其他电子设备制造业（39）的利润率均为 6%；随后的专用设备制造业（35）、通用设备制造业（34）的利润率分别为 5.5% 和 5.2%，汽车制造业（36）利润率为 4.1%；金属制品业（33）、电气机械和器材制造业（38）以及其他制造业（41）的利润率均不足 3%，低于全省机电行业 4% 的平均水平。

表5　河北省机电行业不同细分行业的主要经济指标（2020年）

代码	企业数量（个）	资产规模（亿元）	用工人数（人）	营业收入（亿元）	利润总额（亿元）	利润率（%）
33	1590	1912.60	168558	2587.89	64.39	2.5
34	832	937.52	90290	712.33	37.08	5.2
35	854	2377.70	114476	1027.08	56.07	5.5
36	577	3146.38	165007	2764.17	114.62	4.1
37	173	656.64	44009	359.41	21.43	6.0
38	836	1879.60	104916	1679.62	39.29	2.3
39	208	861.68	67853	441.77	26.35	6.0
40	116	269.91	21361	176.49	26.27	14.9
41	30	11.05	2753	14.89	0.15	1.0

资料来源：根据 2021 年《河北统计年鉴》数据计算得到。

与总量经济指标方面的突出表现相比，五大行业在平均经济指标与盈利能力方面表现一般。从表 6 中可以看到，就企业平均资产规模而言，除汽车制造业（36）为 5.5 亿元最高值外，金属制品业（33）、专用设备制造业（35）、通用设备制造业（34）、电气机械和器材制造业（38）的企业平均资产规模并无明显高于其他几个行业。企业平均用工人数和平均营业收入方面也表现出类似的特点。最后从企业盈利能力来看，仪器仪表制造业（40）企业的平均利润总额最高，达到 2265 万元；汽车制造业（36）企业的平均利润总额紧随其后，接近 2000 万元；

铁路、船舶、航空航天和其他运输设备制造业（37）和计算机、通信和其他电子设备制造业（39）企业的平均利润总额也均超过1200万元，金属制品业（33）、专用设备制造业（35）、通用设备制造业（34）、电气机械和器材制造业（38）企业的平均利润总额在400万元到700万元之间，其他制造业（41）企业的平均利润总额仅为50万元。进一步从利润率看，金属制品业、专用设备制造业、通用设备制造业、电气机械和器材制造业以及汽车制造业这五大行业的平均利润率仅为3.6%，低于全省机电行业整体水平约0.4个百分点。由此，尽管上述五大行业在企业数量和吸纳就业方面表现更为突出，但其整体盈利能力一般，而且要明显弱于仪器仪表制造业、铁路、船舶、航空航天和其他运输设备制造业与计算机、通信和其他电子设备制造业等行业的整体盈利能力。

表6　河北省机电细分行业企业主要经济指标平均值对比（2020年）

代码	平均资产规模（亿元）	平均用工人数（人）	平均营业收入（亿元）	平均利润总额（万元）
33	1.2	106	1.6	405
34	1.1	109	0.9	446
35	2.8	134	1.2	657
36	5.5	286	4.8	1986
37	3.8	254	2.1	1239
38	2.2	125	2.0	470
39	4.1	326	2.1	1267
40	2.3	184	1.5	2265
41	0.4	92	0.5	50

资料来源：根据2021年《河北统计年鉴》数据计算得到。

3. 经营主体。

私营企业数量最多，其盈利能力强于国有控股企业，弱于其他非国有的有限责任公司和股份有限公司。河北省机电行业的经营主体主要有国有控股企业、私营企业以及其他非国有的有限责任公司和股份有限公司等。表7给出了2020年河北省机电行业不同经营主体的主要经济指标情况。从中可以看到，私营企业数量最多，占全省规模以上机电企业总数的82%；此外，私营企业的资产规模总额占全省的比重超过三分之一，拥有全省机电行业一半以上的用工人数，营业收入与利润总额占全省的比重也均接近一半。可以说，私营企业是河北省机电行业的主力军，关乎河北省机电行业发展的基本盘。从利润率来看，其他类型企业最高，为5.2%，高于全省机电行业的平均水平；私营企业为3.7%，外商与港澳台为3.3%，国有控股企业最低，为2.7%，均低于全省机电行业平均水平。

从企业主要经济指标的平均值来看（如表8所示），私营企业与其他三类企业的差异依然明显。例如，从平均营业收入看，国有控股企业最高，达6.5亿元，其他类型企业和外商与港澳台企业紧随其后，分别达到5.3亿元、4.3亿元，由于规模小（表现为平均资产规模更小，平均用工人数更少），私营企业的平均营业收入仅为1.1亿元。综上，从经营主体数量来看，河北省机电行业中，私营企业最多，其他类型企业次之，外商与港澳台企业随后，国有控股企业最少；而从平均利润总额看，河北省机电行业中，其他类型企业的平均利润最高，国有控股企业次之，外商与港澳台企业随后，私营企业最低。但从单位资产规模创造更多利润的能力来看，私营企业最高，其他企业次之，外商与港澳台企业随后，国有控股企业最低。这再次表明，尽管河北省私营机电企业平均规模较小，但其经营效率相对更高，经营绩效也更好一些。此外，还应注意到，尽管包括非国有的有限责任公司、股份有限公司在内的其他类型企业的数量并不多，但其整体盈利能力是这四大类企业中最强的。因此，这些非国有的有限责任制和股份有限制的机电企业应成为河北省未来推动机电行业高质量发展的有生力量。

表7 河北省机电行业不同经营主体的主要经济指标对比（2020年）

企业类型	企业数量（个）	资产规模（亿元）	用工人数（人）	营业收入（亿元）	利润总额（亿元）	利润率（%）
国有控股	176	2161	106104	1148	31	2.7
私营	4277	4093	399202	4819	177	3.7
外商与港澳台	238	1383	86818	1019	34	3.3
其他	525	4416	187099	2778	144	5.2
全部	5216	12053	779223	9764	386	4.0

资料来源：根据2021年《河北统计年鉴》数据计算得到。其他类型企业的数据通过全部企业的经济指标减去国有控股、私营以及外商与港澳台企业的对应经济指标得到。根据统计年鉴中数据，其他类型企业主要包括非国有的有限责任公司、股份有限公司等。

表8 河北省机电行业不同经营主体的主要经济指标平均值对比（2020年）

企业类型	平均资产规模（亿元）	平均用工人数（人）	平均营业收入（亿元）	平均利润总额（万元）
国有控股	12.3	603	6.5	1770
私营	0.96	93	1.1	414
外商与港澳台	5.8	365	4.3	1420
其他	8.4	356	5.3	2743
全部	2.3	149	1.9	739

资料来源：根据2021年《河北统计年鉴》数据计算得到。

二、河北省机电行业的政策研究

（一）机电行业关税减让

RCEP生效后，在15个RCEP成员国中有90%以上的货物贸易实现零关税。但是，RCEP在多边达成共识的前提条件下，有一定的包容性和灵活性，允许双边进行谈判。在15个RCEP成员国中，彼此间有相互适应的关税减让安排，两两之间可以任意组合，根据各自情况达成协议。另外，RCEP 允许各成员国有过渡期，HS 编码范围、壁垒幅度和降税时间表各国有所不同。按照时间表和达成的货物贸易降税幅度，逐渐地接近 90% 货物免税目标。

表 9 中国与 RCEP 成员国机电行业相互立即零关税比例

RCEP 成员国	中国对成员国立即零关税比例(%)	成员国对中国立即零关税比例(%)
文莱	41.25	76.5
柬埔寨	41.25	29.9
印度尼西亚	41.25	65.1
老挝	41.25	29.9
马来西亚	41.25	69.9
缅甸	41.25	30
菲律宾	41.25	80.5
新加坡	41.25	100
泰国	41.25	66.3
越南	41.25	65.8
日本	25	68
韩国	38.6	50.4
澳大利亚	64.7	75.3
新西兰	65	65.5

注：根据 RCEP 协定测算而得。具体考察机电行业的原产地规则。在 UNcomtrade 统计数据库中，机电产品未有统一的 HS 编码，在 SITC 分类中隶属于第七类。在中国海关统计数据库中，机电产品二位编号为 84—90。

从河北的进出口结构来看，RCEP 对中国贸易影响比例最高的类别是机电产品。受 RCEP 影响的出口产品主要有机械器具、家具、塑料制品、汽车零部件、纺织服装、玩具等；受 RCEP 影响的进口产品主要有矿物质燃料、机械器具、矿砂、光电设备、汽车及零部件、医药和护理设备等。实际上，RCEP 的生效对中国出口机电产品，特别是机械设备和纺织品有很大的减税促进作用。对河北进口的影响主要是可以降低上游产品成本，即从 RCEP 国家进口的产品如果再销往 RCEP 国家，将享受重要优惠。根据中国与东盟国家签订的协议，RCEP 原产地累积规则将给很多企业,特别是低端制造业企业以及劳动力成本比较高的企业提供新机会,将其产业链布局到东盟国家。东盟国家有劳动力成本较低、劳动力年轻化、低端制造业崛起等优势,所以产业有可能向海外转移,生产的低端制造产品有可能回流进口到国内。

(二)机电行业的原产地规则

从中长期而言,RCEP协定具有重要的战略意义。仅仅从原产地累积制度而言,这对企业的原材料零部件采购、产业链布局、对外投资、转移定价战略的使用等决策都会产生影响。因此,准确了解RCEP原产地累积规则对企业国际化经营具有重要的意义。RCEP原产地规则章节遵照国际惯例,在以下方面进行了创新:一是RCEP进一步丰富了原产地证书的类型,在传统原产地证书之外,还将允许经核准的出口商声明以及出口商的自主声明。这标志着原产地声明制度将由官方授权的签证机构签发模式转变为企业信用担保的自主声明模式,使得原产地认证更加灵活便捷,大大降低企业单证合规成本。二是RCEP原产地程序性规则要求建立原产地电子信息交换系统,切实解决贸易双方存在的时差、效率低下等问题,通过提升贸易便利化水平提高对优惠原产地规则的利用率。三是RCEP接受中间缔约方的签证机构经核准出口商或出口商签发的背对背原产地证明,将有利于促进转口、离岸贸易业务在区域内的发展,有利于货物在成员方之间进行中转集拼,提升企业在生产布局、销售渠道、物流安排等方面的灵活性、便利性。

RCEP在货物贸易方面实行原产地累积规则,即在原产地增值规则基础上进一步延伸。确定产品来源于一个国家,通常增值标准为40%:即全球价值链中在不同国家进行生产,产品在一个国家只要增值40%,就被认定来源于这个国家。RCEP原产地累积规则是只要在RCEP成员国进行生产,各国增值可以叠加。例如,产品在澳大利亚增值了20%,在菲律宾增值了15%,在泰国增值了15%,中国最后再加工这个产品时有30%的增值,但只要在RCEP成员国内累积增值达40%,产品再出口至RCEP成员国时,可以实现零关税或税收优惠。

RCEP原产地累积规则最重要的一点是可以在RCEP成员国内布局和建立新型供应链,只要达到40%的累积增值都发生在RCEP成员国内，就可以享受税收优惠。事实上，这个规则鼓励所有企业在 RCEP 区域内设置供应链投资，共同合作，共享 RCEP 互惠税收结果，这为企业在 RCEP 区域内进行供应链布局带来了新机遇。此外，原来的原产地证由贸促会或商检出具，而 RCEP 原产地累积规则要求 RCEP 各成员国建立一个经核准的出口商制度，即经海关核准的出口商可以自行签发原产地证，这极大地便利了企业开展国际贸易。

RCEP 的累积规则，RCEP 区域内增值都可以累积计算，满足规定的区域价值成分超过 40% 的原产地标准，出口就能享受优惠关税，这对于非专业人士进行普及宣传是可以接受的，但是从实务操作角度存在误导。RCEP 协定第三章第四条分为两款。第一款表达的意思是，被累积的材料需要符合原产材料定义取得原产资格的材料。第一款没有允许生产累积，只允许货物（材料）累积，因此并不是完全累积。从累积的地域范围来说，第一款中的累积是 15 国整个区域范围内的累积，因此有解读称之为区域累积，这是恰当的。其第二款提出在 5 年内进行审议，"考虑将第一款中累积的适用范围扩大到各缔约方内的所有生产和货物增值"，表达的意思就是要考虑实现完全累积。这里说的"适用范围扩大"并非地域范围的扩大，而是累积客体的扩大。这一目标就是要向 CPTPP 第 3.10 条的第三款看齐，这一款实际上就是指的生产累积，"无论该生产活动是否足以赋予该材料本身原产地位"。

例如中国目前生产一个装订机械，按照产品特定规则，其实质性改变标准可以是"子目改变或区域价值成分 40"，子目改变是六位税号变化（简称 CTSH），区域价值成分 40 表明区域增值标准达到 40% 可以获得原产资格（简称 RVC40）。现在我们假设中国出口商或生产商选择使用 RVC40 标准。中国在生产后出口的离岸价格（FOB）为一台 1 万元人民币。这 1 万元人民币包括从日本进口的中间品价值 1500 元，从韩国进口的中间品 1000 元，从澳大利亚进口的中间品 3000 元，从德国（不是 RCEP 成员）进口的中间品 3500 元，中国本地增值 1000 元。为了方便起见，我们假设日本、韩国、澳大利亚的出口商对各自出口的产品也都是使用 RVC40 标准。日本和韩国的产品中分别有 500 元成分来自 RCEP 区域外，其他成分是在本国增值，其出口的中间品都具有原产材料资格。澳大利亚出口的中间品中有 2000 元成分来自区域外，没有取得原产材料资格。

那么按照 RCEP 第三章第四条第一款的标准，中国生产的这一装订机械能否获得中国的 RCEP 原产资格呢？按照 RCEP 第三章第五条的计算方法，来自澳大利亚和德国的中间品的价值都是非原产材料价值（简称 VNM），共计 6500 元；中国生产的这一装订机械的区域增值为 1500 元（日本中间品价值）+1000 元（韩国原产品价值）+1000 元（中国本地增值），共计 3500 元，达不到 40% 的增值标准，不能获得原产资格。假设 RCEP 生效 5 年内审议通过实现完全累积，即完成第三章第四条第二款的目标，那么这一产品的区域增值将是在 3500 元基础上加上在澳大利亚增值的 1000 元，达到 4500 元，增值幅度达到 45%，超过 40%，因此可以获得原产于中国的 RCEP 原产资格。在上面的例子中，澳大利亚的 1000 元增值在短期内是不能累积的，只能在今后实现完全累积的谈判目标以后才可以实现累积。与此同时，上述例子中日本和韩国出口的中间品被累积的价值实际上包括了区域外成分共计 1000 元。因为日本和韩国的产品已经有了原产资格，这些区域外成分被累积成了区域增值，而这恰恰反映了原产地累积规则中的吸收原则。

RCEP 协定是根据 HS2012 编码进行统计的，将 SITC 分类与 HS2012 编码进行匹配，可了解机电行业的情况。机电行业中以"子目改变或区域价值成分 40""品目改变或区域价值成分 40"为主，表示企业可根据自身产品的情况选择税则改变或区域累计的方式申报原产地。而有些类别则对原产地有更高的要求，比如"8458.11"数字控制条目中，要求"品目改变，自 8537.10 改变至此的除外，或区域价值成分 40"，类似高标准的要求主要出现在 84 和 85 的数字控制条目。

三、机电产品出口 RCEP 成员国面临的技术壁垒

技术性贸易壁垒的表现形式包括技术标准、技术法规、动植物卫生检疫措施、合格评定程序、信息技术壁垒等。技术标准是指供通用或重复使用的、非强制执行且经公认机构批准的相关工艺、生产方法等，也包括标志、包装、符号、术语等方面的要求。技术标准有企业技术标准、行业技术标准、国家技术标准。技术法规是指强制实施的技

术文件，包括国家颁发的法律法规、条令条例以及行业协会提出的相关要求、技术准则等。技术法规具有强制性，是比技术标准更加难以逾越的壁垒。合格评定程序包括抽样、检测和检验程序，符合性的评价、验证和保证程序，注册、认可和批准程序以及它们的组合。有的国家故意延长检验或合格评定时间，增加交易成本，导致贸易损失。一些国家利用合格评定程序，限制他国商品进口。

2020年全球受新冠疫情影响，机电产品生产陷入停滞，中国作为最快实现复工复产的国家，填补了全球机电产品的产能缺位问题，出口额逆势增长。中国对外贸易额的不断增长，势必会挤占日本、韩国等国家的本土机电生产企业的市场份额。因此，出于对本土企业的贸易保护，日本、韩国等成员国则会选择技术性贸易壁垒的方式，限制中国机电产品在本土的影响力。

RCEP共计二十章，"技术性贸易措施"涵盖第五章《卫生与植物卫生措施》以及第六章《标准、技术法规和合格评定程序》。RCEP第五章《卫生与植物卫生措施》包含17个条款，涵盖了定义、目标、范围、总则、等效性、适应地区条件、风险分析、审核、认证、进口检查、紧急措施、透明度、合作和能力建设、技术磋商、联络点和主管机关、争端解决等条款。和WTO中SPS协定相比较，RCEP协定加强了适应病虫害非疫区和低度流行区、风险分析、审核、认证、进口检查，以及紧急措施等条款的执行。RCEP第六章《标准、技术法规和合格评定程序》由14个条款组成，主要内容包括协定实施目标和范围、国际标准、指南和建议、技术法规和合格评定程序以及合作、技术讨论、联络点制度等。相比较WTO中TBT协定的实施，RCEP进一步确定了TBT协定的实施、确保技术法规和合格评定程序不对贸易造成不必要的障碍；加强缔约方信息交流和合作，促进缔约方就技术性贸易措施相互谅解。

RCEP下的TBT规则促进了开放的区域主义，有利于多边贸易体制的发展，RCEP在追求区域经济一体化目标下所制定的TBT相关措施，比WTO规定得更加深入，这是对WTO中TBT条款的补充。首先，RCEP中的TBT协议采用等效原则和协调一致，鼓励各成员制定、采用现有的国际标准。其次，RCEP 对 TBT 的透明度提出了更高的要求，要求成员国要及时公布动植物检验检疫法规标准，设立咨询点，向贸易伙伴提供他们索取的有关信息，还规定成员国要公正、合理、统一透明地实施 TBT 政策法规。区域内标准的协调和透明度的提高，将会使区域间各成员国贸易密切，甚至是区域外第三方也更容易进入整个区域内成员国的市场，因为具有高透明度的规定使得他们可以更好地了解到区域内关于 TBT 的条款信息，第三国或者区域内各成员才能根据相对透明的条款进行相互贸易，限制不合格商品的交易。此外，RCEP 下的 TBT 协定也采用争端解决程序来处理各成员国之间的争端，鼓励双边磋商，使得各成员国之间能够有机会通过讨论找出双方都愿意接受的方案，如果双边磋商不能获得满意的结果时，起诉方可以要求成立争端小组。在对争端的技术性贸易措施商讨时，争端解决小组可以向专家、技术专家组或者有关国际组织寻求技术和科学方面的意见。面对技术性贸易措施的争端，RCEP 协议下制定了一套完整的解决流程。相比较 WTO 的 TBT 协议，RCEP 框架下新增了风险分析，紧急措施和审核。风险分析是对商品传入进口国之后在境内可能带来的生物学和经济学后果进行评定和分析，要求将风险控制在合适的保护水平，考虑减少负面的贸易效果。协议下约束的审核机制和风险评估避免了任意或者不公平实施进口方认为适当的不同的保护水平，导致因为各国保护水平不同而引起的贸易歧视或者变相限制，防止检验检疫措施的滥用。RCEP 的有效执行可以提高区域内各成员国关于 TBT 的机构合作，有利于多边贸易体制的发展。

全球工业化进程中伴随着对环境的破坏与威胁，环境问题逐渐受到世界各国的重视。同时，随着贸易自由化程度的不断增强，关税对贸易保护的作用程度越来越低。因此，环境问题逐渐在国际贸易体系中占据着重要作用。20 世纪末至 21 世纪初，欧盟公布了 WEEE 及 ROHS，颁布了欧盟统一的"能源标识导则"与耗能产品环保设计的 EUP 指令，对进口产品采用了严苛的环保质量标准体系。之后，日本、澳大利亚等国家纷纷效仿，采取相应措施提高对进口产品的环保质量要求。

日本的技术标准在全世界都是处于领先地位，如 2001 年实施的《电气设备和材料安全法》要求，日本的信息技术产品需要在日本电气安全环境研究所（JapanElectricalSafety&EnvironmentTechnologyLaboratories）认证的电气安全和电磁兼容（EMC）方面合格才能够上市。日本有自己的电子兼容标准和电磁兼容认证标志（VCCI），VCCI 是非强制性认证，属于完全自愿，却还是被很多公司采用，因为它可以用来证明产品的质量。正因为它的代表性和领导地位，出口日本的多数商品，在达到国际标准后，还要去满足日本的技术标准，不然基本进入不了日本市场。

日本的工业产品认证机构是由日本适合性认定协会（JAB）认定的，除此之外，JAB 还负责实验室，临床检查室和检查机关的认定。JAB 认证主要从产品的研发、生产、销售等各个方面考察产品，确保产品的安全性和质量，是日本最严苛的认证。JAB 中最有影响力的两个机构是日本品质保证机构（JQA）和日本规格协会（JSA），这两个机构对汽车、土木建筑、电子机器及电气机械、化学、日用品等很多方面进行合格评定。其中 JQS 还对产品进行 ISO9000、ISO14000 环境管理体系等进行认证。由于 ISO9000 和 ISO14000 在国际中有着举足轻重的地位，采购商、消费者对这两种认证的认可度非常高，如果产品没有这两种认证，就很难与日本的采购商达成交易，更别说出口日本了。日本的 ISO9000 质量管理体系实行与欧美国家相比施行较晚，但在 1997 年后，日本实施 ISO9000 的速度让世界大部分国家都望尘莫及。日本的国际企业在接受国外供货商供货时，往往会要求供货商在限定时间内通过 ISO14000 环境体系认证，否则便不会进行贸易。

日本对进口机电产品管控严格，涉及多项产品认证。例如：(1) PSE 认证：是日本强制性安全认证，共有 498 种产品必须通过 PSE 认证。(2) TELEC 认证：是日本针对无线产品的质量认证。(3) VCCI 认证：是针对电磁兼容的非强制性安全认证，但在日本市场中有极高认可度，信息技术类产品进入日本销售须通过 VCCI 认证。(4) JIS 认证：是针对工业相关产品的非强制性安全认证，需对产品进行产品测试及工厂审核。

2009 年起，韩国技术标准院施行 KC 认证系统，将进口的电气产品分为强制性产品与自愿性产品。其中,强制性产品(34类)需要通过"型式试验+工厂审查",满足 KC 认证标准才能进入韩国市场进行销售;自愿性产品(24类)采用"型式试验+安全确认声明"模式进行认证,认证后即可进入韩国市场。

澳大利亚因联邦制国家性质,其机电产品安全的认证管理并没有国家统一标准,由各个州或地区按当地认证程序执行,各州或地区的认证在澳大利亚区域内通用。此外,澳大利亚认定标准制定机构 StandardsAssociationofAustralian(简称 SAA)的认证在各州或地区具有同等效力,SAA 于 1988 年更名为 StandardsAustralia,于 1999 年改为 StandardsAustraliaInternationalLimited(SAI)。同时,澳大利亚与新西兰已签订双边互认协议(TTMRA),即通过澳大利亚或新西兰认证的产品均可进入澳、新市场进行销售。澳大利亚形成的是"RCM"标志,覆盖的内容是电气安全和电磁兼容认证。每一个认证都有特定的技术标准,也有指定的适用产品范围,同时还有指定的承认国家和特殊的强制性内容。所以机电产品完成出口要经过十分复杂的认证工作。当前有比较集中的执行对象,包括低压电器、压力容器、电梯、机械产品等等。在防污染方面,各个国家也有明确的规定,以欧美和日本为例,就制定了关于噪声污染控制的环保法规,不仅如此还针对大量的机电产品制定了噪声强制标准。

四、河北省机电行业面临的机遇

(一)中日关税减让

RCEP 生效对于以前已有双边自贸协定的国家而言,机电产品减税优惠幅度相对有限。但是,中国对日本的 RCEP 生效形成了中国与日本之间的自贸协定,给中国和日本企业带来了很大的发展机遇。日本进口中国工业品的免税比例将从之前的 47% 上升为 98%,大幅度减税涉及的产品有机械、电子、化工领域的产品。RCEP 生效后,像塑料、橡胶、纺织品、服装、化学品等产品能快速享受减税优惠,有利于中国向日本出口。中国进口日本产品的免税比例也将达到 86%,包括机械、电子、化工等领域将快速享受关税减让。因此,RCEP 生效对中国和日本企业都是一个巨大的机会。

汽车行业的关税减让是中国和日本两国共同关注的重要议题。根据RCEP，汽车行业关税能够立刻减至零的部分汽车零配件价格相对较低，对整车价格影响较小；而单价较高的零部件，一般在未来10~20年才能逐渐归零。部分车企表示，虽然芯片在协定范围内关税减免，但车企并不掌握具体免税的芯片税则号，因此较难估计其对整车生产的影响。

(二) RCEP技术壁垒的原因

技术性贸易壁垒对中国电子产品出口造成的消极影响是显而易见的。通过设置技术性贸易壁垒，中国电子企业生产成本大幅上升，国际市场竞争力逐渐下降，严重影响了电子产品对外贸易正常有序发展。技术性贸易壁垒对电子行业包括加工制造、设计、生产、回收、报废等各个环节都产生了较大影响，并呈现多种表现形式，如绿色措施、合格评定程序、技术法规等。为维持电子产品在国际市场赢得的市场份额，持续保持较高的出口增量，中国电子出口企业不得不提高生产成本，投入大量人力、物力和资金，企业利润空间被大幅压缩，原有的电子产品价格优势被严重削弱。此外，发达国家还强制中国企业在出口电子产品时必须在其指定的国外认证机构进行检测，致使电子企业不得不花费更多时间、费用完成产品认定程序，大幅增加了企业运营成本。在经济全球化背景下，国际贸易竞争越来越激烈，传统贸易壁垒关税、保护措施等已经逐渐被技术性贸易壁垒所取代，技术性贸易壁垒成为引发贸易摩擦的主因。技术性贸易壁垒导致贸易损失的主要表现是增加出口成本，而电子行业在这个方面的损失最为严重。

河北企业成本管理能力不强，产品技术水平不高。目前，汇兑损失、原材料价格上涨、国际海运费上涨等因素压缩了企业利润空间，对企业成本管理能力提出了严峻挑战。河北机电企业成本管理能力较弱，仅仅停留在产品成本核算上，而针对技术更新导致的成本增加、产品生产复杂环节引致的额外成本、适应产品品质要求导致的成本增加均未被考虑，加之成本采集多为人工归集，数据准确性低，信息分散且时效性低，从而导致产品成本难以得到有效降低。同时，由于成本管控不足导致应分摊到技术更新的资金被浪费，从而导致机电产品生产的产品品质与技术水平不高。

河北机电行业出口产品结构不合理，处于全球价值链中低位。近几年，由于国内劳动力、地价等成本上升等因素叠加影响，河北机电行业出口产品结构调整加快，低附加值环节转出与高附加值环节转入并行。目前，机电行业在设计技术、制造技术、集成技术等方面取得长足发展，行业整体研发水平提升明显。河北集成电路、计算机、医疗器械等高技术、高附加值产品出口增速提升明显。但机电产品中手机、计算机等电子商品出口量大，而产品加工对关键零部件进口依赖性较强，受海外疫情及贸易摩擦影响而导致的断供风险较大。

河北技术性贸易壁垒预警体系不完善，缺乏有效的应对工具。根据WTO的要求，国内主要省市均设立WTO/TBT国家通报咨询中心，建成了技术性贸易措施网，通报对外贸易涉及TBT事件，并提供在线评议及评议反馈服务。各省市针对出口地区及商品结构的差异，建立技术性贸易壁垒预警系统，如深圳市通过收集日本的质量认证标准，开发了自动预警信息平台；广西则重点针对东盟国家的技术法规、质量认证标准建立预警系统。河北技术性贸易壁垒预警系统存在服务内容同质、服务限于表面、预警时效性差等问题，导致河北技术性贸易壁垒应对力量分散，缺乏有效应对工具。

五、河北省机电行业发展的对策研究

（一）应对技术性贸易壁垒的建议

企业处于市场的前端，是境外技术性贸易措施的直接受害者，对境外技术性贸易措施的动态最了解，提出的解决办法最有针对性、可行性，尤其是在技术方面，例如应当采用什么标准、质量的管理以及政府应提供哪方面的支援等，企业应及时向行业协会和政府反馈这些信息。政府接收到信息后，及时为企业提供帮助，另一方面还可通知其他企业做好应对措施，极大程度上降低非法或明显歧视性技术贸易措施对河北省出口企业的阻碍，形成"政府—行业—企业"三位一体的联动机制。

1. 政府应从以下方面入手：（1）集中力量建立完善的 TBT 贸易壁垒预警体系，提高技术性贸易壁垒的社会认知度及应对能力。质检部门应联合检验检测机构、认证认可机构等多方力量，收集海外关于机电产品的技术性贸易信息，建立技术性贸易壁垒预警体系，形成政府、行业与企业多方参与的应对机制，加强技术性贸易壁垒的应对能力。（2）在 TBT 预警体系信息对称的基础上，建立企业、行业为基层建筑的多层次信息系统。政府提取关键信息向企业发布指令，避免遭受损失，建立并完善国内外关于环保、卫生的信息指令库，以便政府实时管控。

2. 行业协会应从以下方面入手：（1）提升机电产品行业标准，着重与国际标准接轨，以减少贸易摩擦，促进国内机电产品出口。（2）建立自主知识产权品牌，提高机电产品技术水平，走自主品牌与创新之路，这需要行业内部与高校合作，以科研为基础，人才为优势，向行业输送创新技术。（3）建立河北技术性贸易措施综合服务平台，实现动态跟踪、信息采集、数据加工、分类管理、通报咨询、在线评议、风险预警等功能。同时能够支持对策研究、组织评议、协调立场、共享资源、制定措施、趋势预测、战略规划等功能。此外，目前仅有 TBT-SPS 通报的中文专业网站，尚未有 TBT-SPS 特别贸易关注的中文专业网站，建议以此为突破口，建设含信息查询、内容显示、统计分析和报送审核等功能的基础信息服务平台，形成河北特色。

3. 机电企业应从以下方面入手：机电企业应利用精益思想，从多种途径降低产品的成本。同时，机电企业应借助大数据技术，利用智能化、标准化、系列化进行产品设计，合理调整生产布局，外购原材料等多种措施进行成本控制。

(二) 应用原产地规则

对于河北省政府而言，应打造"冀往开来"综合服务平台，比较不同的自贸协定或者优惠贸易协定下的关税税率以及原产地规则，帮助企业寻找最优的方案，并协助企业申请原产地证书或者进行原产地声明。例如，对于出口到泰国的产品，RCEP 协定、中国-东盟自贸协定、曼谷协定，都会有不同的适用税率和原产地规则。这时就应该进行综合比较。在某些情况下，也许 CAFTA 中的税率更低，但是其累积规则使得产品获得原产地资格的难度更大，这时选择适用获得原产地资格更为容易的 RCEP 协定可能更为实惠，在这种情况下就应该选择争取获得 RCEP 的原产地证明。

对于河北企业来说，针对 RCEP 原产地累积规则的实施，建议注意以下几点：首先，根据 RCEP 的原产地累积规则，企业可以重新布局自己的产业链和供应链。对于 RCEP 区域外的一些生产点可能比区域内的一些生产点更容易导致更高的关税，区域内企业在选择原材料或者零部件采购等方面，可以更多地考虑区域内其他成员国的产品作为中间产品，以获取原产资格，享受协定优惠税率，降低生产成本。其次，企业应该加强成本核算和完善财务会计和管理会计体系，争取早日获得认证，取得可以做出原产地声明的资格。按照 RCEP "经核准出口商自主声明"的规则，有资格做出原产地声明的企业可以不必申请原产地证书，可以自己进行声明。企业应当综合运用 RCEP 协定中的累积规则、特定原产地规则、原产地声明规则和直接运输规则等，统筹对外贸易各个环节的操作流程，优化生产及交易环节设计，尽可能提高 RCEP 原产地优惠的利用率、贸易便利化的享用率，达到节约税收成本，提升管理效能的目标。与此同时，企业也要加强自身管理，提高企业自身守法守规的水平，提升在海关管理中的信用水平。

河北应加速推进秦皇岛港向自贸港转型，提升唐山港和黄骅港的功能。在自贸试验区（港）大力发展加工型的转口贸易，通过加工使商品满足 RCEP 特定原产地规则中的 CTC 标准、RVC 标准，获得原产资格，提升商品在区域内部的竞争力。RCEP 原产地规则同样为自贸试验区（港）就非区域原产材料进行加工提供了发展契机。RCEP 第三章第 12 条规定："如果非原产材料经过加工后符合本章要求，则无论该材料是否为后续货物的生产商生产，在确定后续生产货物的原产资格时，该材料应当被视为原产材料。"因此，即便是对非区域原产材料进行加工，也会因被加工后的材料具有原产资格，可以被累积并体现在 RVC 标准中而受到区域市场青睐，成为 RCEP 各缔约方制造企业优先采购的对象。

第二章　发挥河北光伏产业优势

一、河北省光伏产业发展现状

(一) 河北省光伏产业发展概况

1. 河北省光伏产业链上产品状况。

光伏产业链分为上游、中游和下游。上游主要是硅料和硅片的生产，中游是电池和电池组件，下游是光伏应用。

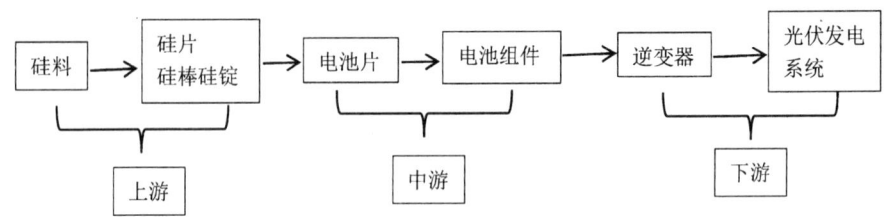

图 1　光伏产业链上下游环节

根据对河北省 12 家光伏企业的调研得知，河北省光伏产业的优势主要集中在产业链中下游。

在上游产品中，河北省基本上没有硅料的生产，据调查，仅有不到 10% 的光伏企业生产硅片和硅锭硅棒。2021 年，河北省硅片（纳入规范条件并上报数据的生产企业）产量为 6.0GW，同比增长 20.0%，占全国总产量的 2.6%。从品类看，2021 年，河北省生产的硅片全部为单晶硅片，单晶硅片对多晶硅片的替代进程已基本完成。虽然河北省硅片产量总体占比不高，但晶澳科技集团是全国乃至全球排名都很靠前的企业。根据中国光伏行业协会 CPIA 的数据。2021 年晶澳硅片的产量排在全球第 5 位。

在中游产品上，从调研数据看，河北省有 14.29% 企业生产组件，4.76% 的企业生产电池片，两者合计占比 19.05% 的企业在做光伏中游产品的生产。另根据省商务厅数据，2021 年，河北省电池片产量为 10.3GW，同比增长 94.0%，占全国总产量的 5.2%。组件产量为 7.6GW，同比下降 2.3%，占全国总产量的 4.2%。可见河北省电池片的生产有大幅度增长。其中晶澳科技是行业领头企业，根据中国光伏行业协会CPIA的数据，2021年，河北省晶澳科技电池出货量、组件出货量都排在全球第3位。

另据石家庄海关的进出口数据可以进一步验证河北省在硅片、电池片和电池组件上的优势。2021年，河北省的硅片、太阳能电池和组件净出口额分别是3487.7万美元和70944.2万美元，显示了河北省太阳能电池和组件出口的较大优势。

在下游产品方面，根据调查得知，河北省生产逆变器的企业在20%左右，光伏应用发电及安装和支架、储能设备等辅助设备生产的企业占比在33%左右。两者相加可看出河北省在光伏产业链的下游有着超过50%的企业在运营，这也是河北省光伏发电并网容量居于全国第2位的重要原因。

表1　2021年光伏发电建设运行前5名　　单位：万千瓦

排名	省市	2021年新增并网容量			截至2021年底累计并网容量			
		合计	集中式发电站	分布式发电站	省市	合计	集中式发电站	分布式发电站
1	山东	1070.9	203.95	867.0	山东	3343.4	1008.97	2334.4
2	河北	730.0	213.32	516.7	河北	2921.3	1658.84	1262.5
3	河南	381.0	21.95	359.0	江苏	1916.0	941.08	974.9
4	浙江	362.5	164.86	197.6	浙江	1841.8	577.03	1264.8
5	安徽	337.2	121.46	215.7	安徽	1706.8	947.02	759.8

数据来源：根据国际能源局官方网站整理。

如表1，光伏发电方面，根据国家能源局统计，2021年河北省新增光伏装机容量为730万千瓦，光伏发电累计并网容量为2921.3万千瓦，均排全国第二名，其中累计分布式发电站并网容量河北省为1262.5万千瓦，浙江为1264.8万千瓦，排在第二位，两者仅差2.3万千瓦，河北省屈居第三。

2. 从业企业情况。

(1) 从业企业数量。

目前，河北省光伏制造企业（符合准入条件）从业企业有40余家，其中晶澳太阳能和英利能源（中国）均为全球领先的高性能太阳能电池制造供应商、服务商，晶澳被授予国家新型工业化（太阳能光伏）产业示范基地、国家光伏高新技术产业化基地，保定的英利被授予国家高技术产业化基地（可再生能源）、国家可再生能源产业化基地、国家新能源与能源设备产业基地。唐山海泰、科林电气等也是该领域骨干企业，均具备自主承担大型地面光伏电站、分布式光伏发电系统及集成控制等建设运营能力。

(2) 主要从业企业情况。

晶澳：晶澳科技是上市公司，业务覆盖硅片、电池、组件及光伏电站，产品足迹遍布全球135个国家和地区。凭借持续的技术创新、稳健的财务优势、发达的全球化销售与服务网络，晶澳备受国内外权威机构的关注与认可，是光伏发电解决方案平台企业。晶澳在全球拥有12个生产基地，在海外拥有13个销售公司，产品足迹遍布135个国家和地区，广泛应用于地面光伏电站以及工商业、住宅分布式光伏系统。凭借持续的技术创新、稳健的财务优势和发达的全球销售与服务网络，晶澳备受国内外客户的认可，多年荣登《财富》中国500强和"全球新能源企业500强"榜单。

根据第三方PV InfoLink统计数据，公司2017—2021年组件出货量连续5年稳居全球前三名。

英利：英利能源有限公司。英利集团成立于1987年，1993年进入光伏领域，1999年承接国家年产3兆瓦多晶硅太阳能电池及应用系统产业化工程示范项目，是一家集光伏组件制造、光伏绿色建材产品开发与应用、电站整体解决方案提供及建设运维、零碳清洁能源全生命周期开发利用、城市运营服务、新型城镇化建设与矿山综合治理以及酒店餐饮、现代金融和绿色物流为一体的综合性产业集团。集团在中国、韩国、荷兰、西班牙、美国五个国家设有全球研发中心，在保定设有生产基地，在全国设有21家省级公司和1168家授权服务网点，业务遍及全球100多个国家和地区，构建起"科技+实业+服务+金融"四位一体的业务发展模式。英利目前拥有英辰、嘉盛、云鹰、因能、邦界、源盛建工六个品牌，2644项专利，其中授权2231项，PCT专利13项。

唐山海泰：创立于2006年，2022年8月在北交所上市。是一家专注绿色能源的高新技术企业，全球12家子公司，涵盖光伏组件、光伏电站、光伏支架、储能、氢能五大事业板块，致力于系统化地为全球客户提供更具价值的绿色能源解决方案。海泰新能营销网络已覆盖全球，高品质的产品与服务深受海内外客户青睐。目前组件全球总产能8GW，其中唐山基地5.5GW、朔州基地1GW、海外越南基地1.5GW，位列中国光伏企业产能十强、全球新能源企业500强。海泰新能全系列产品均已入围工信部光伏制造行业规范条件企业名单，产品通过了TUV、CQC、UL、CSA、CEC、BIS、KS、INMETRO、SII、MCS等全球重点市场认证，获评彭博新能源财经Tier1一级组件制造商。

科林电气：成立于2000年，于2017年上市，是一家集电力产品研发、生产、销售、服务为一体的上交所A股主板上市企业。作为中国智慧电气引领者，公司一直坚持"科技领先，创享智慧生活"的价值主张，致力于构建全球电力产业发展新业态，为电力行业、公共事业及大型行业客户提供智慧电力系统解决方案。业务涉及智能变电、智能配电、智能用电、新能源等十余个系列，公司凭借强劲的整体实力，同世界500强企业建立了深层次合作关系，营销网络遍及全球，在欧美、中东、非洲、南美、东南亚等地区深受好评。

（二）河北省光伏产品进出口情况

1. 光伏产品进口情况。

2021年河北省光伏产品进口情况见下表2。

表2　2021年河北省主要光伏产品进口情况　单位：万美元

产品	代码	进口金额	同比(%)	占比(%)	RCEP进口占比(%)
多晶硅	28046190	329.3	93.5	7.9	0
硅片	38180019	1317.9	131.7	31.4	41.3
	38180090				
太阳能电池及组件	85414020	163.6	15.8	3.9	80.3
	85414090				
发光二极管	85414010	2379.1	976.5	56.8	12.3
光敏半导体器件	85413000	2.1	90.9	0.1	57.1

数据来源：海关总署。

河北省光伏产品进口额4192.0万美元，同比增长280.2%。其中多晶硅进口额329.3万美元，同比增长93.5%，所占比重为7.9；硅片进口额1317.9万美元，同比增长131.7%，所占比重为31.4；太阳能电池及组件进口额163.6万美元，同比增长15.8%，所占比重为3.9%；发光二极管进口额2379.1万美元，同比增长976.5%，所占比重为56.8%；光敏半导体器件进口2.1万美元，同比增长90.9%，所占比重为0.1%。

2021年河北省光伏产品进口主要货源地为中国台湾地区、东盟和欧盟等地，进口金额分别为2362.7万美元、867.5万美元和296.9万美元，增幅同比分别增长1335.8%、31.8%和2036.8%。光伏产品进口值占河北省光伏产品进口总值的84.1%，所占份额同比减少2.2个百分点。2021年河北省从RCEP国家进口的光伏产品占比较高的分别是太阳能电池及组件、敏感半导体器件和硅片，占比分别达到80.3%、57.1%和41.3%。其中电池主要来自缅甸、马来西亚和泰国；组件主要来自韩国、菲律宾、泰国；光敏半导体器件主要来自日本和菲律宾；硅片主要来自越南。

2022年1—6月河北省光伏产品进口额123.6万美元，同比下降87.0%，光伏产品具体进口情况见表3。

表3　2022年1—6月份河北省光伏产品进口统计表　单位：万美元

产品	代码	进口金额	同比（%）	占比（%）	RCEP占比（%）
多晶硅	28046190	33.9	−85.5	27.4	0
硅片	38180019	88.2	−82.2	71.4	47.1
	38180090				
太阳能电池及组件	85414020	0	−100	0	0
	85414090				
发光二极管	85414010	0	−100	0	0
光敏半导体器件	85413000	1.5	87.5	1.2	73

数据来源：中国海关总署。

从表3看到：除了光敏半导体器件的进口增长87.5%，其他产品均出现大幅度下降。硅片进口额88.2万美元，占比71.4%，其中有47.1%的硅片来自RCEP成员越南；多晶硅进口额33.9万美元，占比27.4%，产品进口来源国是美国；光敏半导体器件进口额为1.5万美元，其中有73.0%的产品来自RCEP成员——日本和菲律宾。

2.光伏产品出口情况。

2021年河北省光伏产品出口情况见表4。光伏产品出口额78662.6万美元，同比增长11.6%。其中发光二极管、光敏半导体器件、硅片同比增长分别为116.2%、89.6%、75.5%。在所有出口光伏产品中电池（组件）所占比重为90.4%。河北省光伏产品出口金额前五位的国家和地区分别为欧盟、印度、东盟、日本和巴基斯坦。对上述市场的出口金额分别为34330.9万美元、15155.5万美元、5952.7万美元、5803.0万美元和1854.5万美元，其中对欧盟、印度和日本出口增长56.3%、338.3%和27.9%，对东盟和巴基斯坦出口同比分别下降63.2%和54.4%。对上述五个国家和地区的光伏产品出口值占河北省光伏产品出口总值的80.2%，所占份额同比提升8.8个百分点。2021年河北省出口RCEP国家的光伏产品占比较高的分别是多晶硅、发光二极管和硅片，占比分别达到93.3%、87.0%和41.6%。其中多晶硅主要出口日本，发光二极管主要出口新加坡、缅甸、韩国等国家。硅片主要出口韩国、越南;光敏半导体器件主要出口菲律宾和韩国。

表4　2021年河北省光伏产品出口统计表　单位:万美元

产品	代码	出口金额	同比(%)	占比(%)	RCEP占比(%)
多晶硅	28046190	18.7	——	<0.1	93.6
硅片	38180019	4805.6	75.5	6.1	41.6
	38180090				
太阳能电池及组件	85414020	71107.8	7.0	90.4	14.8
	85414090				
发光二极管	85414010	2338.1	116.2	3.0	87.0
光敏半导体器件	85413000	392.4	89.6	0.5	35.0

数据来源:海关总署。

2022年1—6月河北省主要光伏产品出口情况见表5。2022年上半年出口额2579.6万美元,同比下降92.7%。从表中可以看到多晶硅、太阳能电池(组件)、发光二极管出口金额均为0;硅片出口额2477.4万美元,与同期持平,其中有60.3%的硅片出口到RCEP成员——马来西亚和韩国。光敏半导体器件出口额为102.2万美元,同比下降41.6%。出口国家主要为非RCEP国家。

表5　2022年1—6月份河北省光伏产品出口统计表　单位:万美元

产品	代码	出口金额	同比(%)	RCEP占比(%)
多晶硅	28046190	0	——	——
硅片	38180019	2477.4	<0.1	60.3
	38180090			
太阳能电池及组件	85414020	0	-100	——
	85414090			
发光二极管	85414010	0	-100	——
光敏半导体器件	85413000	102.2	-41.6	1

数据来源:海关总署。

2021年光伏产品河北省既有进口也有出口。其中顺差金额主要集中在太阳能电池（组件），顺差金额为70944.2万美元，硅片顺差金额为3487.7万美元，见表6。

表6　2021年河北省光伏产品进出口统计表　单位：万美元

产品	代码	进口金额	出口金额	贸易差额
多晶硅	28046190	329.3	18.7	−310.6
硅片	38180019	1317.9	4805.6	3487.7
	38180090			
太阳能电池及组件	85414020	163.6	71107.8	70944.2
	85414090			
发光二极管	85414010	2379.1	2338.1	−41
光敏半导体器件	85413000	2.1	392.4	390.3

数据来源：海关总署。

2022年上半年，河北省光伏产品出口无论是出口还是进口都遭遇严重下滑。在出口方面，除个别产品有增长，太阳能电池（组件）一度是河北省光伏产品贸易顺差的主要来源。在2022年上半年，进、出口额均为0。硅片出口顺差金额为2389.2万美元，见表7。

表7　2022年1—6月河北省光伏产品进出口统计表　单位：万美元

产品	代码	进口金额	出口金额	贸易差额
多晶硅	28046190	33.9	0	−33.9
硅片	38180019	88.2	2477.4	2389.2
	38180090			
太阳能电池及组件	85414020	0	0	0
	85414090			
发光二极管	85414010	0	0	0
光敏半导体器件	85413000	1.5	102.2	100.7

数据来源：对海关总署数据分析计算获得。

2022年上半年，河北省出口产品大幅下降主要原因是受到欧美、印度等贸易保护措施的限制，此外大宗物品涨价、能源危机、新冠肺炎疫情的叠加影响河北省光伏产品的供应链。

（三）河北省光伏产业与其他光伏大省的情况对比

从产业链分析来看，河北省光伏行业发展既有自己的优势也有不足。河北省的优势主要是光伏的应用，全国排名第二。从全国2021年全国光伏并网装机容量来看，前三名依次是山东、河北、江苏，因此我们选取山东和江苏两个省份和河北省的光伏发展做对比研究。

1. 光伏发展规划对比。

《山东省能源发展"十四五"规划》提出：到2025年，光伏发电装机规模达到5700万千瓦。大力发展分布式光伏，优先发展"自发自用"分布式光伏。《山东省新能源产业发展规划（2018—2028年)》提出，到2022年，全省太阳能产业产值力争达到500亿元；到2028年，全省太阳能产业产值力争达到800亿元。

《河北省国民经济和社会发展第十四个五年规划和二〇三五年远景目标纲要》提出，到2025年，光伏发电装机容量达到5400万千瓦。

江苏省《"十四五"可再生能源发展专项规划》提出：到2025年，光伏发电装机达到3500万千瓦以上，其中分布式光伏发电装机达到1500万千瓦以上。

表8 "十四五"时期三省光伏累计并网容量对比　　单位：万千瓦

省份	2021年累计	2025年预计	新增装机容量
山东	3343.4	5700	2356.6
河北	2921.3	5400	2478.7
江苏	1916.0	3500	1584

数据来源：各省"十四五"规划。

从表8看出，河北省的新增装机容量比排名第一的山东省高122.1万千瓦，可以预计"十四五"规划达成后，河北省将成为光伏新增装机第一大省。

第二章 发挥河北光伏产业优势

2.三省光伏企业实力与数量。

山东省的光伏企业侧重于发电应用端，拥有最多在下游太阳能系统安装服务的企业，如大唐山东发电有限公司等，其承包了很多国家级光伏发电项目。还有润峰电力有限公司、山东力诺太阳能电力工程有限公司等。

河北省光伏企业有40余家，拥有如晶澳、英利等龙头企业。晶澳在硅片、电池片及组件上位于世界前茅，英利重应用系统开发，尤其BIPV方面。

江苏省拥有超过600家光伏相关企业，也拥有众多龙头企业，如江苏中能（保利协鑫能源旗下全资子公司）在2013—2019年霸联了全球TOP10多晶硅生产规模的位置，2020年被四川永祥超过，同时江苏还有天合光能、协鑫科技、阿特斯、尚德、润阳悦达、环太硅科技等公司，这些都是世界前列的佼佼者。

通过以上比较看出，河北的光伏企业数量较少，但有着世界范围内占头部的企业。

3.三省头部上市光伏企业市值对比。

表9 上市光伏企业市值排行榜前十（2022年8月24日） 单位：亿元

排名	省份	证券简称	总市值
1	陕西	隆基绿能	3993.99
2	四川	通威股份	2630.25
3	安徽	阳光电源	2028.47
4	天津	TCL中环	1751.60
5	江西	晶科能源	1697.00
6	河北	晶澳科技	1587
7	江苏	天合光能	1539
8	新疆	大全能源	1243
9	浙江	昌盛机电	1953
10	浙江	锦浪科技	1051

从表9看出，在中国A股上市企业中，河北省的晶澳科技和江苏

省的天合光能分别排在六、七位，没有山东的企业。但都距离头部的隆基绿能相差较远。另外，虽然江苏省的其他上市光伏企业没有排名到前10，但都有一定的实力。

4.三省光伏累计装机容量和累计分布式占比情况。

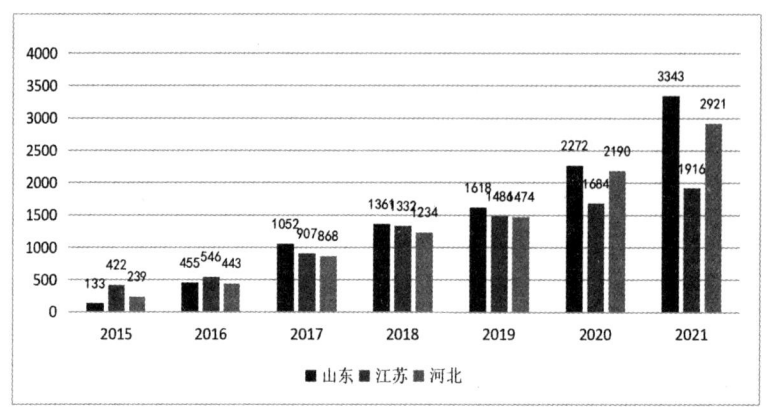

图2　2015—2021年三省累计装机容量对比（单位：万千瓦）

从图2看出，从2017年开始至今，山东省的累计装机容量一直排在第一位，从2020年起，河北的装机容量超过江苏。

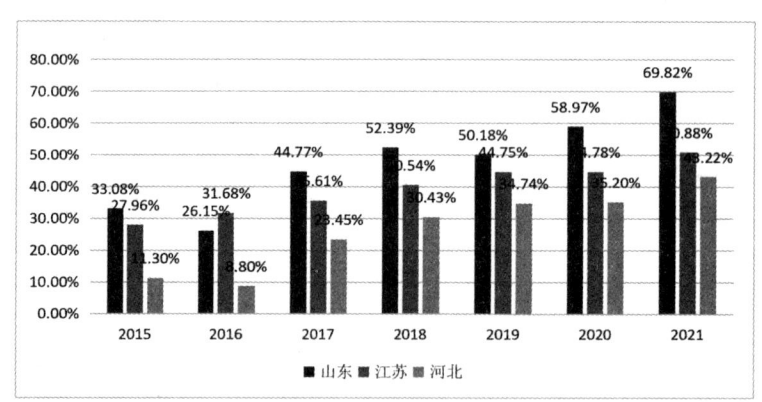

图3　2015—2021年累计分布式发电占比（单位：%）

图3看出，山东省一直致力于分布式发电，分布式发电占比超过50%，河北省的分布式发电也在增长，但是还有增长潜力。

综上，山东省的装机容量超过江苏省和河北省，而其政策加持的力度进一步稳固了山东省在光伏发电行业的地位。从经济效益来看，江苏省的产值远超山东省和河北省，且拥有众多光伏企业。

二、河北省光伏行业与其他先进省市对比存在的问题和不足

1. 企业实力存在差距。

晶澳科技集团是河北省的头部光伏企业,在硅片、电池片、电池组件等方面都位列世界前列,但与外省一些特级光伏企业相比,实力上还有不足,现以陕西西安的隆基绿能作为标杆对比。隆基绿能的硅片全国排名第一、电池排名第二、组件排名第一、光伏屋顶和光伏幕墙排名第一。

表10 2021年隆基绿能与晶澳科技对比情况

企业名称	总市值（亿元）	营业收入（亿元）	净利润（亿元）	硅片产量（GW）	电池组件（GW）
隆基绿能	3993.99	809.32	90.86	70.01	38.52
晶澳科技	1587	413	20.38	17.09	25.45

数据来源：中国光伏行业学会、公司年度报告等。

表10看出,除电池和电池组件外,晶澳和隆基的差距都是巨大的。

2. 企业创新不足。

（1）专利发明不多。

目前,全球光伏第一大技术来源国为中国,中国光伏专利申请量占全球光伏专利总申请量的80.14%。江苏是中国当前申请光伏专利数量最多的省份,累计当前光伏专利申请数量高达23052项。广东和浙江当前申请光伏专利数量均超过1万项。河北专利申请量3452项（截止到2022年5月,该数据是根据已有数据推算出来）排在第九,这和河北光伏大省的地位不相称。

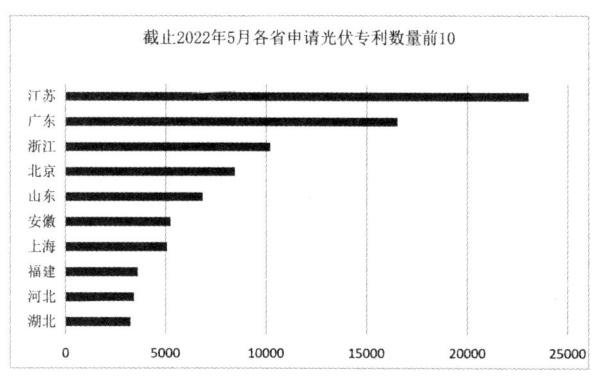

图4 专利申请量前10省份

2018年，英利能源（中国）有限公司的一项发明专利——"太阳能电池片热处理工艺"荣获中国专利优秀奖，这是河北省唯一一家光伏行业获奖企业。调研得知，目前英利集团拥有中国专利 2644 项，专利授权 2231 项，拥有 PCT 专利 13 项，是河北省其他光伏企业学习的楷模。晶澳科技自主研发已授权专利 1086 项，其中发明专利 168 项。

(2) 研发投入不足。

在走访的 12 家企业中，仅有一家企业明确表示近三年有研发投入，投入额为 100 万元，占销售额的比重为 5%。另陕西、江苏、浙江几家主要沪深京 A 股上市光伏企业的研发投入可得表 11。

从河北省和陕西、浙江、江苏的光伏企业投入对比来看，隆基绿能研发投入 43.94 亿元，远远超出晶澳科技 27.18 亿元，但是对比两个企业研发投入占营业收入比重可以看到，晶澳的比重是 6.8%，高于隆基绿能的 5.43%，且研发人员占比来看晶澳科技高出隆基绿能。其他河北上市企业的研发投入相比较就显得不足了。

表 11　2021 年主要上市光伏企业研发投入情况

省份	企业名称	研发投入（亿元）	占营业收入比重 %	研发人员占比 %
陕西	隆基绿能	43.94	5.43	2.09
江苏	天合光能	25.54	5.74	5.59
江苏	协鑫控股（港股）	/	/	/
江苏	阿特斯（美股）	/	/	/
江苏	江苏中信博	12.02	4.98	14.27
浙江	昌盛机电	35.36	5.93	22.31
浙江	锦浪科技	17.36	5.22	19.98
浙江	正泰新能源	11.25	2.89	5.78
河北	晶澳科技	27.18	6.58	6.8
河北	海泰新能	1.60	3.55	10.34
河北	科林电气	1.17	5.73	41.77

数据来源：各上市企业年度报告备注，协鑫控股、阿特斯分别为港股和美股上市企业，指标与国内上市企业有较大差异，故不作比较。

第二章 发挥河北光伏产业优势

（3）智能光伏示范企业不多。

工信部先后公布两个批次智能光伏示范企业，2019年第一批智能光伏示范企业名单（见表12），共计19家企业，其中没有河北省的企业。2019年的国家第一批智能光伏示范企业如隆基绿能、通威、特变电工、新疆大全、天合光能、华为等位于光伏产业链上中下游的头部企业，这些企业在技术创新中获得了先机。直到2021年工信部公布第二批智能光伏示范企业名单（见表13），共计18家企业，河北省仅有晶澳科技唯一一家企业在名单中。

表12 第一批智能光伏示范企业（2019年）

序号	省份	示范企业
1	北京市	北京木联能软件股份有限公司
2	北京市	北京中科利丰科技有限公司
3	上海市	中国建材国际工程有限公司
4	江苏省	天合光能股份有限公司
5	浙江省	浙江正泰新能源开发有限公司
6	浙江省	杭州桑尼能源科技股份有限公司
7	安徽省	阳光电源股份有限公司
8	湖北省	武汉帝尔激光科技股份有限公司
9	广东省	珠海兴业新能源科技有限公司
10	陕西省	隆基绿能科技股份有限公司
11	陕西省	陕西众森电能科技有限公司
12	四川省	通威太阳能（成都）有限公司
13	四川省	四川电力设计咨询有限责任公司
14	青海省	亚洲硅业（青海）股份有限公司
15	新疆维吾尔自治区	特变电工新疆新能源股份有限公司
16	新疆生产建设兵团	新疆大全新能源股份有限公司
17	厦门市	科华恒盛股份有限公司
18	深圳市	华为技术有限公司
19	深圳市	深圳市捷佳伟创新能源装备股份有限公司

数据来源：智能光伏试点示范名单公示。

表13 第二批智能光伏示范企业（2021年）

序号	省份	示范企业
1	天津市	天津中环半导体股份有限公司
2	河北省	晶澳太阳能科技股份有限公司
3	上海市	上海晶澳太阳能科技有限公司
4	上海市	上海正泰电源系统有限公司
5	江苏省	苏州迈为科技股份有限公司
6	江苏省	江苏中信博新能源科技股份有限公司
7	江苏省	苏州阿特斯阳光电力科技有限公司
8	浙江省	浙江隆基乐叶光伏科技有限公司
9	浙江省	横店集团东磁股份有限公司
10	安徽省	安徽智电电力科技有限公司
11	安徽省	合肥中南光电有限公司
12	江西省	晶科能源股份有限公司
13	江西省	江西晶昶能科技有限公司
14	湖南省	威胜能源产业技术有限公司
15	陕西省	特变电工新疆新能源股份有限公司
16	宁波市	锦浪科技股份有限公司
17	宁波市	东方日升能源股份有限公司
18	深圳市	深圳市拓日新能源科技股份有限公司

数据来源：工信部网站第二批智能光伏试点示范名单公示。

(4) 与高校和科研院所合作不足。

调研得知，河北省除了英利、晶澳、唐山海泰等几家大的光伏企业与高校建立产学研合作机制，大部分光伏企业都没有和高校及研发机构进行合作开展研发工作，这不利于河北省的企业创新。

3. 产业链条不完善。

从光伏行业的产业链条来看，河北省头部企业集中在电池和组件的制造，多晶硅原料需要省外供应或进口。晶澳的产业链上主要环节包括硅片硅棒、电池（组件）、光伏电站运营；英利的产业链上主要包括电池（组件）、BIPV、电站解决方案、光伏+应用系统、辅助材料等环节；海泰新能产业链主要包括光伏组件、光伏支架、光伏电站，此外还有储能和氢能两个业务板块。国内其他光伏头部企业产业链拉伸较长，除了电池（组件）制造具有竞争力，其他业务板块涉及较多。如隆基绿能，不仅企业体量大，业务涉及 BIPV、电站方案、多能互补、源网荷储一体方案、绿氢设备等。晶科除了电池（组件）制造，在 BIPV（彩钢瓦、幕墙）、电站解决方案还有储能等业务。

从光伏应用方面来看，虽然河北省光伏发电装机并网容量全国排名第二，但根据调研，实际推行过程中还存在着群众工作不到位、竞争无序、监管缺失、管理不善等问题。从配套规模来看，尽管光伏玻璃、焊带、支架等细分产业都有相关企业涉足，但企业规模尚小。

三、RCEP 生效给河北省光伏产业带来的机遇和挑战

（一）RCEP 生效带来的主要机遇

1. 受全球减碳目标影响 RCEP 成员光伏市场需求强劲。

COP26 气候变化大会宣布了全球雄心勃勃的清洁能源目标，并承诺"逐步减少"煤炭。不少国家提出本国的减排目标——到 2030 年实现碳达峰，2050 年实现碳中和（德国提出到 2045 年实现碳中和）。我国提出了 2030 年碳达峰、2060 年碳中和的"双碳"目标。目前，全球可再生能源装机容量远低于本世纪中叶实现全球温室气体净零排放所需水平。太阳能光伏发电是目前最具发展潜力的可再生能源之一，世界各国均将其作为一项战略性新兴产业重点扶持。国际能源署（IEA）发布的《2021 年世界能源展望》报告显示，2020—2030 年全球太阳能光伏年均增量将达到 422GW。作为 RCEP 成员，我国是一个能源消费大国，煤炭占能源消费总量的 56%，燃煤发电占 60% 左右，面临能源消费结构转型艰巨任务。2021 年 9 月中共中央出台《中共中央 国务院关于完整准确全面贯彻新发展理念做好碳达峰碳中和工作的意见》（以下简称《意见》），指出要加快构建清洁低碳安全高效能源体系。同年 10 月，国务院出台《2030 年前碳达峰行动方案》，提出到 2030 年风

电、太阳能发电总装机容量达到12亿千瓦以上;全面推进太阳能发电大规模开发和高质量发展,创新"光伏+"模式,推进光伏发电多元布局。

表14 RCEP主要成员国减碳目标

国家	近期减碳目标	远期减碳目标	备注
日本	2030年可再生能源发电占比36%—38%	2050年实现净零排放	
新西兰	在2030年之前将排放量与2005年相比减少30%	2050年实现碳中和;太阳能发电达6GW	对碳中和目标立法
澳大利亚	2026年屋顶光伏太阳能满足77%电力需求	2050年实现碳中和	目前化石能源发电占63%以上
韩国	2030年安装30.8GW太阳能	2050年实现碳中和	
中国	2030年碳排放达到峰值	2060年实现碳中和	
新加坡	2030年之前达到100MW太阳能发电	2050年后实现净零排放	成为全球清洁能源示范和领袖城市
泰国	2036年以前建设10GW的屋顶光伏、2.725GW漂浮项目。2037年可再生能源占比35%	2050年实现碳中和,到2065年实现温室气体净零排放	风电、水电、太阳能等仅占8%
马来西亚	2025年可再生能源发电占比31%,到2030年将单位GDP的温室气体排放强度年降低45%	2050年或更早实现碳中和	马来西亚能源和自然资源部推出了净能源计量3.0计划
越南	2030年可再生能源在初级能源占比达到32%,太阳能可再生能源20%,安装量达到12GW	2050年可再生能源占比达到44%	
印尼	2025年新增14.9GW的可再生能源容量,光伏占比不低于10%,到2030年碳排放量减少41%	2050年净零排放	

数据来源:课题组根据媒体信息整理而成。

RCEP成员中的发达国家,如韩国、日本、新西兰、澳大利亚、新加坡等,先后提出了各自的2050年净零排放目标。这些发达国家推进能源结构绿色转型力度大,对太阳能等新能源需求旺盛。东盟十国地处赤道附近,具备很好的光照条件,更适合太阳能光伏发电。为了促进本国光伏产业发展,RCEP成员纷纷出台本国太阳能光伏发展有关政策。表14是RCEP（除中国外）主要成员国的减碳目标以及太阳能光伏发展政策。由于RCEP成员国经济发展水平不同，发展新能源的政策也有所差别。而这正为河北省光伏企业创新进入国际市场的模式提供机遇。

2. 河北省光伏产业企业进入RCEP市场较早，具有一定品牌影响力。

我国光伏产业发展之初是一种"两头在外"模式，这种发展模式为后来我国光伏产品2012年遭遇欧美"双反"埋下隐患，导致我国光伏产业发展遭遇严重危机。但这种"两头在外"的模式在一定程度上也促进了河北省光伏制造企业的全球化发展的战略布局。省内大型光伏企业，如晶澳、英利、唐山海泰新能等从成立之初就紧盯国际市场。当我国光伏产品遭到欧美"双反"的时候，省内主要光伏企业积极开发和布局日本、东南亚、澳大利亚等新兴市场。英利、晶澳凭借品牌优势在不利环境下生存下来并积聚新的发展优势。英利早于2011年成立新加坡区域总部，重点开发和布局东盟市场。晶澳在2011年进入韩国市场，在当地光伏市场出货量始终名列前茅，并先后在越南、马来西亚、日本、澳大利亚、韩国等市场布局研发机构、生产基地，实现在RCEP海外全产业链布局。2021年晶澳以308MW的总出货量，成为越南光伏市场组件出货量冠军。晶澳凭借出口产品质量荣获权威研究机构多项奖项，如"欧洲顶级光伏品牌""澳洲顶级光伏品牌"，美国权威检测机构可再生能源试验中心RETC颁发的"全面表现最优"荣誉，被全球权威独立第三方光伏测试机构PVEL评为"最佳表现"组件供应商，被BNEF评为一流可融资品牌等多项荣誉。唐山海泰新能从代工企业发展成为一个有影响力光伏电池（组件）自主品牌的北交所上市企业，在越南建有生产基地，并与夏普、BYD联合开辟日本市场。

3. RCEP关税和非关税壁垒的消减有利于扩大河北省光伏产品的进出口贸易。

（1）RCEP协定有助于降低关税壁垒。

RCEP是我国首次与日本建立自由贸易区的联系。日本、韩国、马来西亚是我国在RCEP市场多晶硅进口主要来源国。RCEP生效后从日本进口多晶硅的税率从原来4%的最惠国税降低到RCEP协定税率的3.8%。需要注意的是，对于从韩国的多晶硅进口，RCEP协定税率是

3.6%，而中韩自贸协定的税率是1.8%。根据中韩自贸协定，我国对原产韩国的多晶硅进口关税会在2029年1月1日起免除。目前我国除了对原产日本、韩国的多晶硅征收进口税，其他协定国家都已经实现零关税。河北省是光伏制造大省，但多晶硅产能不足，多晶硅进口协定税率的下降使得河北省光伏企业从日本、韩国、马来西亚等国进口多晶硅减少关税支付，有助于河北省光伏制造企业降低电池（组件）成本，增强国际竞争力。除了进口关税的优惠，通关手续的简化也有利于河北省光伏产品的进出口通关更快捷，节约通关时间，更有利于组织生产或收回货款。

(2) RCEP协定有助于降低非关税壁垒。

2020年7月，韩国产业通商资源部发布政策要求光伏组件供应商应具备低碳认证资质，该政策未设置缓冲期要求立即实施。在中国光伏企业申请此项认证时，韩国认证部门以新冠疫情为由拒绝到中国进行低碳认证。韩国此举实际上是在给中国光伏组件设置非关税贸易壁垒。RCEP明确规定成员要推动各方标准的认可、技术法规和合格评定程序中减少不必要的技术贸易壁垒。RCEP生效后，韩国对中国光伏产品设置的贸易壁垒有望尽快得到解决。

4. RCEP有助于河北省光伏企业扩大服务贸易。

RCEP协定对建筑、工程、旅游、金融、房地产、运输等服务部门都作出了高水平的开放承诺。协定在专业服务方面鼓励成员之间相互承认资质，加强标准对接，制定互相接受的专业标准和准则，使专业人才更容易在其他成员国执业，盘活区域内的专业人才资源，促进相关领域的服务贸易。早期，河北省光伏企业主要是出口电池（及组件）到海外市场，随后部分企业又在海外建设生产基地。随着RCEP服务准入的扩大，河北省光伏企业可以利用积累的技术、标准、品牌优势在RCEP市场加强服务产品供给。很多光伏企业既是制造商也是服务商，RCEP协定为河北省光伏企业提供了"服务出海"的机会。

5. RCEP生效有利于光伏企业在RCEP区域内优化产业链、供应链布局。

RCEP的15个成员国总人口、经济体量、贸易总额均占全球总量约 30%。RCEP 成员国之间经济结构高度互补，域内资本、技术、劳动力等生产要素齐全，协定关于投资促进和便利化条款将促进域内生产要素的自由流动，优化成员间国际分工与合作。RCEP 协定的投资促进和便利化条款，要求缔约方努力促进和提高本地区作为投资地区的认知，并为此提出具体要求，如在两个或多个缔约方之间组织联合投资促进活动，促进商业配对活动；组织和支持举办与投资机会以及投资法律法规和政策相关的各种介绍会和研讨会以及就与投资促进有关的其他共同关心的问题进行信息交流。河北省光伏领军企业要抓住机遇在 RCEP 大市场优化产业链供应链。

本书笔者到企业走访调研发现，一些中小型企业表示"国内光伏市场竞争激烈，国际形势不确定情况下，对未来迷茫，只能在国内不断内卷。营业额数目不小，但是利润微薄；走出去没抓手、没有依托。"RCEP 协定在促进中小企业融入 RCEP 区域产业链供应链做出了规定。在第十四章中小企业条款规定，每一缔约方应当促进与本协定相关的关于中小企业的信息共享，包括通过建立和维持一个可公开访问的信息平台，以及通过信息交流在缔约方之间共享知识、经验和最佳实践。本书笔者发现河北省商务厅在服务企业融入 RCEP 区域已经开展了务实的工作，商务厅推出微信公众号"RCEP 冀之窗"，该信息平台为中小企业提供投资合作信息发挥了很好的作用。该公众号设定了政策之窗、咨询之窗、服务之窗三个服务功能，点开后可以获得 RCEP 的有关信息。河北省商务厅还通过开展"我为群众办实事：RCEP 企业行——百场千企宣介活动"，到企业进行宣讲。国内国际上举办的一些涉及 RCEP 的这种展会、论坛等活动，都会在该公众号发布信息。平台提供的政策、展会、论坛等信息都可以为河北省光伏企业"走出去"改善产业链、供应链、价值链提供机会和渠道。

(二) RCEP 生效带来的主要挑战

1. RCEP 市场规模有限，但竞争很激烈。

(1) 市场规模有限。

从我国光伏出口情况来看，2021 年我国出口至欧洲、亚洲、美洲的光伏组件占总出口额的比重分别为 43.9%、29.8% 和 17.8%。欧洲仍然是光伏产品主要出口市场。虽然 RCEP 是目前全球最大自由贸易区，覆盖 15 个国家，区域人口 22 亿（约占世界的 30%）、GDP 总量约 29.8 万亿美元，但是所有这些数据中国自身占有很大比重。如果除去中国数据，RCEP 其他成员的光伏市场规模不及欧美市场。另外，相比传统的化石能源发电，太阳能光伏发电还不具有明显的成本优势，发展之初需要相当的政府补贴，RCEP 成员中多数仍为发展中国家，支持太阳能发电的财政补贴和金融支撑有限，会直接影响到太阳能装机规模的增长。

（2）企业竞争激烈。

RCEP 市场光伏企业竞争很激烈。国内市场，2022 年上半年就有美的、陕煤等 44 家企业进入光伏行业，主要集中于光伏电站、分布式光伏等领域。同时，国内光伏企业纷纷开拓东盟市场。东盟光伏市场除了中资，还有 RCEP 其他成员及非 RCEP 的欧美资本的进入。以马来西亚为例，该国已成为全球第三大光伏设备制造商。国内知名大型光伏企业晶科能源、隆基绿能、天合光能、正泰制造、协鑫集成都到马来西亚建厂或开展投资合作项目。松下早期在马来西亚拥有光伏生产厂，其调整重组业务后将研发业务与马来西亚光伏生产厂分拆为与 GS Solar（中国）有限公司合资的企业；韩国 OCI 收购日企在马来西亚的光伏工厂。欧美光伏企业也注重对 RCEP 市场的开发，美国 First Solar 公司在马来西亚建立生产基地，法国可再生能源电力生产商 Akuo Energy 公司在澳大利亚、印度尼西亚、马来西亚都有项目，挪威的 Scatec Solar 通过与当地 ItraMAS 领衔的联盟合作，进入马来西亚大型太阳能光伏市场。马来西亚国家石油公司开始投资本土屋顶光伏。东盟国家成了国际资本蜂拥之地，德国企业 SMASolarTechnologyAG 将业务重心转向东盟地区，葡萄牙电力收购新加坡 Sunseap 进军东南亚光伏市场。实际上，一些传统化石能源巨头企业也转型进入新能源领域。日本新日石、英国石油、东京燃气公司，壳牌和道达尔等一直是光伏公司的重要收购方。资本流动是双向的，中国企业走出去，外资企业也会走进来。河北省光伏企业将面对的竞争对手已经不是国内的企业，更多国际企业也会进入到中国国内光伏市场，凭借资金、技术优势与本土企业切分光伏市场蛋糕。河北省光伏企业要面对的是国内外光伏企业的竞争。

(3) 来自其他能源的竞争。

随着风机价格的下降、光伏组件的价格上涨，风能发电呈上涨趋势。2010年至2018年期间，全球陆上风能发电的加权平均成本下降了35%。2022年1—7月份全国电力工业统计数据显示，截至7月底，全国风电装机容量约3.4亿千瓦，同比增长17.2%。因为能源危机欧洲核定特定核能和天然气为"绿色能源"甚至重启部分燃煤发电。日本不仅重启美滨核电站3号机，还考虑建设下一代核电站重启核。韩国提出要扩大发展成本低廉的燃煤火力发电和核发电。上述种种其他能源的扩大使用都会对太阳能光伏形成竞争，将会明显挤占光伏发展空间。相比传统化石能源，目前太阳能等绿色能源产品不具有显著成本优势。光伏全产业链涵盖多个环节，涉及大量原材料，任何一种原材料的供应安全都可能对整个行业带来巨大影响。自2020年初以来，光伏级多晶硅的价格翻了四倍多，钢材增长了50%，铝增长了80%，铜增长了60%。晶澳2021年度报告显示，晶澳太阳能电池组件生产成本结构中，材料成本占比达到74.48%（2020年这一比例为66.02%）。通常公用事业太阳能光伏投资的商品和货运成本约占总成本的15%，但2022年公用事业光伏电站的整体投资成本或会增加约25%。组件和运输成本不断上涨可能导致2022年全球计划的太阳能发电项目被推迟或取消。

2. RCEP市场电网建设和储能不足导致太阳能发电的装机规模减小。

RCEP市场电网建设相对迟缓，对新能源发电的接受能力有限。太阳能等可再生能源建设投资时间短，具有间歇性、不稳定、依赖天气、对系统惯性的贡献较为微弱等特点，使得电力系统在调峰、调频等方面所面临的挑战越来越严峻。发展包括太阳能光伏在内的可再生能源除了要降低发电侧的成本，还需要考虑电网改造、电源互补和配套大规模储能等系统成本。越南电力集团在一份报告中表示，在越南全国范围内光伏发电量已占到电力系统发电总量的1/4，这种爆发式的增长已经影响到了越南配电系统的稳定性。越南工贸部2022年不增加任何风能和太阳能，增加投入运行的传统电源3407兆瓦，其中包括厂容量为600兆瓦的大型火力发电厂。越南有关部门表示该国计划的2031—

2045年太阳能发电能力"太高",应予以削减,为风力发电提供空间。

3. RCEP国家新能源政策不稳定持续,补贴水平低。

光伏行业的发展速度与质量受全球光伏产业政策影响较大。RCEP市场是一个非常复杂而且高度割裂的市场。这个区域拥有世界上很发达的国家,如新加坡、新西兰,也拥有包括缅甸、柬埔寨不发达国家。发展可再生能源过程中每个国家技术、资金、能力都不一样。我国过去对光伏、风电有电价补贴,发展速度快、能力强,而其他发展中国家缺乏政府补贴和政策扶持,光伏发展速度不可能那么快。即使国内市场,光伏行业已进入无补贴时代,但国家若出台新的有关并网消纳、储能配置、非技术成本、市场化交易等方面的产业政策,将给国内光伏行业的转型升级和光伏企业在国内市场的经营带来一定的不确定性。笔者走访企业调研时,问及企业"哪些因素会影响到河北省光伏产业发展",企业反馈答案排在第一位的是"光伏扶持政策"。这就说明,即使我国已经成为光伏制造、应用大国,企业仍需要政府产业政策支持。RCEP其他成员,如越南出台政策鼓励太阳能光伏项目,但在2019年达到并网量后政府削减补贴,最后则直接停止了大型项目的审批。韩国新增光伏容量增速放缓,主要因为项目的许可审批被推迟,以及地方政府收紧光伏电站选址限制。东盟一些国家水力资源等非常丰富,暂时没有最新的光伏上网电价补贴政策。

4. 贸易保护主义风险依然存在。

(1) 来自RCEP成员的贸易保护。

面对中国光伏产品的有力竞争,RCEP其他国家出于对本国光伏产业的保护会采取一些不利于我国光伏企业的做法。以韩国为例,韩国一些媒体发布针对中国光伏企业较为负面报道,认为中国公司通过建立本地办事处或招聘分销商,以比韩国同行更强的价格竞争力进入韩国光伏组件市场,可能会对韩国国内光伏产业产生不利影响,并提出应采取限制进入的方式防止中国光伏组件增加。韩国的太阳能招标制度显示,招标将优先考虑使用了低碳制造工艺生产的光伏组件的项目。韩国国内能源结构中有大量的核电属于无碳发电,这使得韩国制造商生产碳足迹非常低的光伏组件。"低碳制造"规则显然有利于韩国当地生产制造商，而河北省光伏企业进入韩国市场会面临一些保护主义思维下的非关税壁垒。

(2) 来自欧、美、印的贸易保护。

美国、欧盟、加拿大、印度、土耳其等国家相继对中国光伏产品发起"双反"调查、保障措施调查或上调关税。2012年，河北省光伏企业受到欧美"双反"、限价等措施而陷入发展困境，如今上述这一些措施仍然阻碍着河北省光伏产品的出口。以中国光伏产品出口美国为例，除了需要缴纳正常进口关税外，还会被加征"双反"税；根据美国201法案，要在"双反"基础上增加201关税，2022年的201关税税率为14.75%，美国对华光伏产品征收301税，税率为25%。在2022年5月13日，美国商务部公布了进行的反规避调查（AD/CVD）强制性受访者名单，从泰国、越南、马来西亚、柬埔寨全部76家受访企业中确认了八家企业进行更深入调查（上述几家企业多为中资在东盟投资企业）。虽然在6月份美国"暂停"向东南亚组件征收关税，但是反规避调查仍将持续。印度从今年4月起对外国制造的太阳能组件征收40%的基本关税，对电池征收25%的基本关税。

除了上述关税壁垒措施外，国际上又出现了针对我国光伏产品的新非关税壁垒措施。如美国以所谓"镇压少数民族""强迫劳动""高科技监视"等为由将合盛硅业、新疆大全新能源、新疆东方希望有色金属、新疆协鑫新能源材料等四家新疆光伏企业列入"实体清单"。河北省是光伏电池组件制造大省，但本省硅料产能不足，需要购入国内外市场的多晶硅，2021年中国的多晶硅产能已占全球79%，其中42%是位于新疆。因此该"实体清单"对河北省光伏产业链也构成一定挑战。同时，美国又以亚太经济框架（IPEF）拉拢亚太盟友，试图在其国内建立光伏产业产业链供应链并排斥中国，我国的太阳能光伏必然会成为美国对华打压的产业，河北省也不可避免会受到影响。

可以预测的是，未来在光伏市场上贸易摩擦可能会出现更多，我省光伏企业需要做好充分准备。

四、促进河北省光伏产业高质量发展对策建议

（一）产业转型升级方面

1. 加快河北省光伏产业智能化建设。

河北省光伏产业必须加快智能化升级，促进 5G 通信、人工智能、先进计算、工业互联网等新一代信息技术与光伏产业融合创新，加快提升全产业链智能化水平，实现"光储端信"的深度融合、创新应用。前文提到，在工信部两个批次共计 37 个智能光伏示范企业和 42 个智能光伏示范项目中，晶澳是河北省唯一一家名单上的智能光伏示范企业（河北省目前还没有智能光伏示范项目）。以晶澳智能化建设为示范，引领省内其他光伏企业积极进行智能化升级，积极寻求与示范企业名单上光伏企业、示范项目保持交流与合作，尤其是与京津两地的示范企业加强交流，寻找合作机会。河北省是光伏制造和装机大省，应该力求在建筑、交通、农业等领域，高标准打造光伏智能化示范项目，填补河北省在全国智能光伏示范项目上的空白。张北县德胜村是第三届中国国际太阳能十项全能竞赛的赛址，这里将建成"张家口市国家可再生能源示范区国际太阳能技术应用示范园"。河北省可以对赛后保留的 15 栋新能源建筑进行智能化升级改造，以此为核心要素，打造德胜村为智能光伏小镇，让游客体验绿色低碳生活方式。德胜村本是习近平总书记于 2017 年考察调研的"脱贫攻坚示范村"，如果能够通过创新"智能光伏+生态农业+冰雪（草原）旅游+奥运（音乐）文化"模式建设光伏小镇，把乡村振兴战略与小镇的光伏资源和张北、崇礼的文化旅游资源进行整合，实现光伏与现代化农村建设的深度融合，是对乡村振兴战略的创造性实践。

2. 促进河北多种类型新能源融合发展。

未来的新能源应用不是单一的形态，而是一种耦合发展的生态系统。以风电、光伏为代表的新能源有了储能、氢能的协同，构建清洁低碳新型电力系统。太阳能光伏与其他类型新能源既存在替代关系，也存在互补关系，甚至可以成为一条产业链上下游的不同环节。无论是国家层面还是省级层面新能源发展政策已经从原来只关注一个能源

领域到多个领域的融合发展。河北省光伏产业的发展要有前瞻性和较为长期的、综合的规划，注重与其他新能源、传统能源的协同。张家口国家级可再生能源示范区是我国绿色能源领域先行先试区，更是河北省大力发展新能源产业的机遇，地处京津周边的位置，河北省的新能源产业发展具有空前利好机会。利用国家给予示范区的政策支持，加强对光伏产业发展的引导，积极融入"风光氢储"融合发展的产业生态体系。同时建设好省内三个项目"国家第一批大型风电光伏基地项目"（包括大唐阳原20万千瓦风电项目、张承张家口张北县100万千瓦风电项目和张承承德丰宁风光氢储100万千瓦项目中300MW风电项目），开展河北省集风力发电、光伏发电、储能系统、智能输电于一体的风光储输示范工程建设，在全省布局"绿电—绿氢—绿氨"全产业链。鼓励省内光伏企业要跳出河北、跳出光伏产业，从全球市场及整个新能源行业定位自身发展。

3. 整合创新资源，提升产学研效率。

在光伏领域，很多技术创新来自高校、科研机构的实验室。如美国斯坦福大学的工程师研发出一款夜间能发电的太阳能电池板，日本京都大学研究小组开发一种新装置可以将热量转化为光并利用光伏发电提高能源转化率。高校、科研机构是创新的重要力量，因此国内光伏头部企业都与高校科研机构建立了产学研合作机制，河北省几家大光伏企业也不例外。但调研中发现，河北省很多中小微光伏企业没有与高校建立产学研联系。近几年河北省一直在推进省级科技创新中心、省级学科重点实验室和企业重点实验室建设，也成立了多家产业技术创新战略联盟，但对那些光伏产业链上的中小微企业而言，很难满足自己建设创新中心、实验室，甚至成立技术创新战略联盟的条件。比如成立技术创新中心，要求主要依托河北省规模以上企业，成立技术创新联盟，同时要求企业在本产业中处于骨干地位，这样那些光伏产业的很多中小微企业就不具有资格。光伏产业是技术和资本密集型产业，在激烈的国际竞争环境中河北省要坚持忧患意识和机遇意识，通过不断创新培育河北省光伏产业国际竞争优势。加快构建光伏产业的创新联合体，引导创新型领军企业、骨干企业牵头整合产业链上下游资源，共同突破制约产业发展的关键核心技术。省内光伏企业在创新上要形成合力，加强交流与合作，避免单打独斗。河北省受教育资源条件影响，有影响力的名校不多。河北省光伏企业可以加强与京津冀区域高校和科研机构对接，积极搭建产学研平台。领军企业或者光伏商会可以在高校设立奖学金，鼓励支持大学生在光伏领域的创新、创业。河北省成功举办第三届中国太阳能十项全能大赛，英利、晶澳、光伏新能源商会均为大赛赞助单位，这有助于提升河北省太阳能产业的国际影响力。河北省还要继续挖掘中国太阳能十项全能大赛的价值，加强光伏企业、商会与参赛学校、参赛团队的纽带联系，吸引这些全世界范围内优秀的大学精英人才对河北省光伏企业的关注，将企业的生产技术能力和高校联队的创新发展能力深度融合，实现学术研究与市场应用紧密结合。

（二）产业链拓展方面

近期工业和信息化部办公厅、市场监管总局办公厅、国家能源局综合司联合发布《关于促进光伏产业链供应链协同发展》的通知，要求各地区立足长远目标，优化产业布局，科学规划和管理本地区新能源发展。结合河北省光伏产业链的实际情况和RCEP市场情况应该从补链、强链、延链几个方面加以优化。

1. 延长产业链。

向上游延伸产业链。近期上游多晶硅不断上涨的价格以及供货量不足，对河北省电池（组件）制造企业供应链稳定造成挑战。为了提升市场竞争力，光伏制造企业通常会在产业链进行垂直一体化，国内四家光伏组件头部企业隆基绿能、晶科能源、天合光能、晶澳科技无一例外。天合光能仅在2022年就新增工业硅、高纯度多晶硅、单晶硅、切片、电池、组件、组件辅材生产线等光伏领域；晶科能源新增单晶拉棒领域。河北省光伏制造企业可以通过与RCEP市场的多晶硅企业组成投资联合体，增加在多晶硅领域的投资，也可与多晶硅企业签订（长期）供货协议，彼此成为对方产品的优先供给对象，保障多晶硅供应链稳定、安全，同时抓住RCEP生效形成的大市场，在RCEP市场寻找多晶硅投资机会。

向下游延伸产业链。组件退役回收被视为光伏产业链的"最后一公里",光伏组件只有回收再利用才能实现光伏全生命周期绿色发展。国际可再生能源机构(IRENA)预测从2025年起,我国开始产生大批量的退役光伏组件,至2030年,废弃光伏组件将达到150万吨左右,到2050年将达到2000万吨。虽然上述数据是国外机构多年前的预测,与实际数据有出入,实际数据应该更大,但是废弃光伏组件回收市场需求巨大。河北省在光伏组件回收标准制定、技术等方面已经积蓄一定优势。我国发布的《光伏组件回收再利用通用技术要求》的国家标准中,晶体硅光伏组件回收再利用通用技术要求标准就由英利牵头起草,国内首条物理法晶硅光伏组件回收处理成套装备生产示范线也在英利能源(中国)有限公司蠡县智慧光伏产业园正式投入使用。英利集团、零碳研究院更是"中国绿色供应链联盟光伏专委会"发起单位之一,晶澳、英利、唐山海泰均为中国绿色供应链联盟光伏专委会成员(英利集团为理事单位),并同为"光伏回收产业发展合作中心"成员。但调研中发现,省内一些从事分布式光伏电站建设的中小微企业,当被问及光伏组件回收问题时,多数企业表示不了解或者关注不够。因此,有关部门和光伏商会加大对光伏组件回收的宣传,引导有能力、有意愿的企业进入组件回收领域,通过信息化建设促进光伏组件安装企业与回收企业共享信息,实现河北省光伏全产业链的绿色、协同发展。充分利用河北省"国家技术标准创新基地(光伏)"的平台影响力,推进河北省光伏产业链主要环节的标准化建设,积极主动参与到国家光伏组件回收技术、标准的制定。利用零碳研究院、中国绿色供应链联盟光伏专委会、光伏回收产业发展合作中心等平台主动与国内外企业、机构加强交流合作,掌握国内外光伏组件回收技术、标准最新动态,实现河北省光伏组件回收从技术到标准的领跑。

2.进一步提升中游制造企业的竞争力。

处于产业链中游的企业可根据自身实际采用垂直一体化或差异化策略。选择垂直一体化企业,除了利用自有技术和资金向上下延伸产业链,还可以以价值链管理提升企业竞争力,通过联盟或战略合作伙伴形式联合其他企业弥补自身在产业链上的短板。采取差异化策略的企业要提升企业自主创新能力，建立并扩大在某一领域的领先优势（英利通过不断的技术创新扩大在BIPV市场的优势）。未来光伏行业的发展将会呈现技术路线多元化并存趋势，对企业的技术创新提出更高要求。晶澳、英利均为河北省光伏领域的科技领军企业，具备牵头实力，有着较为强烈的原始创新和正向创新的诉求。加快组建以这些龙头企业牵头、高校院所支撑、各创新主体相互协同的创新联合体对河北省光伏产业发展非常关键。

引导和支持企业通过绿色制造认证提升竞争力，打造河北省光伏产业链低碳新优势。截止到目前，工信部已经公布六个批次绿色制造名单，包括绿色工厂、绿色供应链、绿色产品设计、绿色园区认证。在光伏领域，河北省晶澳（5个生产基地）、唐山海泰新能分别获得绿色工厂和绿色供应链认证。作为绿色能源行业，光伏企业必须努力提升自身产业链的低碳化，成为真正的绿色制造企业。鼓励省内其他大中型企业积极进行绿色制造认证，引导已经获得认证的光伏企业在绿色制造方面发挥带头示范作用。支持河北省光伏领军企业加入"RE100"（"RE100"指的是企业100%使用可再生能源电力，隆基绿能、晶科能源均已经加入）。加入"RE100"不仅提升企业国际形象，还可以扩大其跨界的"RE100"朋友圈。国际著名跨国公司如苹果、谷歌和宝马等巨头都宣布加入"RE100"，这些企业不仅自身追求"碳中和"，也会要求国际合作企业参与"RE100"。工商企业将成为绿色电力消费的主力军，成为屋顶分布式光伏、BIPV的潜在客户。加入"RE100"有助于河北省光伏企业与这些跨国公司通过绿色能源建立联系，有利于河北省光伏企业开拓国际市场。

3. 加强下游光伏发电系统应用场景开发。

光伏系统应用场景的开发可以走城、乡两条线路。在城市中，积极推进城市公共建筑（交通枢纽、会展中心、文体场馆、中央商务区、工业园区、学校等）加装光伏系统；鼓励工商业企业对既有建筑、厂房加装光伏系统。工商业分布式光伏安装不仅可以发电自己使用，余量也可以上网销售，并且未来会因为使用绿电得到碳关税的减免。在雄安新区加强推广屋顶分布式光伏安装和BIPV应用，推动疏解到新区的国企、央企以及大型民企尽快通过安装屋顶光伏系统和BIPV项目实现建筑低碳化（国企在落实国家"双碳"目标中更具有执行力），通过太阳能光伏与其他新能源的协同发展，把雄安新区打造成为全球清洁能源示范和领袖城市。以保定市为示范城市，推进光谷城市建设，拓展太阳能光伏在生产、交通、建筑、消费领域的应用。在旅游资源、国际交易会（展会）平台资源丰富的城市加快建设（或改建）高星级绿色建筑、超低能耗建筑，如在承德、张家口、秦皇岛等地加快推进BIPV在度假村、酒店、展馆等应用，打造BIPV国际旅游景观（马尔代夫太阳能度假酒店以其光伏屋顶而闻名），这些城市既可以实现绿色能源转型也有助于在国内、国际展示城市形象。在农村地区，一方面稳步推进河北省整县屋顶分布式光伏规模化开发试点，推动城镇较大的农村建筑等加装光伏系统。另一方面通过农光互补（农林互补、农渔互补）等模式扩大太阳能光伏在农业的应用。加强光伏系统与设施农业的结合，探索农光互补新模式。通过发展设施农业种植高端水果和蔬菜。日本农业生产法人Tomato Land Iwaki采用农业先进国荷兰的栽培技术，利用太阳能板实现蓝莓等高端水果种植取得很好收益，河北省可以学习借鉴其模式。光伏+设施农业不仅可以改善河北省农产品供给结构，也解决了光伏发电系统用地问题（设施农业可使用一般耕地）。温室棚上安装的光伏发电系统既可以用来为温室棚内运用智能设备控制灌溉、照明和调温提供电力，还可以通过并网获得卖电收入。同时，利用这些设施农业还可以进行生态旅游开发，实现光伏+农业+旅游业，促进农村一二三产业融合发展。

4.加快储能发展，推动光伏储能融合。

光伏发电上网既需要对电网进行升级改造，也需要加大电力储能方面的供给。通过配置储能以提高用电质量、维持电网稳定已经基本成为行业内的共识。2022年5月河北省发改委印发《全省电网侧独立储能布局指导方案》和《全省电源侧共享储能布局指导方案（暂行）》，两大重要文件均提出要科学布局全省电储能项目。河北省是太阳能装机大省，对储能产品有日益增加的市场需求。实现光伏产业链的协同发展，必须加快在储能领域布局。一是通过招商引资，吸引国内外有实力的储能企业来省内投资，鼓励光伏制造企业通过投资、并购、联盟等方式扩展储能业务；二是支持已有储能业务的企业加强研发投入，通过创新提升储能产品质量，加大对长时储能的技术研发（美国能源部把长时储能规定为至少连续运行时间为10小时）；三是利用好张家口的"国家风光储输示范工程"，探索"风力发电、光伏发电、储能系统、智能输电"协同发展模式，支持示范区在长时储能技术上的创新。

（三）扩大贸易规模和双向投资方面

1. 注重在RCEP区域优化产业链、供应链布局。

RCEP生效对河北省光伏产业既有机遇也有挑战，关键是用好协定的规则，以全球的视野和战略远见培育河北省光伏产业的国际竞争新优势。当前，全球供应链正在发生变化：生产基地转向本国或近岸生产；贸易投资规则在调整，产业供应链布局由效率优先转向更加注重安全。俄乌冲突的爆发以及新冠疫情的持续让供应链的脆弱性日渐显露。这些变化对河北省光伏产业链布局有着深远影响。河北省产业链供应链布局要协调好RCEP市场与全球市场的关系，同时注重太阳能光伏与其风能、氢能、氨能等的协同性发展。鼓励企业家走出去深入到RCEP市场了解当地的市场行情。RCEP与APEC共有12个成员国重合，APEC商务旅行卡可助力投资者高效开拓RCEP成员国市场，持卡人将能更为便利地参与RCEP经济体的投资贸易活动，更好地融入国内国际"双循环"新发展格局中。

2. 因国施策创新进入RCEP市场的商业模式。

鉴于RCEP成员国的经济水平、光伏产业发展水平和产业政策差异，河北省光伏企业因国施策创新进入RCEP市场的商业模式。可以在日本、新西兰、韩国扩大在BIPV建筑材料的研发合作，以及开发BIPV应用场景；在澳大利亚可侧重在光伏电站、组件回收领域的进入，河北省光伏企业在组件质量和组件回收方面可以开展与当地企业的合作。新加坡已经成为全球第三大金融中心，且具有"成为全球清洁能源示范和领袖城市"的雄心，河北省光伏企业、金融机构可以加强与新加坡金融机构的合作，对"光伏+金融"模式不断探索创新，为RCEP市场光伏投资者提供金融创新产品和服务，开发光伏组件防盗保险产品。许多东盟国家具有海洋资源，对漂浮式光伏有强烈市场需求，河北省光伏企业可以与当地光伏企业进行技术合作，联合研发适合本地市场实际需求的光伏产品。在东盟发展中国家可以将光伏发电与当地农业、渔业等更好地结合在一起，提高产业协同效应，为东南亚地区无电人口或低收入人口的能源问题、收入问题提供解决方案。光伏企业无论以何种商业模式进入RCEP市场，都需要积极参与东道国的社会公益活动，积极承担社会责任。

3. 利用RCEP服务业的开放扩大河北省服务贸易。

企业价值链中，制造环节容易被模仿，只具有短期的低成本优势，而工程咨询、研发设计、售后服务等环节不易被模仿，可获得不可复制的差别化竞争优势。河北省光伏企业，要利用RCEP协定服务贸易高水平开放的机会，从光伏产品研发、设计、生产及光伏建筑项目的设计、安装、运维等一站式服务内容上重建企业的价值链，摆脱在价值链微笑曲线底部制造环节上的"内卷"。光伏制造企业向服务领域延伸可以进一步丰富原有的产品线，为企业创造更多的市场机会，强化了品牌效应。河北省不仅是太阳能组件制造大省，同时也是光伏服务大省。河北省在光伏应用系统的开发和运营已经培养出具有一定规模的、较成熟的产业工人。随着RCEP市场在建筑工程服务、综合工程服务、技术测试和分析、电站检测服务、光伏产品标准等方面的市场准入的扩大，河北省光伏企业可以扩大服务贸易。

4. 注重对RCEP与CPTPP、IPEF市场重合国家的进入。

优先开发新加坡、越南、文莱、马来西亚四个国家市场。这四个国家是RCEP与CPTPP、IPEF成员重合的四个东盟国家。RCEP与CPTPP虽然都为自由贸易协定，但是贸易投资规则等内容有很大差异，诸如国有企业、劳工、环境、透明度和反腐败等CPTPP内容条款目前RCEP尚不涉及。我国已经正式提出申请加入CPTPP，并不断通过改革开放与其对接标准。河北省光伏企业可以借助RCEP生效优先进入上述四个国家寻找市场机会，尽早适应CPTTP协定下的市场环境，培育企业进入CPTPP市场的适应力和竞争力。越早融入上述四个国家进行产业链供应链布局，就越能抢占CPTPP成员国市场有利地位。IPEF（印太经济框架）虽然不是自由贸易协定，但是美国试图以《2022年通货膨胀削减法案》和IPEF建立国内光伏产业链，联合所谓盟友将中国排斥在其供应链之外。如果河北省光伏企业能在上述四个国家布局产业链供应链，有助于河北省产业链和供应链的安全。

打造河北省"一带一路"的"太阳能光伏名片"。《中共中央 国务院关于完整准确全面贯彻新发展理念做好碳达峰碳中和工作的意见》明确提出支持共建"一带一路"国家开展清洁能源开发利用，积极推动我国新能源等绿色低碳技术和产品"走出去"。国际能源署数据显示，全球共有7.7亿人生活在没有电的地区，主要集中在非洲和亚洲部分地区。联合国数据显示，全球范围内，13%的人口仍然无法使用现代电力。30亿人仍然靠燃烧木头、煤炭或动物粪便烹饪或取暖。以前河北省光伏企业"走出去"注重的是欧美发达国家市场，全球低碳化发展趋势下，发展中国家以及不发达国家对"可负担、可靠和可持续的清洁能源"有强烈需求。河北省的光伏企业可以通过技术创新、产品创新、应用场景创新，为全球较贫困地区，特别是RCEP和"一带一路"沿线不发达国家提供经济适用的光伏产品，让河北省光伏产品照亮、温暖"一带一路"，让光伏成为河北省的产业名片。

利用好第三方市场合作。第三方市场合作是指中国企业与有关国家企业共同在第三方市场开展经济合作。RCEP的发展中国家能源目标的实现需要大量来自国内外的投资建设。光伏企业海外投资融资成本较高，河北省光伏企业制造能力强，但是融资条件不佳。发达国家金融服务具有优势，这些金融机构也有意愿进入到新能源领域。新西兰、日本、新加坡以及欧洲国家等具有资金优势，欧洲对推动能源低碳化具有领先的理念和行动，其在全球推动能源低碳化时有意愿对不发达国家降碳提供一些资金援助。河北省光伏企业具有技术、产品、服务优势，东盟国家具有低成本的人才、土地等要素优势，因此可以在RCEP市场实现优势互补的三方合作。如何找到这些具有合作可能的新能源伙伴很重要。可以对中法第三方市场合作示范项目清单持续关注，挖掘扩大出口和投资的机会（中法第四轮示范项目清单的新能源项目）。

5. 积极应对贸易壁垒

美国对我国出口光伏产品采取多项贸易限制措施——从"双反"到301条款，到201条款再到"反规避调查"，围堵中国光伏产品不断加码。但河北省光伏产业经过多年发展已经积累一定竞争力，面对美国贸易保护，河北省光伏领军企业更需要在研发上持续投入，加大对专利的申请，以知识产权保护占据技术优势地位。

欧盟碳关税于2023年1月1日启动，并于2027年正式实施，河北省光伏企业要提早防范和应对欧美国家的碳关税。碳关税一方面会提高企业出口产品的总体成本，另一方面，可以倒逼光伏企业加速"低碳减排"步伐，实现绿色制造。光伏企业把低碳工作上升到企业可持续发展战略的高度，通过应用和规范，拟定自愿性低碳认证和碳减量的计划来实现企业自身减碳。欧美、日本等企业都纷纷在企业财务年报之外，逐年发布企业的社会责任报告（也称"可持续发展报告"），并将企业碳排放的数据和信息作为报告的一个重要章节列入。河北省有条件的企业，特别是上市光伏企业要在减碳方面发布企业社会责任，塑造负责任的企业形象。

（四）支撑体系和营商环境方面

1. 加强对光伏产业所需人才的培养。

随着光伏产业的发展以及城市、农村太阳能光伏应用市场的扩大，光伏行业需要更多的管理、专技人员。2022年5月教育部发布《加强碳达峰碳中和高等教育人才培养体系建设工作方案》，支持部分基础条件好、特色鲜明的综合高校和行业高校，先行建设一批碳达峰碳中和领域新学院、新学科和新专业。河北省可利用现有教育资源和光伏产业发展条件加大对产业人才的培养、培训。整合高校、职业院校资源，根据不同城市的产业特色设置特色专业。如在保定、邢台、唐山等地开设太阳能光伏专业，促进地方光伏企业与高校创新联合办学模式。在光伏装机集中地区加强对屋顶安装与维护、BIPV建设与维护产业工人的培训，为河北省供给必需的人才。同时积极引进国内外资本，特别是来自RCEP成员国日本、新加坡、新西兰等的资本进入到光伏（新能源）职业教育领域，培育国际化光伏产业人才。

2. 着力提升地方机构参与 RCEP 区域合作的程度和水平。

RCEP 生效以来，河北省商务厅、贸促会、工商联、石家庄海关、中国银行河北省分行等部门联合主办"我为群众办实事：RCEP 企业行——百场千企宣介活动"不断强化服务，为企业开拓 RCEP 市场提供支持和帮助。但是仅有专题培训或是宣介还不够，企业更期望能够便利获得更多 RCEP 市场信息。因此涉外部门需要加强互联网自贸协定公共服务平台建设，做好信息发布和线上咨询，便利企业查询协定优惠，了解国别营商环境、知识产权服务等规则和信息。可在相关部门机构的官方网站开设 RCEP 专题，并通过部门微信公众号推送有关 RCEP 信息。

统筹用好河北省外事资源，精准服务光伏企业在 RCEP 市场"走出去、引进来"。河北省目前只与 RCEP 成员国日本、韩国、马来西亚的部分城市建立了友城关系。未来河北省在国际友城建设中能够兼顾河北省产业走出去的需要，重点为河北省保定市、邢台市、唐山等光伏大市搭建出海桥梁。挖掘河北省新能源的后冬奥影响力，在光伏行业选取有特色、有实力的外向型企业列为外事参观点和精品线路方案，并积极推荐上报，争取纳入作为外交部、中联部、全国对外友协等中央部门和省外办安排外宾来访参观点，扩大河北省光伏企业国际知名度和影响力。

3. 发挥好河北省光伏新能源商会和零（低）碳研究院的平台作用。

河北省光伏新能源商会要切实发挥好桥梁和平台作用，服务会员单位，对内加强凝聚，对外加强交流。光伏商会不仅进行政策法规宣传，更注意对光伏行业的运行分析，适时做好信息汇总和披露，引导行业企业加强自律发展。进一步优化光伏系能源商会目前的微信公众号职能，增加互动版块，便于会员反馈情况。同时组织会员企业加强行业交流，推动光伏上下游产能协调和务实合作。调研中发现，一些光伏领域创业者，他们凭借自己对光伏的热爱、专业的技能、新媒体手段在自发地进行产业的宣传与交流。省内一家科技自媒体的微信公众号"你好光伏"视频内容专业且亲民，不同于光伏企业微信号的自我宣传，他们更侧重以旁观者身份讲述光伏故事。光伏商会可以与这些媒体人建立合作关系，加强对河北省光伏产业形象宣传与推广。

河北省现有河北省凤凰谷零碳发展研究院、河北大学低碳研究院、华北电力大学新型能源系统与碳中和研究院。三家零碳（低碳）研究院都通过各自的运行机制在低碳问题上开展与国内外高校、研究机构、企业的交流与合作，同时这三个零（低）碳学院也是河北省光伏产业省内外信息交流平台。鼓励三家零（低）研究院加强交流合作并带动更多光伏企业聚集到平台，共享行业发展信息，让中小微企业能够借助平台便利获取市场、行业前沿信息，增加对技术的重视和投入。

4. 引导企业积极参加国际展会（交易会）加强与世界的连接。

贸促会充分发挥职能，组织光伏企业积极参加中国进出口商品交易会（广交会）、中国国际进口博览会、中国国际服务贸易交易会、中国国际投资贸易洽谈会四大交易会平台，展示河北省光伏产品，同时鼓励河北省光伏企业更多参加新能源类国际展会和交易会。参加这些国际交易会（展会）一方面可以展示本企业产品和服务，与国内客商建立业务联系；另一方面了解市场、技术前沿信息。很多 RCEP 成员会举办新能源的展会，诸如中国东盟交易博览会、新加坡能源峰会、韩国国际绿色能源展、SNEC 光伏大会暨（上海）展览会、日本国际太阳能光伏展、泰国可再生能源展、澳大利亚国际清洁能源展等等，以及欧美有影响力的太阳能展会（交易会）。河北省中小微企业多，多数企业不具备个体参展条件，因此光伏商会应该以河北省光伏企业整体形象参展，从省级层面对外推介，既展示整体实力，中小企业也可以有机会搭乘顺风车在这些平台展示。RCEP 协定鼓励为中小企业提供更多机会，有助于中小企业在开放平台中打开格局，找到自己成长空间。同时要用好中国廊坊国际投资洽谈会平台，重视对 RCEP 自贸区和河北省光伏产业的宣传推介。

第三章　推动纺织服装产业新发展

河北省纺织服装产业历史悠久，是新中国最早建设的纺织工业基地，具有集群特色明显、产品类别齐全、加工能力强大、产业链相对完整、制造成本较低等基础优势，拥有包括棉纺织、毛纺织、化纤、皮革毛皮、服装、家用纺织品、产业用纺织品、印染、纺织机械等子行业在内的门类齐全、产业链完整的纺织工业体系。

一、河北省纺织服装产业现状

（一）河北省纺织工业产出水平

河北省纺织工业产出品类较为齐全，除亚麻布、苎麻布、蚕丝及其机织物和制品、帘子布、粘胶纤维长丝、醋酯纤维长丝、维纶等特定品类外，河北省纺织工业覆盖了从化纤到纱、布、纺织制品及服装的主要产品门类（见表1）。

河北的化学纤维用浆粕（纤维素纤维原料）的产出水平较高，2021年产量占全国比重达7.62%，带动河北化学纤维产出以人造纤维（纤维素纤维）为主，2021年人造纤维和合成纤维的产量比例约为8:2，而同期全国人造纤维和合成纤维的比例约为1:9；河北人造纤维产出均为粘胶短纤维，占全国比重达21.48%，优势突出；合成纤维中，以腈纶为主，占全国比重达9.58%；从纱线来看，河北纱产量占全国比重的2.29%，其中83.46%为棉纱。河北布产量占全国的2.63%，其中72%为棉布，20%为棉混纺布。河北毛纺业优势相对突出，绒线（毛线）和毛机织物（呢绒）产量分别占全国的15.46%和4.91%。河北服装产量仅占全国的0.62%，其中94%为梭织服装，仅6%为针织服装，而全国梭织服装与针织服装产量结构为42%和58%。

第三章 推动纺织服装产业新发展

表1 2021年河北纺织工业产量及占全国比重

名称	单位	全国产量	河北产量	河北占比
纱	吨	26544424	607469	2.29
棉纱	吨	16025921	506970	3.16
棉混纺纱	吨	4376731	59571	1.36
化学纤维纱	吨	6141772	40929	0.67
布	万米	3712234	97726	2.63
其中：色织布（含牛仔布）	万米	146183	2474	1.69
其中：棉布	万米	1868664	70511	3.77
棉混纺布	万米	778518	19087	2.45
化学纤维布	万米	1064961	8128	0.76
印染布	万米	5250276	51584	0.98
绒线（毛线）	吨	184760	28560	15.46
毛机织物（呢绒）	万米	33978	1669	4.91
非织造布	吨	5790826	186831	3.23
服装	万件	2237252	13768	0.62
梭织服装	万件	939208	12980	1.38
针织服装	万件	1298039	788	0.06
化学纤维用浆粕	吨	899967	68548	7.62
化学纤维	吨	61679377	965048	1.56
其中：人造纤维（纤维素纤维）	吨	5177469	774288	14.95
其中：黏胶短纤维	吨	3604417	774288	21.48
其中：合成纤维	吨	56338114	174054	0.31
其中：锦纶	吨	4270482	2281	0.05
涤纶	吨	49227508	91068	0.18
腈纶	吨	589753	56508	9.58
丙纶	吨	412223	5515	1.34
氨纶	吨	832006	494	0.06

注：数据为规模以上全行业。

数据来源：纺织工业发展报告 2020/2021。

河北纺织工业优势品类与其他省市的比较。

从河北省纺织服装全行业产出数据来看，河北在粘胶短纤维、绒线（毛线）、腈纶、化学纤维用浆粕和毛机织物（呢绒）几类产品的产量上在全国居于前列。其中，粘胶短纤维产量仅次于江西，居全国第二；绒线产量居江苏和山东之后，排名全国第三；腈纶产量排名全国第四，居吉林、上海和浙江之后；化学纤维用浆粕产量居全国第四，排在四川、新疆和山东之后；毛机织物（呢绒）产量居全国第六，排在江苏、浙江、山东、福建和湖北之后。

表2 河北纺织工业优势品类在全国的排名（化纤制造）

序号		黏胶短纤维(吨)	占比		化学纤维用浆粕(吨)	占比		腈纶(吨)	占比
	全国	3604417	100.00	全国	899967	100.00	全国	589753	100.00
1	江西	801044	22.22	四川	373055	41.45	吉林	246399	41.78
2	河北	774288	21.48	新疆	174606	19.40	上海	115476	19.58
3	新疆	588268	16.32	山东	143843	15.98	浙江	57532	9.76
4	山东	343038	9.52	河北	68548	7.62	河北	56508	9.58
5	四川	339766	9.43	湖南	55591	6.18	安徽	37347	6.33
6	江苏	318010	8.82	安徽	46442	5.16	山东	32200	5.46
7	福建	305655	8.48	湖北	29097	3.23	黑龙江	25050	4.25
8	吉林	77631	2.15	江苏	5048	0.98	江苏	19241	3.26

注：数据为规模以上全行业。

数据来源：纺织工业发展报告 2020/2021。

表3 河北纺织工业优势品类在全国的排名（毛纺）

序号		绒线(毛线)(吨)	占比		毛机织物(呢绒)(万米)	占比
	全国	184760	100.00	全国	33978	100.00
1	江苏	82113	44.44	江苏	16012	47.12
2	山东	28858	15.62	浙江	6148	18.09
3	河北	28560	15.46	山东	3472	10.22
4	浙江	20916	11.32	福建	2477	7.29
5	河南	12613	6.83	湖北	1836	5.40
6	广东	5447	2.95	河北	1669	4.91
7	湖北	1953	1.06	河南	736	2.17
8	江西	1676	0.91	广东	580	1.71

注：数据为规模以上全行业。

数据来源：纺织工业发展报告 2020/2021。

(二)河北省纺织品服装出口规模及地位

河北省纺织品服装出口一直处于我国纺织品服装出口前十大省市之一,在我国各省市纺织品服装出口中处于第三阵营。如表4所示,2020年河北省出口纺织品服装70.45亿美元,占我国纺织品服装总出口的2.38%。浙江、广东、江苏是我国纺织品服装最主要的出口省份,三者合计占比超过57%;山东、福建、上海处于我国纺织品服装出口省份的第二阵营,合计占比超过23%。五省一市合计占我国纺织品服装出口约80%。

表4 2020年我国纺织品服装出口前十大省市

排名	省份	出口额(亿美元)	占比%
1	浙江省	724.44	24.46
2	广东省	500.02	16.88
3	江苏省	474.08	16.00
4	山东省	269.79	9.11
5	福建省	215.96	7.29
6	上海市	200.74	6.78
7	湖北省	76.14	2.57
8	河北省	70.45	2.38
9	广西壮族自治区	53.99	1.82
10	安徽省	52.02	1.76

注:数据涉及HS50-63章中除原料外的商品以及其他章节的部分商品,不包括纺织原料、纺织机械。

数据来源:《中国纺织品服装对外贸易报告2020/2021》。

1. 河北省纺织品服装出口产品结构。

2021年河北省纺织品服装出口中,服装(服装及衣着附件)出口占比约58%,纺织品(纺织纱线、织物及制品)出口为42%;在纺织品出口中,66.25%为纺织制品,20.23%为纺织织物,13.52%为纺织纱线。

表5 2021年河北省纺织品服装出口产品结构

单位：百万美元，%

	出口金额	产品比例	占全国比重
纺织纱线、织物及制品	2607.57	41.99	1.80
纺织纱线	352.61	5.68	2.55
纺织织物	527.58	8.50	0.79
纺织制品	1727.38	27.82	2.67
服装及衣着附件	3602.15	58.01	2.18

注：数据涉及HS50-63章中除原料外的商品以及其他章节的部分商品。不包括纺织原料、纺织机械。

数据来源：根据海关统计整理得出。

在全部产品中，HS编码为6501（毡呢制的帽坯、帽身及帽兜，未楦制成形，也未加帽边；毡呢制的圆帽片及制帽用的毡呢筒）、43031010（毛皮衣服）、43031020（毛皮衣着附件）的产品占全国出口比重超过50%；HS编码为5113（动物粗毛或马毛机织物）、5809（用于衣着、装饰及类似用途的其他品目未列名的金属线机织物及品目5605所列含金属纱线的有机织物）、5108（非供零售用动物细毛纱线）的产品占全国出口比重超过30%，这些商品是河北省在全国范围内具有极强出口竞争优势的产品。

表6 2021年河北省纺织服装出口优势产品

单位：百万美元，%

纺织纱线			
商品编码	商品名称	出口金额	占全国比重
5106	粗梳羊毛纱线，非供零售用	7.29	6.06
5107	精梳羊毛纱线，非供零售用	20.13	7.84
5108	动物细毛（粗梳或精梳）纱线，非供零售用	155.30	30.38
5109	羊毛或动物细毛的纱线，供零售用	6.17	15.70
5207	棉纱线（缝纫线除外），供零售用	1.18	3.61
5508	化学纤维短纤纺制的缝纫线，不论是否供零售用	46.36	10.35
5511	化学纤维短纤纺制的纱线（缝纫线除外），供零售用	8.85	16.44

续表

纺织织物			
商品编码	商品名称	出口金额	占全国比重
5113	动物粗毛或马毛机织物	0.41	32.50
5210	棉机织物,按重量计含棉量<85%,主要或仅与化学纤维混纺,每平方米重≤200g	35.32	3.61
5211	棉机织物,按重量计含棉量<85%,主要或仅与化学纤维混纺,每平方米重>200g	83.02	3.48
5310	黄麻或品目5303的其他纺织韧皮纤维机织物	0.61	11.73
5513	合成纤维短纤纺制的机织物,按重量计合成纤维短纤含量<85%,主要或仅与棉混纺,每平方米重≤170g	90.82	6.10
5605	含金属纱线,不论是否螺旋花线,由纺织纱线或品目5404或5405的扁条及类似品与金属线、扁条或粉末混合制的或用金属包覆制得	2.94	3.12
5802	毛巾织物及类似的毛圈机织物,但品目5806的狭幅织物除外;簇绒织物,但品目5703的产品除外	2.95	6.84
5809	其他品目未列名的金属线机织物及品目5605所列含金属纱线的有机织物,用于衣着、装饰及类似用途	0.81	31.26
纺织制品			
商品编码	商品名称	出口金额	占全国比重
5702	机织地毯及纺织材料的其他机织铺地制品,未簇绒或未植绒,不论是否制成的,包括"开来姆""苏麦克""卡拉马尼"及类似的手织地毯	16.62	3.15
5703	簇绒地毯及纺织材料的其他簇绒铺地制品,不论是否制成的	56.56	3.57
5705	其他地毯及纺织材料的其他铺地制品,不论是否制成的	168.02	10.85
5901	用胶或淀粉物质涂布的纺织物,做书籍封面及类似用途的;描图布;制成的油画布;做帽里的硬衬布及类似硬挺纺织物	15.23	4.47
5911	作专门技术用途的纺织产品及制品	26.74	3.33
6301	毯子及旅行毯	145.67	3.36
6302	床上、餐桌、盥洗及厨房用的织物制品	691.49	6.99
6501	毡呢制的帽坯、帽身及帽兜,未楦制成形,也未加帽边;毡呢制的圆帽片及制帽用的毡呢筒(包括裁开的毡呢筒)	4.30	77.96

续表

服装及衣着附件			
商品编码	商品名称	出口金额	占全国比重
392620	塑料制衣服及衣着附件（包括手套）	761.04	14.33
4203	皮革或再生皮革制的衣服及衣着附件	48.60	4.71
43031010	毛皮衣服	955.28	56.42
43031020	毛皮衣着附件	332.19	59.92
6113	用品目 5903、5906 或 5907 的针织物或钩编织物制成的服装	20.28	6.11
6202	女式大衣、短大衣、斗篷、短斗篷、带风帽的防寒短上衣(包括滑雪短上衣)、防风衣、防风短上衣及类似品,但品目 6204 的货品除外	410.68	5.37

注：表中所列为 2021 年河北省出口占全国出口比重达 3% 以上的纺织服装产品。

数据来源：根据海关统计整理得出。

2. 河北省纺织品服装主要出口市场。

根据 2021 年海关统计，以 HS50-63 章为统计口径，河北省纺织服装产品已出口至 193 个国家和地区，出口市场覆盖广。美国和俄罗斯是河北省最重要的两个纺织品服装出口市场，占比分别为 10.27% 和 9.15%。河北省纺织品服装出口前 10 大市场合计占其出口总额的 45.21%；前 20 大市场合计占 67.31%，市场相对分散。

表7 河北省纺织品服装主要出口市场

单位：百万美元，%

序号	出口市场	出口金额	占比	序号	出口市场	出口金额	占比
1	美国	476.48	10.27	11	泰国	125.02	2.69
2	俄罗斯联邦	424.57	9.15	12	巴基斯坦	124.43	2.68
3	意大利	230.46	4.97	13	伊拉克	107.32	2.31
4	越南	182.85	3.94	14	土耳其	105.16	2.27
5	德国	135.45	2.92	15	印度尼西亚	104.66	2.26
6	英国	133.59	2.88	16	韩国	98.51	2.12
7	日本	130.40	2.81	17	阿联酋	97.20	2.09
8	吉尔吉斯斯坦	129.41	2.79	18	澳大利亚	91.81	1.98
9	印度	127.23	2.74	19	哈萨克斯坦	86.36	1.86
10	孟加拉国	127.04	2.74	20	马来西亚	84.91	1.83
前 10 大出口市场合计占比			45.21	前 20 大出口市场合计占比			67.31

注：数据以 HS50-63 章为统计口径。

数据来源：海关统计。

(三)河北纺织服装行业对外投资情况

1. 我国纺织行业对外投资整体情况。

"十三五"期间,我国纺织行业对外投资总量取得了历史性突破。自2000年以来,纺织行业逐步开始进入全球布局阶段。"十五"期间和"十一五"前期,纺织行业对外直接投资额在1亿美元上下浮动;2008年金融危机后,纺织服装企业更加积极主动地在全球范围内进行资源配置。"十一五"后期到"十二五"中期,纺织行业对外直接投资年均流量为3亿~5亿美元。"十二五"后期至2019年,骨干企业对外投资迅速加快。"十三五"期间(2016—2020年)纺织行业对外投资总额为68.56亿美元,较"十二五"同期(2011—2015年)增长86.3%,与"十一五"(2005—2010年)相比,对外投资额增长接近6倍。

从投资目的地来看,湄公河流域(越南、缅甸、柬埔寨、泰国、老挝)是我国纺织行业投资最集中的地区。该区域各国在要素禀赋、产业层次、出口市场、产品结构等方面与我国纺织行业存在相似性,因拥有相对低廉的生产要素成本、丰富的劳动力资源和对发达地区出口的关税优惠等优势,成为我国纺织服装企业新增产能投资的主要对象国。其中,越南是纺织企业的首选投资目的地,2020年纺织行业对越南投资额为1.73亿美元,其次为缅甸(5525万美元)和柬埔寨(3008万美元)。此外,泰国也正在成为纺织企业对外投资所关注的国家。除湄公河区域外,2020年,纺织行业对外投资金额增长较多的国家和地区还包括美国、埃及、乌兹别克斯坦、坦桑尼亚等国。

表8 2016—2020年纺织行业对湄公河流域投资数据

年份	投资额(亿美元)	占比
2016	3.08	11.53
2017	2.70	22.81
2018	5.04	51.31
2019	4.75	36.68
2020	2.72	36.77

数据来源:中国纺织工业发展报告2020/2021。

纺织行业发展较为发达的"五省一市"（山东、浙江、江苏、福建、广东、上海）是我国纺织行业对外投资主力军。2016—2020年"五省一市"纺织行业对外投资总额为62.3亿美元，占全国纺织行业对外投资总额比重约为90.9%。此外，安徽、湖北、新疆、宁夏等中西部地区对外投资亦稳中有进。根据《2019/2020中国纺织工业发展报告》，2015—2019年的5年投资总额超过1000万美元的省市除表中所列省市外，还包括辽宁、江西、湖北、北京、内蒙古、重庆。

表9 2015—2020年纺织行业对外投资排名前10位的省市

单位：亿美元，%

排名	省市	2016年	2017年	2018年	2019年	2020年	5年合计	5年合计占全国比重
1	山东	17.24	5.56	2.18	5.93	1.57	32.48	47.4
2	浙江	1.86	1.69	3.78	2.21	2.33	11.87	17.3
3	上海	3.07	0.83	0.90	0.43	0.30	5.53	8.1
4	江苏	0.68	0.94	0.83	1.60	1.30	5.35	7.8
5	福建	0.44	0.15	0.71	1.74	0.63	3.67	5.4
6	广东	0.81	1.42	0.21	0.21	0.76	3.41	5.0
7	宁夏	1.38	0.29	-	-	-	1.67	2.4
8	安徽	0.03	0.03	0.08	0.45	0.15	0.74	1.1
9	新疆	0.11	0.04	0.38	0.04	0.14	0.71	1.0
10	河南	0.03	0.24	0.15	0.10	0.01	0.53	0.8

数据来源：中国纺织工业发展报告2020/2021。

2.河北省纺织行业对外投资情况。

相较于其他纺织服装大省，河北纺织服装行业对外投资无论在数量还是规模上都仍处于起步阶段。

资料可查的河北纺织服装企业对外投资的典型代表是河北新大东纺织有限公司。该公司创立于2007年，自2013年起开始实施国际化产业扩张战略，进行国际化生产布局。该公司投资4900万美元设立新大东纺织（越南）有限公司，从事纺织品的生产与加工。2014年，该公司越南纱厂一期顺利投产运营，2017年越南纱厂二期工程和牛仔布厂三期工程相继开工建设。

此外，河北泛美服装有限公司对外投资2000万美元设立曼欧服装有限公司，从事服装加工、销售。

（四）河北纺织服装产业优劣势分析

1. 产业链相对完整，但各环节发展不均衡。

从整个纺织产业链来看，河北在纺织产业链上游有相对优势，但中下游优势不突出，产业链条没能发挥整体优势。河北在化纤和毛纺两个子行业优势突出，在化纤原料和化纤生产上具备较强优势，粘胶短纤产量占全国约1/5，但河北的化学纤维纱和布产量占全国产量不足1%，说明化纤行业的上游原料优势和下游加工能力发展极不平衡。从毛纺业来看，河北的绒线（毛线）产量占全国产量约15%，但毛机织物（呢绒）产量仅占全国约5%，说明其加工制造能力还有很大提升空间。从最终产品来看，基于可获得的服装生产数据，2021年河北服装产量仅占全国的0.62%，其中梭织服装占1.38%，针织服装仅占0.06%，说明相较于原料和纱线上游环节，纺织面料和服装加工能力相对滞后。

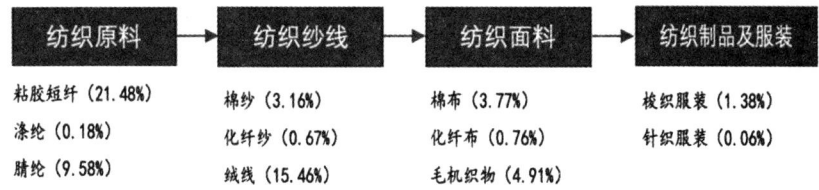

注：括号中为河北该类产品产出在全国的占比

图1 纺织产业链及主要产品的河北占比

2. 纺织原料出口优势明显。

河北纺织原料出口在全国位列第二，2021年实现原料出口5.32亿美元，超过浙江（4.64亿美元），位列江苏（8.45亿美元）之后。其中，HS编码5105（已梳的羊毛及动物细毛或粗毛）和HS编码5504（人造纤维短纤，未梳或未经其他纺前加工）分别占河北纺织原料出口的55.71%和43.44%，且位列全国出口第一，显现了河北在这两类产品上极强的竞争力。

3. 毛皮行业竞争优势突出，处于全国领先地位。

河北在毛皮衣服及衣着附件出口上具有极强比较优势，出口占比接近全国出口的60%，是河北最具优势的出口类别。其中，毛皮衣服的最主要出口目的地是俄罗斯，2021年占河北总毛皮衣服出口的92%，出口市场过于集中。韩国是河北毛皮衣服出口的唯一RCEP目的地市场，也是河北毛皮衣着附件的第一大出口市场，未来可以利用韩国在RCEP协定下针对这两类产品关税降为0的机遇，进一步扩大对韩国的出口，并通过提升产品品质，创建品牌等进一步发挥河北在毛皮行业的产业优势，开拓新市场。

4. 出口规模相较强省差距较大，出口优势品类有限，产业整体参与全球纺织服装产业链程度不高。

河北省虽在全国纺织服装主要出口省市中处于第三阵营，但出口规模较纺织服装出口大省差距较大。以2020年纺织服装出口额来看，河北纺织服装出口仅为排名第一的浙江省的1/10左右，是排名第六的上海市的1/3左右，规模差距比较显著。

从河北出口优势产品的分析中可以发现，河北参与全球纺织服装产业链的情况。如下图所示，河北是全球羊毛及动物毛及纱线织物、化纤短纤及纱线织物、部分家用纺织品、毡呢制帽子部件、塑料制衣服及衣着附件、毛皮衣服及衣着附件等产品的主要出口地。除这些优势产品外，河北其他类别纺织品服装对全球市场的出口较为有限，出口占比不高，说明行业参与全球纺织服装产业分工的广度和深度均不够。

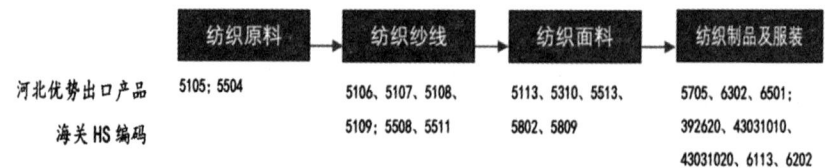

注：图中所列编码为河北出口占全国比重超过5%的产品类别

图2 河北纺织服装产业参与全球纺织服装产业链情况

5. 行业缺少龙头企业，数字化水平低、国际化程度低。

河北省纺织服装行业仅有际华集团股份有限公司是上市公司，覆盖全产业链，实现垂直一体化生产，具备年产各类服装5600万套、服饰产品2800万件、鞋靴7500万双、各类纱线1.78亿吨、坯布5700万米、印染色布7400万米的生产能力。相较于其他纺织服装强省拥有若干引领带动行业发展的大企业集团，围绕大企业形成配套产业链，实现区域化、集群化协同发展的模式，河北龙头企业不足，大企业对行业引领辐射作用有限，没有形成区域产业链协同发展的格局。

由于缺少龙头企业，河北纺织服装对外投资较少，企业国际化程度不高，出口方式单一，海外市场知识有限，国际交流沟通不多，限制了河北纺织服装企业进一步扩大出口和走出去对外投资。

此外，河北纺织服装企业信息化建设滞后，很多企业没有企业官网，在数字经济快速发展的今天，数字化发展滞后的企业将会受到越来越多的制约。

二、RCEP生效给河北省纺织服装行业发展带来的机遇与挑战

（一）RCEP纺织服装行业相关规则

1. 关税减让规则。

在RCEP的关税减让中，澳大利亚、新西兰、文莱、柬埔寨、老挝、马来西亚、缅甸和新加坡8国采用"统一关税减让"，仅有一张关税减让表，对所有成员实行统一关税减让清单。而中国、日本、韩国、印度尼西亚、菲律宾、泰国和越南则采用了"国别关税减让"，根据需要设置关税减让表，对不同国家实行不同的关税减让清单。

RCEP相较于之前的自贸协定，其开放程度更高、包容性和协调性更强。在RCEP未签署前，成员国中除中日、日韩之间没有签署过自由贸易协定，其他成员国之间均存在自由贸易协定。我国对除日本外的RCEP成员国大多数纺织服装出口已经享受到关税减让的优惠，因此，RCEP签署后中日之间的关税减让成为关注的焦点。当然，除对日本外，RCEP也扩大了原有已存在自贸协定的商品范围，如对印度尼西亚的部分服装和床上织物，对马来西亚的部分棉纱、织物和化纤，对菲律宾的部分化纤及织物、服装和纺织品。

中国与澳大利亚、新西兰纺织服装产品的关税已经全部降为零，此处主要讨论中日、中韩以及中国与东盟之间纺织服装关税减让安排。

(1) 中日纺织服装关税减让安排。

中日之间关税减让是 RCEP 协议中关注的焦点，在纺织服装产品中（HS 50-63 章）日本将对我国 99.2%的产品最终实现零关税，降税幅度较大。如下表所示，日本对我国有近 33.7%的产品在生效后立即降为零，37.6%的产品在第 11 年降为零关税，28%的产品在第 16 年降为零。我国对日本进口纺织服装产品有 10%在协议生效后立即降为零，有 73.3%在第 11 年降为零，有 7.4%在第 16 年降为零，有 1.1%在第 21 年降为零。

表 10 中日纺织服装关税减让安排

HS 50-63 章	日本关税减让（对中国）	中国关税减让（对日本）
生效后立即降为零	33.7%	10%
第 11 年降为零	37.6%	73.3%
第 16 年降为零	28%	7.4%
第 21 年降为零	0%	1.1%
不降税	0.7%	8.2%

资料来源：RCEP 第二次线上专题培训班资料，第四讲 RCEP 实施对纺织业影响——机遇、挑战与相关建议。

日本从中国进口商品的内容主要集中在 61 章、62 章及 63 章，占比约为 91.5%。中国从日本进口商品的内容主要集中在 54 章、55 章、56 章及 59 章，占比约为 70%。

日本是我国纺织服装出口的第四大市场，但是在日本市场上，东盟各国已经取得了免税的优惠，而我国纺织服装产品却面临 5%~11%的关税。随着 RCEP 的生效，我国纺织服装产品可以更公平地参与日本市场的国际竞争。同时，我国对日本的降税也有利于高端产品以及纺机进口，有利于先进设备及技术的引进，促进产业升级。但是需要注意到，日本的关税减让承诺表中，其减让期限普遍较长，且针对中国产品的年均关税减让幅度仅为 0.5%~0.8%，因此在协议生效初期对出口的直接影响相对有限，但是从长期来看有利于扩大中日纺织服装贸易的规模,对中日双边纺织服装贸易合作的长远发展和稳定有极其重要的积极意义。

(2) 中国-东盟纺织服装关税减让安排。

东盟是我国纺织服装的最大进口来源地,占行业年进口额30%。随着中国-东盟自贸区的全面建成以及中国-东盟自贸区协议升级并签署,中国-东盟纺织服装产品的正常类税目已经全部取消,敏感类税目削减至0~5%。下表为RCEP规则下中国对东盟纺织业的关税减让,可以看出有79.3%的税目在协议生效后立即降为零。

表11 中国对东盟纺织服装产品的关税减让

	降税税目比例
生效立即降为零	79.3%
第10年降为零	9.3%
第15年降为零	2.4%
第20年降为零	5.6%
第1年降至5%后保持	0.2%
第10年降至3.8%或7.5%后保持	1.8%
不降税	1.5%

资料来源:RCEP第二次线上专题培训班资料,第四讲RCEP实施对纺织业影响——机遇、挑战与相关建议。

(3) 中韩纺织服装关税减让安排。

我国是韩国纺织服装产品最大来源国,约占韩国进口的三分之一以上。中韩自贸协定的生效已经使大部分的纺织服装产品实现了关税的减免。RCEP的签署进一步扩大了中韩之间纺织服装产品关税减免的范围。如下表,80%的中韩之间纺织服装产品的关税在第10年降为零。韩国对我国重点出口产品也给予了新增降税,如化纤制针织衫、男女式大衣、女士棉牛仔裤、男士棉衬衫等产品税率降低至6.5%,将有利于扩大我国对韩国的出口。

表 12　中韩纺织服装关税减让安排

HS 50—63 章	韩国关税减让（对中国）	中国关税减让（对韩国）
生效后立即降为零	37.5%	41.5%
第 10 年降为零	43.9%	46.7%
第 15 年降为零	0.4%	2.4%
第 20 年降为零	0%	1.8%
第 1 年降至 6.5%后保持	0.5%	—
—	—	—
不降税	17.1%	7.7%

资料来源：RCEP 第二次线上专题培训班资料，第四讲 RCEP 实施对纺织业影响——机遇、挑战与相关建议。

2. 原产地累积规则。

RCEP 文本中关于原产地规则主要在第三章，分为两个小节，原产地规则和签证操作程序。原产地规则章节有两个附件，其中附件一产品特定原产地规则列出了将货物视为原产货物所需要的条件。

就 RCEP 而言，货物被视为原产货物需满足下列三个条件之一。

(1) 完全获得或者生产的货物。主要是指在一缔约方完全获得或者生产，在原产地规则的第一节第三条明确给出了十种具体情形，一般主要是指在缔约国内种植、收获、采摘、饲养、猎捕、养殖、捕获的货物。就纺织服装而言，主要是棉花、羊毛等原材料。

(2) 在一缔约方仅使用来自一个或一个以上缔约方的原产材料生产。主要是指在缔约方生产的货物所使用的原材料均来自于缔约方，即使用已经取得原产证明的中间材料。例如，在柬埔寨生产的服装，纱线主要来自于越南。

(3) 在一缔约方使用非原产材料生产，并且符合第三章附件一（产品特定原产地规则）所列的适用要求。主要是指在货物生产中使用了非原产材料进行生产，那么就必须符合附件一产品特定原产地规则列出的条件才可以获得原产地资格。货物在生产过程中使用的非原产材料发生了实质性的变化。

除此之外,RCEP 协议原产地规则亦存在一些对于原产地认定的补充、辅助的规则,比较重要的有第四条累积。累积是指符合第三章第二条(原产货物)规定的原产地要求且在另一缔约方用作生产另一货物或材料的材料,应当视为原产于对制成品或材料进行加工或处理的缔约方。累积规则将所有缔约方视作整体,一方材料在另一方生产均视作原产材料,同时累积规则降低了享惠门槛,扩大了减税货物的范围,将促进区域内贸易的扩大,有助于区域内产业链的协调合作。

附件一产品特定原产地规则以 2012 版协调制度为基础将所有货物应满足的最低原产地标准列出,其中"章改变"是指生产货物的非原产材料 HS 编码的前两位数字发生变化,"品目改变"是指 HS 编码的前四位数字发生变化。"区域价值成分 40"是指根据第三章第五条(区域价值成分计算)计算所得的货物的区域价值成分不少于 40%(此处对应累积规则)。其中涉及纺织服装如下表所示。

表 13 RCEP 协议下纺织服装原产地规则

产品	原产地规则
天然纤维(棉、麻、丝、毛)、人造长丝、人造长丝纱线、人造/合成短纤、第 56 章(絮片、毛毡、非织造布、特种纱线、绳、索、缆及其制品)、第 57 章(地毯及其他纺织地板覆盖物)、第 58 章(特种机织织物;簇绒织物;花边;挂毯;装饰物;刺绣)、第 59 章(浸渍、涂布、包覆或层压纺织物;适于工业用的纺织物品)、第 60 章(针织或钩编织物)、第 61 章(针织或钩编服装及衣着附件)、第 62 章(非针织或钩编服装及衣着附件)、第 63 章(其他成衣)	章改变(CC)
纱线、机织物	品目改变(CTH)
帐篷(6302.22-合成纤维、6306.29-其他纺织材料业)、帆(6306.30)、救生衣和救生带(6307.20)	区域价值成分 40%

从表中可以看出，纤维类、制成品和服装大多属于章改变，纱线及面料大多数属于品目改变，涉及到区域价值成分累积的只有4种货物。整体而言，RCEP协议下关于纺织服装的规定相对简单明确，容易理解。

(二) 机遇与挑战

1. 机遇。

(1) 关税减让有利于对日出口扩大，对韩个别品类出口增加。

根据第一部分河北省纺织服装出口现状中的河北省出口优势产品及对RCEP国家主要出口产品结合RCEP关税减让规则，总结出日本对河北省主要出口产品的关税减让情况（如下表14）。

表14 日本对河北省主要优势出口产品减税情况

商品编码及商品名称	减税基础	现行关税	关税减让原则
392620 塑料制衣服及衣着附件（包括手套）	4.8%	3.9%	第11年降为零
43031010 毛皮衣服	20%	20%	不降税
43031020 毛皮衣着附件	20%	20%	不降税
5108 动物细毛（粗梳或精梳）纱线，非供零售用	已免税	0	已免税
5109 羊毛或动物细毛的纱线，供零售用	已免税	0	已免税
5113 动物粗毛或马毛机织物	已免税	0	已免税
5310 黄麻或品目5303的其他纺织韧皮纤维机织物	已免税	0	已免税
5508 化学纤维短纤纺制的缝纫线，不论是否供零售用	6.6%、4%	5.4%、3.3%	第11年降为零（550820.010已免税）
5511 化学纤维短纤纺制的纱线（缝纫线除外），供零售用	6.6%	5.4%	第11年降为零（5511.30.000已免税）
5705 其他地毯及纺织材料的其他铺地制品，不论是否制成的	8.4%、7.9%	6.9%、6.5%	第11年降为零
5809 其他品目未列名的金属线机织物及品目5605所列含金属纱线的有机织物，用于衣着、装饰及类似用途	已免税	0	已免税

续表

商品编码及商品名称	减税基础	现行关税	关税减让原则
6501 毡呢制的帽坯、帽身及帽兜，未楦制成形，也未加帽边；毡呢制的圆帽片及制帽用的毡呢筒（包括裁开的毡呢筒）	3.6%	2.9%	第11年降为零
6110 针织或钩编的套头衫、开襟衫、外穿背心及类似品	10.9%（仅有两个品类为91%）	9.5%（8.0%）	第16年降为零
6115 针织或钩编的连裤袜、紧身裤袜、长统袜、短袜及其他袜类，包括渐紧压袜类（例如用以治疗静脉曲张的长统袜）和无外缝鞋底的鞋类	5%-7.9%	4.4%-6.9%	第16年降为零（仅一品类第11年降为零）
6104 针或钩织的女式西服套装、便服套装、上衣、连衣裙、裙子、裙裤、长裤、护胸背带工装裤、马裤及短裤（游泳裤除外）	8.4%、10.9%	7.4%、9.5%	第16年降为零
6203 男式西服套装、便服套装、上衣、长裤、护胸背带工装裤、马裤及短裤（游泳裤除外）	9.1%、10%、12.8%	8%、8.2%、10.5%	第11年降为零、第16年降为零
6204 女式西服套装、便服套装、上衣、连衣裙、裙子、裙裤、长裤、护胸背带工装裤、马裤及短裤（游泳裤除外）	9.1%、10%、12.8%	8%、8.2%、10.5%	第11年降为零、第16年降为零
6306 油苫布、遮阳篷；帐篷；风帆；野营用品	4%、5.6%	3.3%、3.5%、4.6%	第11年降为零、第16年降为零
6307 其他制成品，包括服装裁剪样	4.7%、6.5%	4.1%、5.3%、5.7%	第11年降为零、第16年降为零
6302 床上、餐桌、盥洗及厨房用的织物制品	4.5%-10.9%	3.9%-9.5%	大部分为第16年降为零

资料来源：根据RCEP关税减让表及自由贸易区服务网查询数据笔者制成(2022.7.23)。

河北省对日本的纺织品服装出口主要集中在第61章、第62章和第

63 章，占比达到河北省对日总出口的 84.6%。第 61—63 章的关税减免力度较大，采取每年等比减税，大多数品类在第 16 年实现免税。目前，日本已经第二次削减关税，实行的是第二年的税率。之前，由于来自东盟的第 61—63 章的商品在日本已经基本实现了免税，因此我国相关产品在日本市场上与东盟的竞争中处于不利地位。此次 RCEP 关税减让将有利于我国纺织品服装在日本市场上的公平竞争，也会带来相关产品出口的扩大。

RCEP 协定韩国的关税减让中，除了中韩自贸协定中规定的降税之外，纺织品服装另有新增降税。以下品类在自贸协定的基础上进行了进一步的降税，其中 6110、6204 编码下的商品为河北省出口韩国的主要品类，因此，随着 RCEP 的生效相关商品的出口有望进一步扩大。

表 15 RCEP 下韩国新增关税减让承诺

商品编码及名称	基准税率	中韩自贸协定税率	RCEP 减税规则
6110301000 化学纤维制针织或钩编套头衫、开襟衫、背心等	13%	不降税	第一年降至 6.5%保持
6201931000 化学纤维制男式羽绒服	13%	不降税	第一年降至 6.5%保持
6202931000 化学纤维制女式羽绒服	13%	5 年内等比削减基准税率的 10%，自第 5 年 1 月 1 日起保持基准税率的 90%（11.7%）	第一年降至 6.5%保持
6204621000 粗斜纹棉布制女式长裤、工装裤等，包括蓝色女仔裤	13%	5 年内等比削减基准税率的 10%，自第 5 年 1 月 1 日起保持基准税率的 90%（11.7%）	第一年降至 6.5%保持
6204629000 其他棉制女式长裤、背带工装裤、短裤等	13%	5 年内等比削减基准税率的 10%，自第 5 年 1 月 1 日起保持基准税率的 90%（11.7%）	第一年降至 6.5%保持
6204699000 其他纺织材料制女式长裤、工装裤等	13%	5 年内等比削减基准税率的 10%，自第 5 年 1 月 1 日起保持基准税率的 90%（11.7%）	第一年降至 6.5%保持
6205200000 棉制男衬衫	13%	不降税	第一年降至 6.5%保持

（2）原产地规则有利于河北省纺织服装产业融入区域价值链。

RCEP 的原产地规则更有利于河北省纺织服装产业融入区域价值

链。首先，RCEP 的原产地证明书的选择更为灵活，可以选择传统的原产地证明书、经核准出口商出具的原产地声明和货物出口商或生产商出具的原产地证明。RCEP 的实质性改变标准中大量采用了选择性标准，给企业更多的选择。其次，累计原则降低了产品出口的享惠门槛，有助于生产商在域内布局产业链。由于可累计材料的范围扩大到了所有 RCEP 成员，产生加成效应，有助于推动域内产业的进一步融合。

2. 挑战。

(1) 降税品类有限且降税周期较长。

关税减让给出口带来了一定的利好，但是对于河北省优势出口品来说关税减让的品类较少。河北省优势出口产品中部分动物毛已经实现了免税，因此 RCEP 的关税减免不会带来此部分出口的增加。河北省出口占比超过 50% 的毛皮衣服及毛皮衣着附件在 RCEP 的日本减税中并没有包含，也不会带来对日出口的增加。

根据第一部分河北省纺织服装出口现状中的河北省出口优势产品及对 RCEP 国家主要出口产品结合 RCEP 关税减让规则总结出韩国对河北省主要出口产品的关税减让。由于中韩之间签订了自由贸易协定，因此在出口韩国时应选取最低的现行关税率，同时选取未来最优的关税减让。从表 16 可以看出目前中韩纺织品服装贸易实行的关税以中韩自贸协定的协定关税率为最低，河北省的优势出口产品（5702 除外）已免税或者以较低税率出口，且均在 2029 年前降低至零。河北省对韩国纺织品服装出口的税率基本上保持现状不变，在 6110 和 6204 相关商品的出口中可能受到关税减让的影响而出口增加。

另外，从东盟相关国家的降税来看，越南从河北省主要进口的第 50 章、第 51 章、第 55 章中主要品类除 55 章个别项目降低至 5% 关税并保持外，其他均已实现免税。河北省出口印度尼西亚的第 55 章、第 59 章的主要品类也均实现了免税。

因此可以看出，河北省的优势出口产品的降税品类相对较少，同时，优势品类大部分面临第 11 年降低至零和第 16 年降低至零，周期相对较长，短期内影响有限。

表16 韩国对河北省优势出口产品减税情况

商品编码及商品名称	减税基础	现行最低关税	最优关税减让
392620 塑料制衣服及衣着附件（包括手套）	6.5%	1.3%	2024年降为零
43031010 毛皮衣服	16%	3.2%	2024年降为零
43031020 毛皮衣着附件	16%	3.2%	2024年降为零
5108 动物细毛（粗梳或精梳）纱线，非供零售用	8%	3.7%	2029年降为零
5109 羊毛或动物细毛的纱线，供零售用	8%	3.7%	2029年降为零
5113 动物粗毛或马毛机织物	13%	6%	2029年降为零
5310 黄麻或品目5303的其他纺织韧皮纤维机织物	13%	0	已免税
5508 化学纤维短纤纺制的缝纫线，不论是否供零售用	8%	4%（亚太贸易协定）	无
5511 化学纤维短纤纺制的纱线（缝纫线除外），供零售用	8%	0	已免税
5705 其他地毯及纺织材料的其他铺地制品，不论是否制成的	10%	10%	不降税
5809 其他品目未列名的金属线机织物及品目5605所列含金属纱线的有机织物，用于衣着、装饰及类似用途	8%	0	已免税
6501 毡呢制的帽坯、帽身及帽兜，未楦制成形，也未加帽边；毡呢制的圆帽片及制帽用的毡呢筒（包括裁开的毡呢筒）	8%	0	已免税

资料来源：根据RCEP关税减让表及自由贸易区服务网查询数据笔者制成（2022.7.23）。

(2) 减税品类与河北省优势产品匹配度较低，面临其他省份竞争。

在日本关税减让中最值得关注的是第61—63章的减税，减税力度大，实现了中日之间的突破。但是从全国范围来看，河北省在第61—63章的产品生产上并不具备优势，相较于其他省份其出口份额偏低，所以在关税减让后日本市场份额的竞争中也面临着国内其他省份的挑战。河北省纺织服装出口到RCEP国家的份额仅占20%左右，比重较低，因此在RCEP市场中的份额较少，基础相对薄弱，在关税减让后的竞争中面临比较大的挑战。

在越南和印度尼西亚54章和55章的新增的减税品类中，河北省均没有相关优势产品，因此新增降税不会带来相关出口的增加。

三、RCEP下河北省纺织服装产业高质量发展路径建议

（一）扩大对RCEP成员国贸易与投资，融入RCEP区域价值链

河北省已初步形成与RCEP成员国纺织服装产业的分工与贸易格局。在与RCEP国家间的贸易中，河北省向韩国、越南、马来西亚、印尼等国出口纺织原料和纱线，向马来西亚、印尼、越南、泰国、菲律宾等国出口纺织面料和制品，向日本、韩国、澳大利亚和马来西亚出口服装服饰产品。在RCEP生效契机下，河北省可进一步加大与这些国家的贸易往来，并利用RCEP在关税减让和原产地规则上的优惠政策，进一步开拓RCEP其他成员方市场，尤其是扩大对东盟成员国中缅甸、老挝、柬埔寨、新加坡、文莱等国的出口，同时利用RCEP投资便利化条款，加强对RCEP成员方纺织服装产业和市场的研究，在条件成熟时在东盟成员国进行生产型投资或在日本、韩国等技术、设计资源丰富的国家和市场设立海外研发或营销中心。

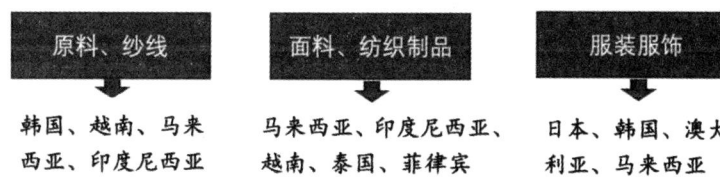

图3 河北省与RCEP成员国纺织服装产业分工与贸易格局

（二）立足纺织原料优势，以融入国内产业链间接融入RCEP区域产业链

由于RCEP的降税安排是在一个较长时间内分阶段实施，因此河北企业可先借助自身在羊毛和化纤等纺织原料方面的优势，积极融入我

国纺织服装产业国内产业链,在与国内其他省市纺织服装企业产业分工合作的基础上提升产业实力,发展河北省在特定产业环节上的优势,形成产业链整体优势,进而间接融入 RCEP 区域产业链。

由表 17 可以看出,浙江和江苏在纺织服装全产业链中都处于明显领先地位,山东、上海在全产业链地位较为均衡,广东在产业链中下游的面料和服装上优势突出,福建在纱线和面料上有相对优势,河北在纺织原料出口方面优势明显,在纺织纱线和制品上有一定优势,在面料和服装方面优势不明显。因此,扩大与国内各省市的产业合作,形成优势互补,是河北纺织服装产业做大做强的有效路径。

表 17　我国主要省市纺织品服装出口分类别排名

	纺织原料	纺织纱线	纺织面料	纺织制品	服装
1	江苏	浙江	浙江	浙江	广东
2	河北	江苏	江苏	江苏	浙江
3	浙江	福建	广东	山东	江苏
4	山东	山东	福建	广东	山东
5	上海	广东	山东	上海	福建
6	福建	上海	上海	福建	上海
7	安徽	河北	广西	河北	新疆
8	湖北	湖北	安徽	安徽	河北
9	广东	安徽	河北	湖北	湖北
10	北京	北京	新疆	广西	安徽
11	广西	新疆	湖北	北京	广西
12	新疆	广西	北京	新疆	北京

(三)发力产业链中下游,推动产业链均衡发展

进一步发挥化纤和毛纺行业优势,打通产业链各个环节,尤其是提升面料加工制造能力,将上游的优势迁移到下游,形成化纤和毛纺产业链条的整体优势,为发展服装、家用和产业用纺织品奠定基础。具体举措包括:鼓励有能力的上游企业向产业链中、下游延伸;进一步巩固上游优势,通过优化营商环境、建立产业园等吸引外来投资进

入面料加工和纺织制品及服装生产领域，实现产业链条的协同发展，构建完整产业链。

（四）立足纺织服装产业新定位，加快产业转型升级

随着我国经济转入高质量发展阶段，我国纺织服装产业也加速向"创新驱动的科技产业、文化引领的时尚产业、责任导向的绿色产业"迈进。以"科技、时尚、绿色"为新方向的纺织服装业，确立了"国民经济与社会发展的支柱产业、解决民生与美化生活的基础产业、国际合作与融合发展的优势产业"的新定位。《纺织行业"十四五"发展纲要》提出，要持续深化产业结构调整与转型升级、加大科技创新、推动区域协调发展、建成若干世界级先进纺织产业集群、形成一批知名跨国企业集团和有国际影响力的纺织服装品牌的发展思路，从而促使我国纺织服装产业加快迈向全球价值链中高端。

河北纺织服装产业应紧跟时代发展要求和我国纺织产业发展定位，加速行业的改造升级。一方面，紧跟绿色可持续发展模式，加快绿色产品开发、推广绿色制造技术、加强企业的绿色、低碳管理，加快产业的绿色转型。另一方面，加强纤维材料、先进装备、智能制造等领域关键技术突破，补齐产业链短板，扩大智能制造生产线，提高信息化综合管理水平，再造生产流程，提升企业的生产运营效率。

同时，抓住数字经济和数字贸易发展机遇，利用跨境电商平台大力发展跨境电子商务，拓展海外市场；利用大数据挖掘消费需求，提升企业数字化设计能力，培育和提高自主品牌时尚影响力。

（五）培育龙头企业，提升产业集群竞争力

目前河北省有八成纺织服装企业分布在石家庄、保定、邢台、邯郸等中南部地区，形成20多个纺织服装基地、产业园区。2019年，河北有5个产业集群进入中国纺织工业联合会纺织产业集群试点名单，分别是清河县的"中国羊绒纺织名城"、南宫市的"中国羊剪绒和毛毡名城"、磁县的"中国童装加工名城"、容城县的"中国男装名城"和高阳县的"中国毛巾毛毯名城"。

河北省纺织服装产业集群目前仍处于初级发展阶段，集群内企业众多，产品种类众多，没有形成规模经济，容易受到外部环境波动的

影响。集群内企业普遍产品附加值低，缺少知名品牌等，外部溢出效应非常有限。因此推动河北纺织服装产业转型升级，提升集群竞争力，解决产业链不合理现象是当前河北发展的当务之急。

清河产业集群要以河北宇腾羊绒制品有限公司、红太羊绒集团、河北省昭友绒毛纺织有限公司等为龙头企业，以羊绒制品时尚化为目标，打破季节限制，研发四季化产品，着力打造中国最大的羊绒全产业链产业集群和中国羊绒时尚中心；南宫产业集群要推进安美桥、鸿熙服装、耿氏同盈等龙头企业的发展，加快龙头企业的数字化转型和研发能力提升，带动小微企业不断转型升级，继续推进羊绒精梳基地及国家毛纺织产品质量监督检验中心的建设，推进中国绵羊绒交易标准体系建设，维护绵羊绒的行业地位；磁县要发挥邯郸登山童制衣有限公司、森仕服装集团邯郸有限公司、商都统顺制衣厂等企业的领头羊作用，完善童装研发设计，打造全国最大的童装加工销售基地；容城要以在"新三板"挂牌上市的澳森制衣、津海制衣为产业龙头企业，以科技赋能产业集群，积极吸纳京津地区甚至国际创新资源，坚持发展高端产业。高阳要以高阳县振华毛纺织有限公司、高阳县荣仪毯业有限公司、河北永亮纺织品有限公司为龙头企业，积极开拓海外市场，在提升产业竞争力上发挥更大辐射带动作用。

河北省要引导资本向产业集群内流动，提高自主创新能力，推动河北省纺织服装产业集群向创新型转变，并向产品价值链的关键环节延伸，进一步提高河北省纺织服装业的国际分工地位。

(六) 京津冀产业协同发展，实现价值链升级

纺织服装产业具有产业链条长、集群化发展特征突出的特点。长期以来，产业集聚在我国纺织服装产业升级、促进地方经济发展方面发挥着重要作用。相较于围绕广东、福建、浙江、江苏、山东等省发展起来的东部沿海产业带，京津冀地区纺织服装产业规模相对较小、增速缓慢，合作相对滞后。京津冀一体化和产业协同发展战略为北京、天津、河北三地纺织服装产业协同带来重大发展机遇。

北京作为文化中心、科技创新中心和国际交往中心，在文化传承与传播、创意设计、研发智造、产业数字化、工艺创新、人才培养、标

准制订以及流行趋势发布、展览展会、品牌营运、渠道商圈、时尚传播和消费市场等方面拥有良好基础。天津在原有纺织产业和科研力量基础上,可以大力发展纺织高端制造和现代服务业,建立新型纤维和特种纺织品生产基地,发挥在内外贸物流、纺织服装检验检测、"外贸综合服务""跨境电商""市场采购"等外贸新业态方面的综合优势。河北作为新中国最早建设的纺织工业基地,具有集群特色明显、产品类别齐全、加工能力强大、产业链较为完整、制造成本较低等基础优势。在三地纺织服装产业协同发展中,河北应加大在技术改造、绿色工厂建设、智能制造等方面的投入,着力建设现代纺织服装工业体系,通过制造升级提升行业发展质量,加强与北京、天津的上下游产业的融合协作,实现区域资源共享和优势互补。

(七)加强对RCEP成员国产业与市场环境研究,助力企业"走出去"

RCEP市场是河北省纺织服装重要出口市场,占全省纺织品服装出口的20.72%,整体来看,除中国之外的14个RCEP成员国资源禀赋、发展水平、贸易结构、市场需求等方面都存在差异,但大部分成员国在纺织品服装产品上存在贸易机会。河北省应联合行业协会,开展RCEP成员国市场发展状况调查,梳理各成员国人口、经济发展、主导产业、对外贸易、双向投资等信息,更好地为企业合作做好指导、服务工作。

加大对RCEP成员国产业与市场的研究,助力企业对日本、澳大利亚等RCEP中的发达经济体的市场开拓,提升企业对RCEP中东盟国家的产业政策、营商环境的了解,引导企业利用好商务部"走出去"公共服务平台,中国自由贸易区服务网、全国工商联"一带一路"信息服务平台等公共服务平台,同时做好信息更新和预警服务,提升企业对国际市场环境变化的敏感性,增强应对防范市场风险的能力。

东盟和日本、韩国是河北纺织服装业的重要出口市场,日本对纺织服装的技术法规和标准要求较高,韩国对婴儿纺织品和儿童纺织品的安全检查和安全确认标志要求较严格,河北省应帮助相关企业进行面料、服装等方面的智能化生产,提高技术含量。

越南、缅甸、柬埔寨存在纺织业投资机遇，柬埔寨的纺织服装企业中80%以上来自中国。越南正处于劳动力红利期，外资企业主要以纺织类企业为主。政府相关部门可牵头引导在这些国家设立产业园区，助力企业走出去，实现区域产业合作新发展。

(八)加强政府和行业协会对利用RCEP规则的引导

企业是参与RCEP的主体，要让企业真实享受到RCEP带来的好处，政府要加强对政策的宣讲，引导企业利用RCEP规则扩大贸易与投资。

政府应利用"RCEP冀之窗"微信公众号宣传纺织服装企业与RCEP成员国贸易与投资成功案例，便于企业借鉴学习；与石家庄海关联合开展RCEP自贸区规则、原产地优惠政策等政策解读，引导河北企业提前优化布局，加快与RCEP成员国间产业链和供应链的融合；举办培训活动，邀请海关、高校及经贸部门专家开办培训班，立足提升中小企业对RCEP规则的理解和应用能力，积极谋划组织开展规模更大、覆盖地方更广、参与企业更多、更具有产业针对性的培训活动，引导和组织各市结合本地实际，通过区分目标企业、区别需求行业、锁定目标人群，开展RCEP培训活动，力求帮助不同的进出口企业及时掌握自贸协定规则，实现培训方式精准化，进一步将"高质量实施RCEP"纳入到企业的国际化经营策略中；组织一系列产业对接活动，在目前已经开展"RCEP燕赵行"产业对接专场、城市专场、国家专场等一系列活动基础上，引导和组织各地围绕重点产业或行业为对接目标，细化培训对象，根据河北省纺织服装业对RCEP主要成员国出口类别的现状，对服装企业开展针对日本、澳大利亚、韩国的培训，对纺织企业开展东盟的培训，"点对点"对进出口企业开展精准帮扶和专项辅导。在引导和服务企业利用RCEP规则的过程中，应加强对外向型企业的调研走访，了解企业在海外市场扩展和对外投资合作中的实际困难与问题，了解企业诉求，有针对性地协助企业应对困难，解决问题。为企业提供投资合作促进、政策法规咨询、境外安全风险预警等公共服务。

同时，行业组织应加强与国内、国际纺织服装行业组织、机构的交流与联系，与纺织服装企业、纺织服装产业集群/园区、高校等紧密协作，主动对接、整合国内外行业资源，在国际前沿科技、时尚资讯、产业动态、国际合作等方面为企业提供信息资源支撑，在趋势发布、设计合作、市场拓展及展览展示等方面发挥桥梁纽带作用，提高行业组织服务企业发展的效能，促进省内纺织服装企业协同发展。

第四章　加强生物医药产业国际合作

一、河北省生物医药行业发展现状

(一) 河北省生物医药行业发展概况

2021年，河北省规模以上医药制造业工业增加值增速为14.0%，高于全省平均水平9.1个百分点，医药制造业增加值在全省工业行业的比重为3.13%，较上年提高了0.17个百分点。2021年全年规模以上医药工业实现营业收入1068.79亿元，同比增长10.7%；实现利润总额187.5亿元，同比增长12.0%。实现了规模和效益双提升。

河北省的医药行业有五大龙头企业，包括了华北制药集团有限责任公司、石药控股集团有限公司、石家庄四药集团、石家庄以岭药业股份有限公司以及神威药业集团有限公司，其营业收入总和占到了全省医药的40%以上。

华北制药集团有限责任公司（简称：华药集团）位于河北省省会石家庄市。截至2018年底，华药集团资产总额206亿元，职工近1.5万人，拥有四十多家子（分）公司，拥有微生物药物国家工程研究中心、抗体药物研制国家重点实验室、抗生素酶催化与结晶技术国家地方联合工程实验室三个国家级创新平台，主要产品涉及化学制药、现代生物技术药物、维生素及营养保健品、现代中药、生物农兽药等领域近千个品规，治疗领域涵盖抗感染类、心脑血管类、肾病类、抗肿瘤及免疫调节类等，主要生产单元的工艺路线、生产布局全部按照欧美现行版、中国新版GMP标准设计实施，拥有具备国际领先水准的现代化制药生产平台。2018年，华药集团实现营业收入132亿元，利税9.1亿元。

石药控股集团有限公司是一家集创新药物研发、生产和销售为一体的国家级创新型企业。全集团现有资产总额580多亿元，员工2.7万人。在港上市公司跻身千亿市值俱乐部，是恒生指数成分股。2019年，下属公司新诺威成功在创业板挂牌上市，石药集团实现了"红筹+A"

融资格局新纪元。石药集团采取创新与国际化双轮驱动,早已完成从原料到制剂、从普药到创新药的彻底蜕变。目前,创新药的销售收入已经占到集团一半以上,成为集团的中流砥柱。目前在冀、晋、鲁、苏、赣、津等省市设有10余个药品生产基地,产品销售遍及全球100多个国家和地区,有36个品种单品种销售过亿元。

石家庄四药集团(石家庄四药有限公司)是一家以创新药、仿制药、特色原料药、高端制剂及药包材等产业链多领域研发与产业化协同发展的大型高新技术制药企业,跻身中国医药工业百强企业、中国化学制药行业制剂出口型优秀品牌企业行列。目前,集团拥有10家子公司,员工4800余人,资产达74亿元,主营业务收入超60亿元,具备研发、生产、出口创新药、仿制药、特色原料药、高端制剂、生物制剂及药包材等产业多门类经营发展格局。集团形成了从特色原料药、新型制剂到药包材研发、生产、应用全产业链。注射剂年生产能力可达30亿(支/瓶/袋),生产规模和技术水平国内名列前茅。灵活的运作方式、差异化的营销和服务,让集团品牌产品赢得了广大客户和消费者的赞誉和称道,产品辐射全国并远销海外90余个国家及地区。

石家庄以岭药业股份有限公司于1992年6月16日创建,公司以"继承创新、造福人类"为企业宗旨,以"科技健康明天"为企业发展目标,以健康人类为己任,造福社会为宏愿,始终坚持市场龙头、科技驱动的创新发展战略,以中医学术创新带动中医药产业化,运用现代高新技术研发中药、西药和生物药。创立"理论—临床—科研—产业—教学"为一体的独特运营模式。先后承担国家973、国家863、国家自然科学基金、国家重点研发计划等国家级、省部级课题60余项,研发治疗冠心病、脑梗的通心络胶囊,快慢兼治心律失常的参松养心胶囊,标本兼治慢性心衰的芪苈强心胶囊、治感冒抗流感的连花清瘟胶囊等专利新药10余个,截至2020年12月31日获得专利660项,荣获国家科技进步奖一等奖、国家科技进步奖二等奖、国家技术发明奖二等奖等国家级、省部级科技奖励三十余项。公司在河北石家庄、衡水,北京大兴、密云等地建设生产基地,打造了完美的生产布局,保证了产品供应,引进国内外先进设备和制药工艺,打造符合国际标准的全面质量控制体系，保证了消费者的用药安全，建立了强大的营销网络与学术营销队伍，形成了科技中药、化生药、健康产业三大业务板块，在医药行业领域的影响力持续增长，为中国中药10强企业、中国医药上市20强企业、中国上市公司市值500强企业。

神威药业是专业从事现代中药研发、生产、销售的大型企业，为全国医药百强、中药行业十强、香港主板市值最大的医药类上市公司之一，"神威"商标为中国驰名商标，"神威"品牌为中国500最具价值品牌之一。公司先后荣获中国十大最受赞赏的医药企业、中国和谐劳动关系优秀企业、中国企业文化优秀奖、中国十大行业百佳雇主、中国成长企业百强、全国"五一"劳动奖状、全国中药系统先进集体等上百项光荣称号。神威藿香正气软胶囊、清开灵软胶囊等13个品种被列为国家中药保护品种，五福心脑清软胶囊、神威藿香正气软胶囊被中国医药保健品进出口商会认定为绿色标准产品。神威药业拥有现代化的生产设施和大规模商业化生产能力。通过引进国内外先进生产设备和工艺，加强企业管理，提高产品质量，通过综合运用现代中药生产的新技术、新工艺、新设备，运用指纹图谱、超临界萃取、超微粉碎等新技术，中药动态逆流提取、注射液洗灌封联动生产线、软胶囊全自动包装线等领先工艺设备，广泛应用计算机控制技术，实现了中药生产的标准化、中药剂型的现代化、质量控制的规范化、生产装备的自动化，使神威现代中药产品达到了"安全、有效、稳定、可控"的现代标准，具有"三小（剂量小、毒性小、副作用小）、三效（高效、速效、长效）、五方便（生产、运输、服用、携带、贮藏）"的优点，实现了中药与现代生活的同步，做到了良药不再苦口。

（二）河北省生物医药产业集群发展概况

河北省生物医药产业集群发展比较好，有三个比较大的产业基地或园区。

石家庄国家生物产业基地是2005年6月由国家发展改革委认定的首批国家生物产业基地之一。现有规模以上生物工业企业136家，2009年全市生物产业完成主营业务收入350亿元，利税50亿元。城市医药工业整体实力居全国前列，初步建立起以生物医药为特色的生物产业体系。石家庄市国家生物产业基地具有优越的地理区位与经济发展优势，是中国北方重要的集政治、经济、文化、国际交往于一体的外向型、多功能国际化产业基地，在区域经济中发挥着集聚、辐射、服务和带动作用。这些优势决定了石家庄市在"东出西联"对内对外开放中，将成为河北省连接东部沿海地区和承接西部腹地的重要枢纽，成为带动中国北方经济发展的核心区域。

安国现代中药工业园区是安国市委、市政府立足安国药业优势，按照绿色循环理念建设的重点特色园区。园区始建于 2007 年 3 月；2011 年 7 月升级为省级园区；2012 年底成为省重点工程——安国中药都建设的重要组成部分，园区是省级循环经济示范园区、省级新型工业化产业示范基地和"国家火炬计划"安国现代中药产业基地。园区现总规划面积 10.29 平方公里，为"一区两园"格局：市区的祁州工业城为南园，规划面积 2.14 平方公里，已建成投产；北园为核心区，规划面积 8.15 平方公里。根据园区长远发展需要，2013 年聘请北京中外建规划设计院对园区规划进行修编，将园区规划面积调整为 23.3 平方公里。园区以现代中药和健康食品为主导产业，园区 2014 年累计入区企业达到 105 家，其中年销售收入 2000 万以上企业 40 家，协议入区项目 65 个，总投资 210 亿元。2014 年 6 月 18 日，28 个建设项目在园区进行了集中开工奠基仪式，28 个项目总投资 116 亿元，其中有百消丹保健食品有限公司、广东至信药业、北京同仁堂颗粒饮片项目等国内知名企业。28 个新项目已陆续开工建设，聚药堂（金草）项目办公楼及车间仓库主体已基本建成，正在进行设备调试。其他项目按规划推进中。

北京·沧州渤海新区生物医药产业园是京冀两地按照"共建、共管、共享"的原则打造的生物医药产业合作示范区，入园企业保留"北京身份"，药批文号等部分管辖权仍属北京，实现异地监管，这在全国开了先河，是国内唯一一个实行药品生产异地延伸监管政策的区域。该园区位于国家级沧州渤海新区临港经济技术开发区西区，规划面积 28.29 平方公里。截至 2021 年，园区已累计签约项目 160 个，总投资 487 亿元，其中上市公司 13 家、高新技术企业 61 家、外资企业 7 家；

签约北京项目98个，总投资274亿元；落地项目共计74个，其中开、竣工项目51个，另有23个项目正在办理开工前手续。美国独资珐博进、中日合资康蒂尼、天津医药集团、石家庄四药、正大集团泰德制药等国内外知名医药企业纷纷入驻园区。未来，园区将突出发展高端原料药、医药制剂、现代中药、大健康产业和医药特色小镇，力争成为中国北方重要的医药和大健康产业基地。

（三）河北省生物医药行业在全球和全国产业链中的地位

从区域上看，我国医药工业营收的重点区域分布于京津冀及山东省组成的环渤海地区，长三角、珠三角地区以及四川省等中部地区，其中环渤海地区依托北京的人才和研发优势、河北省的产业基础、天津市在中药产业以及技术研发上优势，是我国医药产业集群中综合实力最强的产业集群之一。与长三角相比，京津冀2019年营业收入占全国的比重为12.4%，利润总额占全国的比重为12.6%，远低于长三角24.1%和26.4%的比重。京津冀的三个地区对比来看，北京相对优势更强，尤其在营业收入低于天津和河北之和的情况下，利润总额超过了天津和河北之和，说明北京的医药产业利润率较高。长三角的三个地区，江苏省显现出绝对的优势，无论是营业收入还是利润总额都遥遥领先，除上海之外，浙江的营业收入和利润总额也高于北京、天津、河北。

生物医药产业价值链的上游包括药物发现、临床前研究、临床试验、新药申请、中试等环节；中游是生物医药的生产制造环节；下游包括生物医药的仓储运输、销售及售后服务等。价值链上涉及的主体主要包括药物研究所、高等医校院校、制药企业、风险投资机构、合同委托研究机构（CRO）、医药流通商、医院、政府和监管部门等。

生物医药产业具有高技术、高投入、长周期、高风险、高收益的特征。一般来说，生物医药产品的研发成本至少需要10亿美元，从临床前研究到上市需要5~10年，且成功率仅有5%~10%；然而，一旦开发成功便会形成技术垄断优势，利润回报可高达10倍以上。因此，与其他产业相比，生物医药产业价值链的两端投入更高、附加值更高，但风险也更大，"微笑曲线"两端翘起幅度更大。

目前,全球生物医药产业呈现集聚发展态势。美国、欧洲、日本等发达国家和地区占据主导地位,成为新药的摇篮。美国生物医药产业已在世界上确立了代际优势,拥有全球近6成生物医药专利,总产值占GDP的17%左右。欧洲坚实的技术优势产业基础和产业基础技术优势,使其紧随美国之后,走在了全球生物医药产业发展的前端。日本生物医药领域起步较晚,但发展非常迅猛,成为亚洲领先国家。鉴于研发成本的增长与储备科研资源人力资本的限制,许多跨国生物医药巨头开始在中国、印度等发展中国家进行部分甚至全产业链布局。尤其是随着大量"重磅"药物专利到期,发展中国家药企之间展开"抢仿"和"首仿"的效率竞赛。据统计,中国已成为全球最大的仿制药市场,2017年市场规模接近5000亿元,在已有的18.9万个药品批准文号中仿制药比例高达95%以上。可见,发展中国家在全球价值链中的位次不断提升,成为仿制药的重要来源。目前,国际领军企业和本土龙头企业仍是我国生物医药产业链中坚力量,大型药企开始介入基础研究。河北省集聚的一批包括华药、石家庄四药、神威、以岭等在内的国际领军企业与本土化龙头企业,保持着较高的研发投入,成为拉动河北省生物医药产业经济增长的中坚力量。

(四)河北省生物医药行业存在的问题和不足

1. 研发创新能力较为薄弱。

在研发投入上,河北生物医药企业远远低于发达国家,甚至长三角地区。在PharmExec发布的2017年全球制药企业排行榜中,罗氏的研发投入高达91.81亿美元,阿斯利康、艾尔建和梯瓦等企业的研发投入强度甚至均高于25%。相比之下,我国生物医药上市公司总体研发投入强度普遍较低。2017年,我国生物医药A股上市公司中研发投入较多的公司多位于东部沿海地区,其中,广东、浙江、上海位居前三位。从上市公司维度来看,2017年研发投入前15名的企业中研发投入最高的是恒瑞医药,研发投入高达17.59亿元,研发强度最高的是贝达药业,研发强度高达37.09%。在15家企业中,没有一家是河北企业。在创新产出上,河北目前真正意义上的一类新药非常少,更是缺乏重磅产品,抗肿瘤药物等部分高端药物仍然依赖进口。与国内其他地区相比，河北的新药研发能力也存在一定差距。

2. 科研成果转化难。

河北高校和科研机构对于生物医药的基础研究总体上能紧跟国际前沿，但许多生命科学基础前沿研究领域取得的进展只停留在实验室或中试阶段，不能及时有效地转化到临床应用。一方面是由于目前在考核评价上，高校和科研院所追求的往往是高水平的论文，只强调理论和技术的先进性，对产业的支撑力度不够；另一方面，许多由政府和高校投资的生物科技公司斥资配备了全套的设施，试图建立"大而全"的业务体系，而不愿将自己并不擅长的一些环节外包出去。

3. 区域产业链环节存在缺失。

在京津冀协同发展战略的指导下，三地医药产业加大了合作，从产业链角度看，三地医药产业链协同正在加深。例如，通过河北医药企业搬迁部分生产环节，形成区域间的产业链条协同。在化药领域，部分河北企业把原料生产环节搬迁至河北沧州，在沧州工厂（一般为河北企业的分公司）产出的原料药，主要供应位于河北的总公司，由此构建了基于企业内部的跨沧州与河北地区产业链协同。又如，企业通过在三地设立不同的子公司，充分利用三地不同的资源，有的企业在天津设立研发服务平台企业，依赖的是天津较为丰富的科技人才及相对较低的人力成本；在北京建立临床研究企业，重点利用北京丰富的医疗资源开展临床试验。同样，这样的协同在同一企业内部实现。

超出单家企业的范围，中观与宏观层面的产业链协同并不活跃，甚至在一定程度上还存在环节缺失，导致京津冀协同发展的优势难以得到充分利用。以创新药为例，京津冀可以实现前端基础研究找到靶点，完成小分子设计，但接下来的体外模拟蛋白、动物实验、工艺研究几大环节却没有相应的创新主体，再之后的临床试验可以回到河北。相较之下，从基础研究找到靶点到最终的临床试验在长三角地区全部可以实现。

二、RCEP生效对河北省生物医药产业的发展影响分析

(一) RCEP生效将给河北省生物医药产业的发展带来新机遇

2022年1月1日起，RCEP正式生效。RCEP全称《区域全面经济伙伴关系协定》，是目前世界上人口最多、经贸规模最大、最具发展潜力的自由贸易协定。RCEP将率先在文莱、柬埔寨、老挝、新加坡、泰国、越南等6个东盟成员国和中国、日本、新西兰、澳大利亚4个国家中实施。在开启世界经济"亚太新时代"的同时，河北省广大医药企业和消费者也将迎来新的发展机遇。根据RCEP规则，RCEP成员国之间将通过10年左右时间，基本实现90%的产品享受零关税。同时在海关通关便利化、原产地规则、原产地证明、标准互认，包括服务贸易和投资领域等方面都有一些新举措，为企业和消费者带来实实在在的好处。

1. 关税的降低，将有助于河北医药企业扩展市场。

在医药领域，RCEP关税减让安排主要涵盖中药材、原料、制剂、化妆品、医疗器械等产品。协定中的通关便利措施和自然人临时移动承诺将为区域内的医药贸易投资合作提供便利，降低合作成本，提高交易及合作的效率和成功率。将带动区域内其他成员国下游生产企业增加对我国医药中间体、植物提取物、中药材、医疗器械零部件等产品的采购量，扩大相关产品出口。同时，东南亚国家是重要的中药材及保健食品原料产地，日韩新澳等国在先进医疗技术及精密零件等领域具备研发制造优势，原产地累积规则将有利于中国医药医疗企业在区域内寻找更多优质供应商，提升国际竞争力，畅通"双循环"。

例如河北源发药业有限公司，主要生产、加工和销售中药材及相关产品，产品品种涉及200多种，公司90%的产品用于出口。现有一批薏苡仁要发往日本，货品已经打包整齐，等待集装箱运输。1月4日，他们拿到了河北省首份RCEP原产地证书，有了这张证书，他们企业出口日本的中药材关税会由原来的9%降为零。预计1月18日从天津港发往日本神户，大约10天后，日本客户就能收到货物，仅此一批货物，就可以减免日方关税5.3万元。据粗略估算，RCEP协定生效首

年，可以享受关税优惠 400 万元以上，有效降低企业贸易成本，提高产品国际市场竞争力，对企业扩大日本消费市场份额帮助很大。

2. 贸易壁垒的打破，将带来河北医药企业国际贸易便利化。

贸易壁垒的打破，不仅有利于延长产业链分工，也利于进一步降低企业参与国际产业链分工的成本。数据显示，河北与 RCEP 各成员国经贸合作基础良好，发展潜力巨大。2021 年 1 至 10 月，河北对 RCEP 国家进出口总值 1625.4 亿元人民币，同比增长 20.8%。贸易便利化，有利于降低流通成本，扩大贸易范围，得到实惠的是消费者，医药企业的发展就更好，深度合作的机会自然更多。随着 RCEP 实施，海外市场对于河北医药的重视程度将越来越强，也会迎来更多的合作新空间。

3. RCEP 的生效，将进一步扩大成员国之间的出口贸易。

对自贸协议签署国来讲，实际上更看重的是自贸协定能带来的出口扩大效应。随着自贸协定的生效，关税下降，进口商在选择进口货源时，会优先从协定区域内选择贸易伙伴，从而促进成员国之间的贸易，带动协定签署国家的出口增长。

（二）面对新机遇，河北省生物医药产业发展所具有的优势

1. RCEP 宣传工作已提前到位。

为助力河北企业加速融入全球价值链，河北相关部门提前谋划，充分准备。河北省商务厅启动了"RCEP 燕赵行"活动，通过组织政策宣讲、开展项目对接、举办高端论坛等一系列活动，进一步密切河北和 RCEP 成员国的交流与合作。并邀请来自清华大学、省贸促会、石家庄海关、河北经贸大学等单位的 10 名专家学者，担任首批河北 FTA 种子培训师，开展 RCEP 宣传培训工作。

2. 生物医药产业发展基础雄厚。

河北省省会石家庄市是老牌的医药工业基地，石家庄高新技术开发区是目前全国最大的现代化综合生物医药产业基地之一，在 2017 年全国生物医药产业园区综合竞争力排位中位列第 7 位；石药控股集团有限公司、华北制药集团有限责任公司、石家庄以岭药业股份有限公司、神威药业集团有限公司、石家庄四药有限公司——河北省生物医

药产业的"五朵金花",均位列中国医药工业百强企业榜单;而北京·沧州渤海新区生物医药产业园作为京冀生物医药产业协同创新的承载平台,在京冀"共建、共管、共享"的大力推动下必将成为我国生物医药产业发展的新引擎。

为打造千亿级生物医药产业集群,石家庄率先行动,确立了抓拆迁拓空间、抓招商上项目、抓环境优服务三项重点攻坚工程,加快推进石家庄国际生物医药园建设。石家庄国际生物医药园是"建设生物医药千亿级产业园区"的重要载体,园区发展方向为高端科技生物医药园区,重点布局研发转化、高端制剂、生物工程等高精尖企业,建成后,总投资增加500亿元,产值增加650亿元,税收增加70亿元。在推进园区建设的同时,高新区牢固树立"项目为王"思想,坚持园区建设与招商引资同步推进,先后在北京、深圳、上海、成都等地成功举办了多场投资环境推介和重点项目签约活动。目前,石药重组蛋白、瑞鹤医疗、金诺康等29个重点项目已入园,占地2000余亩,投资额超过160亿元。同时,积极与复星医药、上药集团等企业对接,拉开了园区产业招商大幕。今后,高新区将加快园区基础设施建设,增强服务配套能力,持续改善营商环境,三年建成,五年达效,奋力推动生物医药产业率先突破,为建设现代化、国际化美丽省会城市贡献力量。

3. 生物医药知识产权链条保护机制健全。

为积极落实习近平总书记关于强化知识产权全链条保护重要指示精神,中国(河北)自由贸易试验区正定片区(以下简称"正定片区")针对生物医药行业研发投入大、周期长、风险高,知识产权保护涉及部门多、专业性强的特点,与相关部门协同深化知识产权保护工作体制机制改革,积极探索生物医药知识产权创造、运用、保护、管理、服务全链条保护服务。

中国(河北)自由贸易试验区探索建立涵盖获权、确权、用权、维权全过程的知识产权保护体系,加强与司法、执法、审判机关等部门联动,健全知识产权纠纷多元化解决机制。一是建立多维度生物医药知识产权保护服务体系。建立覆盖商标标识以及化合物、组合物、制剂、中间体、制备工艺等专利的多流程、多维度保护服务体系,突出

"核心专利+外围专利"双重"保护盾"建设,织密生物医药知识产权保护网。二是搭建多方参与的生物医药知识产权保护服务平台。依托河北省知识产权保护中心、河北省医药行业协会、石家庄市知识产权局和知识产权服务机构,成立河北省(医药)知识产权维权援助中心,石家庄市知识产权局设立正定片区知识产权服务工作站,专门为自贸试验区的生物医药企业提供知识产权维权援助。三是建立生物医药知识产权多部门快速协同保护机制。河北自贸试验区率先贯彻《河北省加强知识产权纠纷多元化调解工作的意见》,正定片区与市司法局等5部门签订《知识产权执法协作机制合作备忘录》,与市法院签订《知识产权(专利)纠纷诉调对接备忘录》,依托正定片区综合执法大队,协同知识产权保护、市场监督管理、药品监督管理、法院、仲裁委、公安等部门,强化知识产权综合执法,联合打造"快速审查、快速确权、快速维权于一体,审查确权、行政执法、维权援助、仲裁调解、司法衔接相联动"的快速协同保护机制。四是推动生物医药知识产权高效率运用。在积极推动知识产权保护的同时,注重对接企业创新需求,加强政策激励、扶持和引导。河北省(医药)知识产权维权援助中心、正定片区知识产权服务工作站专门为正定片区企业提供生物医药知识产权贯标、专利实施产业化、专利预警、专利保险和知识产权质押融资等多元化服务,引导企业不断强化生物医药知识产权运用。

4.拥有一流的仓储物流服务。

石家庄综合保税区以保税仓储、保税加工、保税服务功能为核心,其保税仓库不仅具有传统的保税功能,也期望为医药等敏感货物根据药品特性,提供专用保税仓库,满足药品存储需求。保税区医药企业可根据实际生产需要,分批提取贮存在保税仓库的货物,分批缴纳关税,这样不仅可节约仓库空间,还可避免一次性缴纳大额关税,便于资金流转。同时,保税区也应搭建信息服务平台,利用当今电子商务的高速发展,打造平台经济,帮助企业规避原料涨价,降低经营风险。此外,位于正定国际机场东侧的石家庄综合保税区,拥有集航空、高速公路、高速铁路为一体的立体交通网络,不同运输方式之间的转变既方便又便宜,又可以通过区港联动为医药企业实现一体化运作,为其提供现代化和专业化的物流服务，方便医药产品运往有需求的世界各地。

5.新冠疫情期间河北医药企业高质量发展的新动能。

新冠疫情期间显现出对医疗健康防护产业的极大需求，医用口罩、防护护具、医疗设备、中医药品等出现井喷式需求，产能利用率达到120%。疫情过后，这种需求会比疫情之前增加，国家层面也会补充库存、增大储备。国家和河北省将会在政策、资金上支持卫生防疫、医药用品制造及采购、科研攻关、技术改造以及防疫物资储备。同时也会加大对从保健、健身到制药、医疗、康养等大健康产业全生命周期产业链的必然需求。石家庄市医药产业基础雄厚势头良好。高新区生物医药产业拥有6个诺奖工作站，29个院士工作站，众创空间32个、科技企业孵化器17家、加速器4个，市级以上各类创新平台共计249家，打造了集"新药研发—孵化—产业化—销售及服务等"为一体的完整生物医药产业链条，促成4家全国医药百强企业、7家上市企业。河北省要充分利用好国家支持政策，在"4+4"现代产业格局下，根据市场形势调整各产业用力，加大对生物医药产业支持力度，争取新一轮产业竞争主动权，建成具有国际影响力的中国生物医药健康名城。

（三）RCEP生效，河北省生物医药所面临的新挑战

1.缺乏对医药行业品牌的建设。

河北省有部分企业并没有看到品牌对于医药企业发展的重要作用，与发达国家差距较大。尤其是很多中小企业因为企业本身的人力、财力等不够强大，没有能力建设品牌。甚至很多企业的领导提出先占领市场再打造品牌的战略，认为建设品牌会耽误市场的拓展。然而，品牌是一种无形资产，是企业核心竞争力的重要组成部分，它与企业的持续发展密切相关，甚至是支撑企业发展的重要支柱。由于医药与人们的健康、发展息息相关，所以医药行业的品牌显得尤为重要，缺乏对医药行业品牌的建设，导致其产品缺乏品牌的核心竞争力，会使消费者逐渐失去对该医药产品的品牌忠诚度，最终将不利于河北省医药行业的进一步发展。

2. 与其他省市相比发展落差进一步加大。

河北省医药行业生产总值持续上升，在全国排名中处于中上游水平，与山东、吉林、江苏、四川等医药强省相比，还存在很大差距。随着医药行业生产成本的增加和竞争力的增强，河北省医药行业利润处于下滑阶段。2016年河北省医药制造业主营业务收入在全国的排序滑落到第11位，2018年提升为第10位，与江苏、河南等省的发展落差进一步加大。以2016年为例，河北省数据为945.8亿元，山东为4546.8亿元，绝对值相差约3500亿元。按照两省生物医药产业"十三五"规划的发展目标，到2020年年末，山东将达7000亿元，而河北仅为2000亿元，差距将进一步扩大为5000亿元。

3. 创新能力仍显不足。

近年来河北省医药制造业有效发明专利数在全国的排位一直在十位以后，2018年中国企业创新能力百千万排行榜（2017）首次公布了中国创新企业的前1000强。据不完全统计，共有72家医药企业上榜，其中河北只有石家庄以岭药业股份有限公司1家名列其中。2017年度发布的中国医药工业百强企业榜单中河北依旧有四家企业入围，虽然有石家庄四药有限公司首次进入名单，但神威药业集团有限公司却名落孙山。说明河北省生物医药产业整体创新能力仍显不足。生物医药产业是典型的知识密集的高创新高技术产业，必须以知识型资本积累为基础，以研发创新为驱动，必须依靠人才带来的技术创新、进步和效率提高才能持续保持和引领产业发展的步伐。而河北省生物医药产业要想抓住发展机会、积极应对面临的危险，就需要更加强有力的人才队伍作保障与动力，提高生物医药产业的自主创新能力，加快推进生物医药产业供给侧结构性改革，形成河北新的经济增长优势。

4. 发展环境要提升。

河北省医药行业的发展环境问题主要集中在投资环境、企业生存环境和人才环境三方面，河北省医药工业一方面受招标、价格和环保等政策方面的影响，另一方面又受能源动力供给方面约束趋紧的制约，市场的不规则竞争、原材料的价格波动、产品成本的上涨等方面的挑战也越来越严峻。相比于其他医药强省，河北省的医药行业投资政策优惠力度小、差异化不显著、政策落实效果大打折扣；同时，医药产品生产成本也较外省同行高，生产要素供给不足，这使药企面临着供应紧张的窘境。此外，河北省医药行业高端人才资源匮乏，且高端人才引进少，后备人才成长速度慢，医药企业人才的流失现象十分严重，人才环境存在"青黄不接"的隐患。

5. 产业集聚度较低。

河北省医药企业多、小、散、乱，企业之间关联度低，规模效应不明显。对比医药大省，江苏省则形成了泰州、徐州、连云港、南京、南通、无锡、常州和苏州八大城市产业集群，集中了全省80%以上的医药企业，产值占全省95%以上。河北省的医药产业主要集中在石家庄、安国、沧州，虽然省内各地区都有不同规模、类型的医药产业园区，但是大多数布局分散、功能单一、建设标准低、规划起点低、管理水平低，导致生产集中度不高。企业的产业链整合不充分，资源规划不平衡，尚未形成网状结构的现代产业体系，创新性产业集群的竞争力仍需提高。

6. 产业结构不平衡。

河北省医药制造业产品结构相对单一，化学原料药产品结构偏重，2019年化学原料药和化药制剂营业收入占到了行业总量的57.28%，而一些高新技术产业如医疗器械等所占份额较低，2019年医药专用设备和医疗器械等占行业比重仅4.02%，导致产业结构不平衡，综合实力较弱。医疗器械是高新生物技术产业，制作难度大，要求高，但是行业利润高于其他医药行业，收入增长较快。由此可以看出，河北省医药行业亟须调整产业结构、转型升级，完善产业链，提高对高新生物技术的研发力度。

7. 临床研究水平、能力与资源受限。

长期以来，河北的临床试验水平、能力与资源与发达国家和地区的差距很大。目前河北大多数临床试验任务主要由公立医院，尤其是三甲医院承担。尽管河北拥有较多的国家临床医学研究中心，但由于我国分级诊疗制度尚未落实，三甲医院面临大量的医疗工作，再加上临床试验本身具有风险，医生往往没有承担项目的动力。另外，河北一大批聚焦在临床试验阶段的本土研发外包（CRO）企业，专业化程度不高，提供的临床试验资源在可靠性和真实性方面都有待提升。

三、河北省医药行业高质量发展的路径选择和对策建议

（一）利用RCEP规则，更好推动医药企业的国际化发展

1. 发挥外贸在双循环新格局中的作用，进一步优化区域布局。

医药企业应关注印度尼西亚、泰国、越南、菲律宾等国人口增长潜力释放带来的医药市场发展潜力，重视产业链、供应链安全，建立和完善国际营销网络，对标跨国制药企业目标发展。

2. 利用各国优势，精准选择细分赛道，有针对性地进行项目推介与对接。

中国企业应将在各细分领域的特色产品和合作意向与各成员国的优势产业和市场需求相结合，利用RCEP便利，整合产业链上下游、销售渠道、售后服务，开展货物贸易、服务贸易、本地化生产等多元化合作。

3. 充分借助各种机制和合作平台，推动贸易便利化的实现。

在医药领域合作中，成员国方在进口时可能会依据紧急措施、进口检查等方式对出口产品设置障碍。鉴于医药卫生领域的专业性，为做好有关风险应对工作，可以在10+1、10+3、中国与各成员国间的双边合作机制下开展合作，建议在主管部门指导下将医保商会等专业医药行业协会列为联络机构，与各成员国建立对话和磋商机制，协调有关多双边及区域合作机制。

（二）给予政策支持，优化产业结构

1. 围绕产业链制定有效政策，营造鼓励生物医药发展的良好生态。

在项目支持、知识产权保护、行政审批和税收优惠政策等方面对企业加大支持力度。加强专利侵权惩罚力度，加大宣传，提高企业知识产权保护意识，完善知识产权诉讼系统，保护企业创新成果以激励创新药物研发。改革审批技术手段，提高对新项目、新药品的审批效率，为研发周期较长、金额较大的重点研发产品开辟绿色通道。全面落实研发费用加计扣除和高新技术企业税收减免等优惠政策，提高企业的研发积极性。

2. 加大研发投入和关键领域核心技术攻关。

重点研发项目向生物医药的关键领域给予适当倾斜支持，加大高校的研发投入，加强前沿技术研究，注重生物医药的基础研究、应用基础研究和技术创新。设立创新药开发的专项基金，扶持和鼓励一批有发展潜力的高尖端项目，打破进口药的垄断。实现重点专项领域的创新突破，在化学药方面，重点开展针对新靶点、新机制创新药以及新释药系统的研发；生物药方面，重点开展新型抗体药、抗体偶联药、基因治疗等研发；中药领域，重点开发基于经典名方、疗效特色明显的中药复方；医疗器械方面，推进人工智能和医疗的有效结合等。

3. 推动产业结构优化调整，形成强有力的产业链体系。

制定优惠政策，为企业的兼并重组创造环境，培养出一批具有规模优势、技术含量高、辐射能力强、拥有自主知识产权的国际领先型药企。科学规划生物医药产业布局，避免大量不必要的同质竞争，引导建立中高端产业集群。对于关键性的薄弱环节进行重点培育，实现产业链上下游的协同配套、优势互补，最终合作共赢。建设生物医药产业多主体合作创新网络和数据共享平台，对难度大的基础核心项目开展关键共性技术攻关。

4. 积极开拓国内外市场，打响一批生物医药品牌。

通过对生物创新药的政府优先采购和纳入医保目录，拓宽自主创新药的早期市场。瞄准市场需求，积极拓宽销售渠道，例如发挥中药在代谢药、慢性病方面的优势，加大支持推广和走向国际市场。鼓励商业医疗保险发展，对将创新药纳入保险范围的商业保险公司给予一定财政补贴，进一步扩大创新药的市场需求。

(三) 推动河北生物医药产业在全球价值链的攀升

1. 在价值链上游，聚焦关键领域，探索新型研发模式。

(1) 坚持"有所为有所不为"，支持高校和科研院所在"卡脖子"领域发力。

在有限的研发资金下，河北应结合自身的优势，进一步聚焦研发创新的方向，避免对研发项目的分散支持。尤其在中美贸易战的背景下，更应围绕河北在建的大型科技基础设施，重点关注生物医药领域的关键核心技术和"卡脖子"难题，超前谋划布局，开展前沿引领型研究，力争成为"全球生物医药创新中心"。

(2) 加速推进国有生物医药企业混合所有制改革，集中资源打造龙头企业。

随着仿制药一致性评价、带量采购等新政策的进一步实施，新药研发将进一步向优势地区和大型企业集中，而中小企业的生存越来越步履维艰，因此，集中资源打造龙头企业势在必行。河北具有央企多、国有资本多的优势，应尽快推进像云南白药一样大力度的国企混改。

(3) 探索新型生物医药研发模式，破除成果转化的障碍。

目前，国内外已积累了大量生物医药研发与成果转化的成功经验。例如，美国 Intercept 制药公司首创的将风险投资（VC）+知识产权（IP）+研发外包（CRO）集成的"VIC 模式"正作为一种新的研发模式被上海张江所采用。美国波士顿/剑桥生物医药产业集群通过资助高校、科研院所建立科技成果转化办公室，并将最新的科研成果反馈给企业，加快科研成果转化。协同创新研究院开创的"无障碍转移""我创新你创业"计划、"中小企业协同创新工程""龙头企业整合创新工程"等模式，以及生命科学研究所在建立新型研发机构方面的经验，都值得在全河北范围内推广。

(4) 推动生物医药企业数字化转型。

伴随人工智能、基因测序大数据等一系列新技术被应用于医药研发环节，其在缩短周期、降低研发成本和风险方面的表现已初见端倪。河北应加快建立生物医药数字化研发生态体系，加强生物医药企业数字化研发基础设施建设，推进生物医药数据资源的开放共享，借助数字化转型的机会实现弯道超车。

2. 在价值链中游，加强制造工艺攻关，提升区域协同创新能力。

(1) 建立河北生物制药制造创新研究中心。

作为美国制造业回归战略的一部分，美国先后成立了两个与生物制药制造相关的创新中心。美国生物制药制造创新研究所（NIIMBL）旨在加速生物制药制造创新，支持能够推进高效快速制造能力的标准开发，教育和培训世界领先的生物制造劳动力。先进再生制造创新中心（BioFabUSA）旨在解决阻碍细胞组织工程大规模制造和医学研究产业化的重大挑战，制定符合模块化和可扩展的良好生产规范的流程、集成技术和相关标准。二者均是由联邦政府和非联邦政府共同出资，致力于生物制造的产学研机构，其经验值得河北省借鉴。

（2）实现河北省内及京津冀地区协同分工，提升产业区块功能。

在医药制造用地不足的情况下，需要从土地集约高效利用的角度进行引导布局，深化生物医药产业在"三城一区"和京津冀地区的协同分工。目前，长三角地区建立的"G60科创走廊"和"长江流域生物医药创新服务联盟"，已经在深化长三角地区产业集群布局、加强基础设施互联互通等方面取得了良好成效。未来京津冀地区也应加快建设区域协同创新平台，打造生物医药产业的协同共赢样本。

3. 在价值链下游，创新审批和销售服务模式，加强品牌建设。

（1）探索新型审批制度。

对药审机构进行去行政化改制，尝试建立社会化的第三方药审机构。创新审批机制，变严进宽出为宽进严出，允许企业根据研发的进展和临床的实际需要"滚动提交"材料，并加强临床的后期监管。设立专门的创新药审评部，对创新药和仿制药在审评要求、流程和程序上形成分类评审策略。针对电子药物、数字化医疗器械等新产品和新业态，探索既包容又有弹性的新型审批制度。

（2）建立适宜的药品定价和医保系统，形成市场奖励创新者的机制。

完善河北省药品生产流通的市场机制，进一步落实取消药品加成，尤其要加快落实仿制药一致性评价制度的后续配套政策。未来可以在医保支付、采购和定价方面进行探索，如使通过一致性评价的药企在药品集中采购中获得优先权，或提高采购价格，以覆盖通过一致性评价的高昂成本，从而提高药企的积极性。

（3）积极开拓销售网络，实施"河北品牌"计划。

培养和引进专业生物医药营销团队，不断探索新的商业模式。积极主办和参加高水平的学术论坛和生物医药展览会。重视患者教育，依托医疗机构给予患者相关疾病预防、治疗和用药方面的知识普及和专业指导，提升患者对河北生物医药企业的品牌认同感。

(四）扩大贸易规模，占领海外市场

可以将中国新型生物制药企业分为三种类型：市场拓展型、资源获取型、战略合作型。

1. 市场拓展型。

对于市场拓展型企业来说，公司具有一定的研发实力，最主要的任务是拓展海外市场，从生物制药全球价值链的研发生产环节向销售环节拓展，控制"微笑曲线"两端，以获取更高的产品附加值。可采取的方式有：（1）研发创新能力是生物制药企业的核心竞争力，新型生物制药企业要想参与到全球价值链中去，提升自身的国际竞争力，就要不断投入研发费用，跟随甚至引领医药领域最新趋势。（2）在海外设立研发中心，开展海外临床试验，加速FDA认证。（3）及时跟踪海外医药市场信息，选择海外医药市场需求量大、技术门槛高的药物进行出口。（4）可以借鉴恒瑞医药国际化路径战略，在国际化初期选择仿制药、制剂等领域"出海"。追踪专利期限保护即将失效的创新药物，利用国内的低廉原材料、劳动力等优势，降低仿制药生产成本，获得海外仿制药市场竞争优势。通过海外子公司获取制药巨头的生产流程，与制药巨头建立直接供应制剂关系。（5）利用各国医疗保障体系呼吁降低药品采购费用的契机，利用公司具有价格优势的产品，成为WHO等机构的直接供应商。（6）为快速实现产品的海外销售，抢占市场先机。可以借鉴恒瑞医药的海外委托销售和海外授权模式，利用现有的海外医药销售渠道，快速回收研发费用，保障公司盈利。

2. 资源获取型。

针对资源获取型企业来说，国际化的动力源于获取海外先进的技术、产品生产线，填补产业链空白环节，获取当地销售渠道，开拓市场。通过获取资源，布局公司在价值链的空白环节，并整合国内外价值链各环节资源，通过所有权的方式控制价值链高附加值环节。新型生物医药公司在采用收购方式获取海外资源时应注意：（1）收购的公司应是某个生物药领域的技术龙头，或者通过该企业可以撬动当地整个医药市场。（2）收购的目的是获取资源、加强合作，并不是为了取得对海外企业的控制。因此，联合收购是降低收购压力、减少收购风险的重要手段。(3)生物制药产业关系到国民的生命健康,因此海外政府对投资收购的审核非常严格,新型生物制药企业在开展海外收购前,要充分评估收购风险点,利用成立海外子公司收购、股权支付或有对价支付等新形式规避风险。(4)在完成收购后,企业要重视海内外资源的配置整合,充分利用新获取资源拓宽自己的价值链布局,掌控价值链中高附加值环节。

3. 战略合作型。

针对战略合作型企业来说,企业的主要目标是与生物制药全球价值链中的大制药企业开展合作,分散单个生物制药企业的风险,实现商业化共享。(1)新型生物制药企业要利用好生物制药高风险、高投入特点下,大型制药企业开始利用外部创新方式开展战略合作的机会,在国际医药市场积极寻求战略合作伙伴,共同开发创新药,深度参与到生物制药价值链的研发创新环节。(2)新型生物制药公司可以承接CMO、CRO、CSO等形式的外包服务实现资金积累,并在此基础上优化自身技术实力,从而承接更高技术门槛的外包服务,最终成为生物制药全球价值链不可缺少的一部分。新型生物制药企业要充分利用好省内优势,例如技术人才优势,河北省拥有大批医药技术人才以及制造业优势,完全有能力承接各种形式的研发生产。另外,河北具有广阔的医药市场,相比海外企业,经过几十年的发展,河北医药企业已经具有覆盖到乡级的销售体系,可以向价值链销售环节延伸,承接海外企业的销售业务。(3)在与大型生物制药公司开展战略合作时,要积极开展技术交流,并且利用商业化开发作为筹码,在合作条款中要求对方提供技术援助、资金支持、在国内建立产品生产线。

(五)依托数字经济,实现跨越发展

21世纪以来,全球科技创新进入密集活跃期,数字和信息技术潜能加速释放并叠加倍增,数字生产力成为重塑经济结构和提升整体质量与效率的主导力量,数字经济也是促进医疗卫生等公共服务高质量发展的重要动能。数字经济的发展孕育了巨大的服务贸易市场空间。一方面,有助于提升服务贸易的精准度和效率;另一方面,有助于提高服务的可贸易性,促进无法离岸贸易的"本土"服务进入国际市场,拓宽其贸易领域，为客户提供更多优质产品和服务，提高消费者福利水平。在现代医学领域，依托人工智能和大数据为代表的数字技术可以将影像采集处理和人工智能辅助诊断于一体。例如，GE医疗（General Electric，简称GE）研发的NovaAI人工智能乳腺机，集GE创新乳腺影像采集处理和人工智能（AI）辅助诊断平台于一身，实现了从筛查人群管理到诊断治疗的一站式乳腺精准诊疗解决方案，从而提高了诊断效率和精确度。

在传统中医领域，数字技术改变了中医"望闻问切"诊断模式，让远程诊疗成为可能，特别是5G网络等技术的应用使互联网问诊实现了清晰图像的传输，满足了医生辨别色差的更高要求，促进了中医药与互联网的深度结合，从而提高了中医药服务的可贸易性程度，让中医药服务贸易活动更加可信、便利和高效。以数字化推动医疗服务贸易开放发展的关键在于积极搭建数字化医疗国际平台，鼓励打造互联网医院，发展远程会诊、在线教育和培训等服务。应进一步加快服务贸易数字医疗技术出口试点基地建设，依托数字经济提升我国医疗服务贸易开放水平和国际竞争力。

（六）实现产业链要素竞争力全面提升

1. 加速临床研究成果转化。

河北拥有的丰富临床资源与医疗机构的创新潜力仍有待激发。下一步，要优化河北省医疗机构科技创新体制机制，促进河北丰富的临床研究成果转化为生物医药产业产品，建议可以将成果转化作为医疗机构绩效评价和人员职称评定的重要依据，出台医疗机构鼓励科技创新和成果转移转化实施细则、保障承担临床试验任务的医疗机构科研用地等举措，引导医疗机构加快成果转化。此外，还要推动产医融合，协同医疗机构、企业探索建立医药健康协同创新研究院，支撑临床机构成果转化，探索成立医药健康创新和转化基金，促进医疗健康数据共建共享。

2. 建好生物医药创新服务平台。

虽然河北已积极促进院企或校企研发合作，但是大学、科研机构对知识产权的管理和科学技术的转化还处在探索期，技术转化的实际效果还未全面体现。"十四五"时期，河北应建设生物医药领域国家级重大创新平台，布局建设一批基础研究和转化平台，健全省级医院医企协同研究创新平台功能，提升已有重点实验室与工程研究中心的运行效率，落实平台创新资源在上海生物医药发展中的推动作用。

3. 实施产业规模倍增计划。

河北应加大龙头企业培育力度，吸引更多产业链上下游优质企业集群的发展，积极引进国际知名外资企业总部和研发机构，加强外资企业与河北高校、科研院所和企业开展创新合作，鼓励生物医药企业开展海外技术并购，与国际领先企业开展第三方市场合作。河北省将打造生物医药产业基地新布局，加速产业链集聚协同发展，高标准规划以生物医药创新引领核心区为轴心，发挥省级特色园区品牌效应，共同构建生物医药产业空间布局。同时，河北还要部署产业链协同重大专项，建议上海在创新药物、高端制造与医疗器械领域设立市级层面的生物医药产业链协同发展支持专项，实施集中突破、先行先试，耦合政策、技术、资金、人才、平台、孵化器和产业基地等各类资源，发现重大共性问题有针对性地解决，提高各类资源的利用和运行效率，系统打通影响产业链协同的创新链、供需链、企业链、价值链。

（七）推进京津冀医药产业协同发展

1. 优化京津冀医药产业布局，强化产业链协作。

战略性新兴产业中的生物产业、新医药产业、新材料及新能源产业和海洋产业等与人类健康密切相关，发展医药产业对其有积极的带动作用。需要充分发挥京、津、冀三地比较优势，有序推进生物医药产业升级与梯度转移，重点打造以北京为产业轴心，天津、河北协同发展的区域格局，形成"多中心集聚、多轴线梯度分布"的空间布局。北京主要集聚医药企业总部以及创新研发、市场准入和营销策划等部门，提供人才、资金和创新资源。天津和河北以生产制造及仓储贸易为主，提供土地、劳动力和产业环境。京、津两地作为直辖市，面临土地供给日趋紧张、劳动力成本攀升以及环保及能耗标准提升的挑战。相对而言，河北在承接京津生物医药产业转移、外溢及生产制造等方面具有较大的成本优势、资源优势和产业基础优势。京津冀具有加快发展医药产业的良好基础和明显优势，合作空间大，京津冀协同将有效加快优势产业创建和科技成果扩散，建立良好的产业链上下游联动机制，将有力地辐射带动区域医药产业一体化发展。健全促进京津冀医药产业协同的对话机制，建立三地政府、企业、科研机构及医疗卫生机构高层常态联席会议制度，就医药产业发展路径、技术等加强交流与合作。

2. 建立医药市场一体化。

(1) 构建京津冀统一医药市场运作规则。

尽快建立高度接轨无缝连接的医药市场运行准则，营造公平的市场竞争条件。在区域内市场准入方面，消除地区市场条块分割的壁垒，形成对京、津、冀三地医药企业一视同仁的公平竞争格局与有利环境。

(2) 共同培育京津冀区域性医药市场。

京津冀区域应逐步建立健全规模不等、层次不同、功能各异的区域性市场体系。京津冀区域市场作为全国层次较高的商贸中心，通过自身经济吸引和辐射功能的逐步加强，为应对区内外市场的激烈竞争和挑战，建立面向区域内部、面向全国的高级层次市场，应重点发展与京津冀大区域配合衔接的医药贸易集散地，形成区域内彼此相互协作统一的大市场新格局。

(3) 开拓统一开放的医药生产要素市场。

加快培育和发展京津冀生产要素市场，促进生产要素跨区域流动，以生产要素流动促进产业转移。北京医药产业的产业链条并不完整，突出体现在产业前端环节，如化学原料药、中药材提取等。北京可充分利用自身在资金、技术、信息等方面的高平台，加快向环京地区进行要素辐射，推动产业顺利转移；河北在提供大量医药原材料以及初级化药的基础上，也应充分利用地域优势、充裕的生产要素优化产业结构水平和提升产业结构层次。

第五章　河北钢铁行业国际化之路

一、河北省钢铁行业发展现状或现实基础

(一) 河北省钢铁行业发展规模概况

作为中国钢铁第一大省，钢铁工业是河北省主要支柱产业之一。河北省钢铁行业为了落实国家和省里的发展要求，正在进行大刀阔斧的战略调整。河北钢铁产业通过兼并重组空间布局不断优化，在钢铁行业绿色低碳发展，推进产业数字化、数字产业化等方面持续发力，进而推动钢铁行业高质量发展，实现迈向现代化钢铁强省的目标。下面从粗钢、钢材和生铁三方面分析河北省钢铁行业发展规模情况。

1. 粗钢发展规模。

河北省粗钢产量从 2000 年到 2023 年已连续 23 年居全国第一。2023 年我国粗钢产量 101908 万吨，其中，河北省粗钢产量 21050.62 万吨，占全国粗钢产量的 21.73%。与其他省份粗钢产量进行对比，江苏省紧随其后粗钢产量为 11859.15 万吨，位列第三的辽宁仅 7455.9 万吨，河北省的粗钢产量超过位居第二、第三的江苏与山东两省合计将近 3000 万吨，这恰恰展现出河北钢铁在全国，乃至世界上举足轻重的地位。

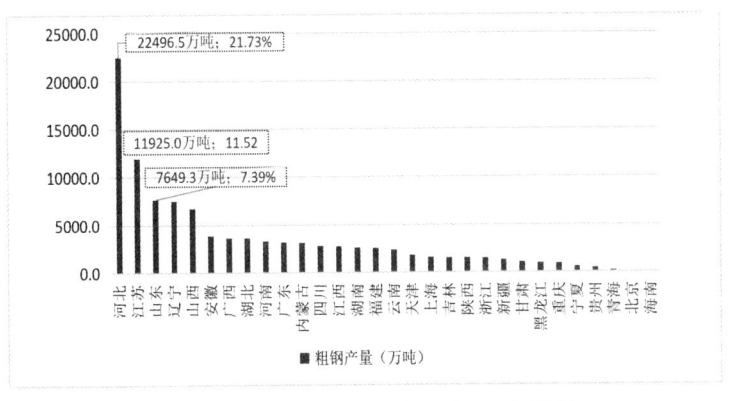

图 1　2021 年中国各省市区粗钢产量情况

资料来源：根据国家统计局公布数据整理所得。

河北省粗钢产量占全国比重逐年下降（见图2）。2018年河北省粗钢产量为23723.4万吨，占全国粗钢产量的25.56%；2019年占比为24.27%；2020年占比为23.46%；2021年河北省粗钢产量同比减少9.93%，占全国粗钢产量下降至21.73%。虽然2021年国内粗钢产量近6年以来首次出现同比减少，但在压减钢铁产量、能耗双控、京津冀钢铁行业错峰生产等多项政策措施联动约束下，从压减绝对数量看，河北粗钢压减量最多，压减量达到2480.5万吨，占全国压减量的77.57%，超额完成压减任务（多限了309.5万吨），因此全国粗钢产量占比降幅也较大。

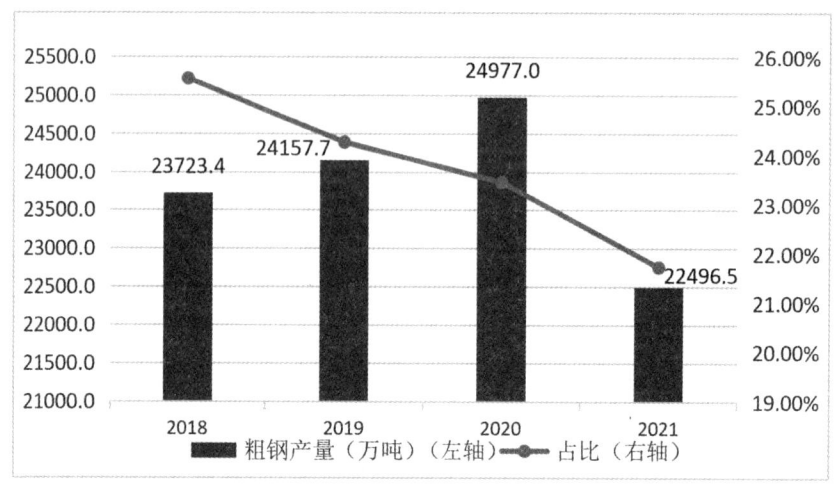

图2　2018—2021年河北省粗钢年度产量及全国占比

资料来源：根据国家统计局公布数据整理所得。

2.钢材发展规模。

2021年，河北省钢材产量29559.4万吨，占全国粗钢产量的22.11%，超过位居第二、第三的江苏与山东两省合计的3120万吨，具体见图3。河北省钢材产量占全国比重也呈下降趋势（见图4）。2018年河北省钢材产量为26916.9万吨，占全国钢材产量的24.35%；2019年占比为23.58%；2020年占比为23.64%；2021年占比为22.11%。

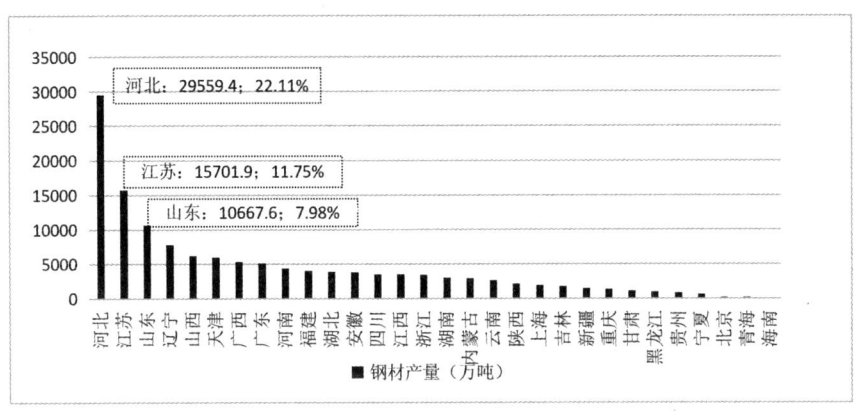

图3　2021年中国各省市区钢材产量情况

资料来源：根据国家统计局公布数据整理所得。

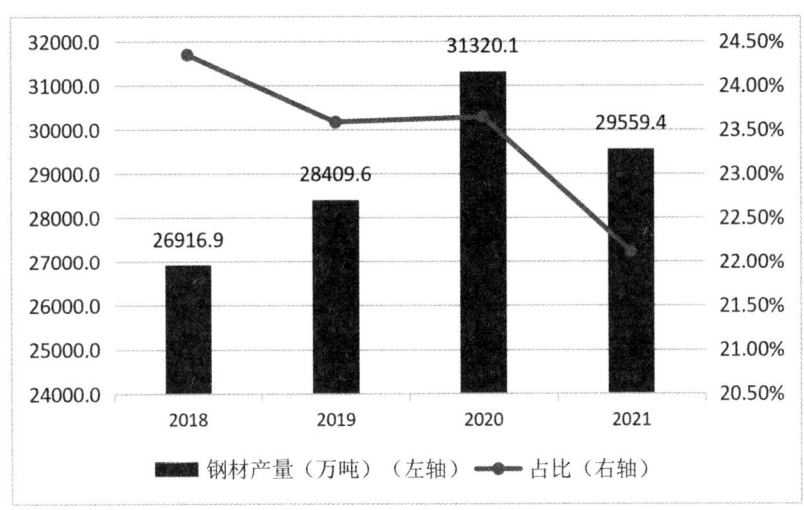

图4　2018—2021年河北省钢材年度产量及全国占比

资料来源：根据国家统计局公布数据整理所得。

3. 生铁发展规模。

2021年，河北省生铁产量20203.0万吨，占全国生铁产量的23.26%，超过位居第二、第三的江苏与山东两省合计的2655万吨，具体见图5。河北省生铁产量占全国比重也逐年下降（见图6）。2018年河北省生铁产量占全国生铁产量的27.75%；2019年占比为26.93%；2020年占比为25.76%；2021年占比为23.26%。

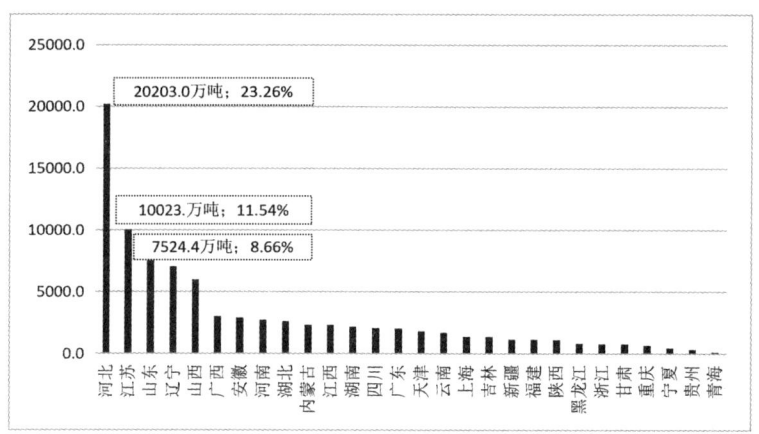

图5 2021年中国各省市区生铁产量情况（单位：万吨）

资料来源：根据国家统计局公布数据整理所得。

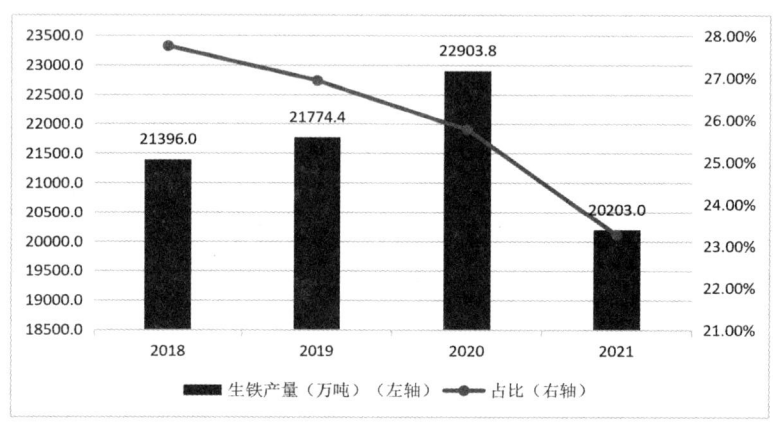

图6 2018—2021年河北省生铁年度产量及全国占比

资料来源：根据国家统计局公布数据整理所得。

（二）河北省钢铁行业对外贸易概况

1. 河北省钢材对外贸易。

从近几年数据来看，全国钢材出口金额和数量波动较大。2020年，我国出口钢材5367万吨，同比下降16.5%；其中，RCEP成员国是我国钢材出口的主要目的地，我国对RCEP成员国钢材出口量2434万吨，占我国钢材出口总量的45.4%；在RCEP成员国中，韩国和日本是我国钢材进口的主要来源，占比分别为26%和24%。2021年我国钢材出口出现反弹，出口数量6690万吨，同比上升24.65%。但河北钢材出口数量增速为 13.15%，远远低于全国水平（见图 9），使河北省在全国钢材出口总量中的占比从 2020 年的 9.67% 下降到 2021 年的 7.37%（见图 7）。2022 年 1—5 月，我国出口钢材数量同比减少 16.2%，其中作为钢铁第一大省的河北同比下降 40.63%，降幅远远超过全国水平，致使河北省在全国钢材出口总金额和总数量中的占比均出现大幅下降，分别降至 5.97% 和 7.18%，其余江苏、山东、山西等省份钢铁出口也均有不同幅度减少。从出口的市场结构方面来看，河北钢铁产品主要的出口对象为韩国，其次分别是越南、泰国、印度尼西亚、菲律宾等南亚及东南亚地区，主要出口地区仍集中于亚洲地区，且基本集中在 RCEP 成员国内。

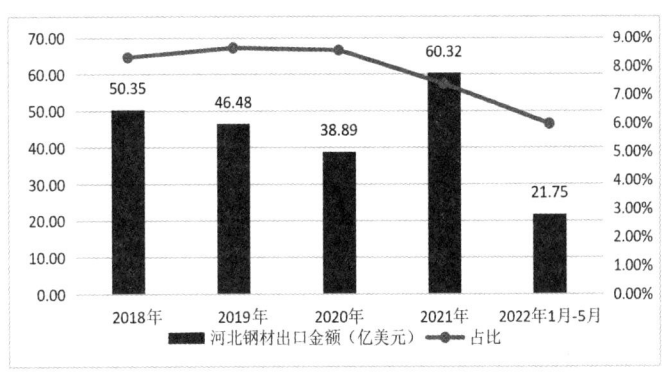

图 7　2018—2022 年河北省钢材出口金额与占比情况

资料来源：根据中国海关总署、石家庄海关公布数据整理所得。

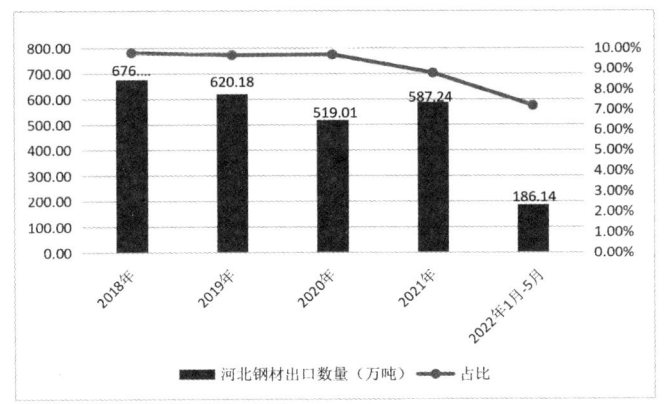

图 8　2018—2022 年河北省钢材出口数量与占比情况

资料来源：根据中国海关总署、石家庄海关公布数据整理所得。

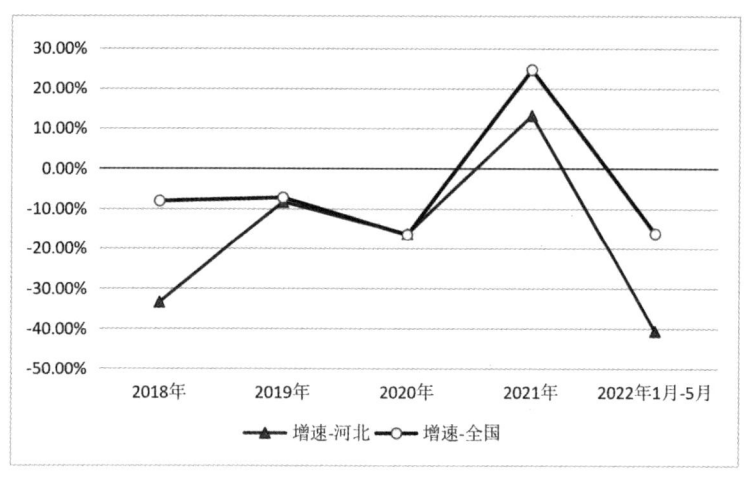

图 9　河北与全国钢材出口数量增速变化情况

资料来源：根据中国海关总署、石家庄海关公布数据整理所得。

2. 河北省钢铁行业主要原料贸易。

2016 年至 2019 年，全球表观成品钢消费量呈稳步上升趋势，2019 年，全球表观成品钢消费量为 17.75 亿吨。2020 年受新冠肺炎疫情冲击，全球表观成品钢消费量为 17.72 亿吨，较上年产生小幅回落。RCEP 成员国钢铁生产和消费均占全球总产量的 65% 以上，是全球最大的钢铁生产消费地区。目前，我国钢铁的主要原料供应依赖于国际循环，其中 RCEP 多个成员国是我国重要的原料供应来源，对我国钢铁产业链安全至关重要。

铁矿石方面，我国铁矿石进口量大，对外依存度自 2015 年以来一直超过 80%。2020 年我国自澳大利亚进口铁矿石 71313 万吨，占进口铁矿石总量的 60.9%。目前，澳大利亚铁矿出口无关税，中国也无铁矿石进口关税，但中澳贸易关系一直存在不确定性，RCEP 的生效或将改善中澳贸易关系，对我国铁矿石进口贸易畅通形成利好。

炼焦煤方面，我国炼焦煤供给以国内市场为主，对外依存度约 10%，RCEP 成员国中澳大利亚和印度尼西亚是我国主要的炼焦煤进口国。2020 年，我国从以上两国进口炼焦煤合计 4290 万吨，占进口总量的 59.1%。近年来，我国对澳煤进口限制政策存在不确定性，随着 RCEP 生效，我国与澳大利亚、印度尼西亚、新西兰的贸易关系得到改善，进口焦煤成本或将有进一步下降空间。

（三）河北省钢铁行业利用外资对外经济合作概况

目前中国钢铁企业积极拓展海外投资，产业版图已经遍布全球，未来随着钢铁企业技术水平不断提升，国内市场集中度不断提高，将不断提升在国际市场上的话语权。河北省的钢铁产业在国家以及政府的引导下，开放合作取得突破。截至2021年年底，海外建成和在建及已备案钢铁项目产能达1295万吨，河钢塞尔维亚有限公司被誉为"一带一路"倡议和国际产能合作的标志性工程。2016年，河钢集团完成了对塞尔维亚唯一国有大型支柱性钢铁企业——斯梅代雷沃钢厂的收购，建立了中国钢铁行业首个海外全产业链生产制造基地，河钢集团仅用不到半年时间就扭亏为盈，结束了该公司连续7年亏损的局面，2017年以来，钢厂生产经营持续保持稳定运行，连续实现盈利。河钢集团有限公司在塞尔维亚以投资建设钢铁下游项目、钢铁配套及循环利用、物流园区、矿产资源基地等为依托，积极谋划建设"中国钢铁循环经济示范园"，努力打造中国-中东欧国家产能合作的新样板。2018年12月14日，河钢集团菲律宾钢铁项目合作备忘录签约仪式在菲律宾贸工部举办。河钢集团与菲律宾亚洲钢铁公司牵头组建投资联合体，拟建设一个集港口、烧结、焦化、球团、炼铁、炼钢、轧制和深加工一体化的钢铁联合企业。铁钢配套生产规模约800万吨/年，总投资约44亿美元，建设周期3~5年。此外，霸州新亚金属制品有限公司通过收购印度尼西亚爪哇太平洋有限公司30%的股权从而进一步并购印度尼西亚的钢铁项目，邢台德龙钢铁有限公司在泰国建设年产60万吨的生产带钢项目等。

（四）河北省钢铁行业在全球和全国产业链中的地位

钢铁行业按产业链来看（见图10），钢铁行业的上游分为原材料和其他相关，其中原材料占钢铁行业成本的七八成，主要为铁矿石采选及燃料制备，其中铁矿石占到了钢铁（普钢）成本的40%~55%（随矿价成本波动而有变化）。由于铁矿石占据钢铁行业的主要成本，因而钢铁行业的经营受上游价格变动的影响较大。钢铁行业的中游环节包括从生铁制备粗钢再到加工生产各类钢材的全过程，目前来看，我国钢材产品主要包括螺纹钢、线材、冷轧/热轧板卷、涂镀层、中厚板等。钢铁行业的下游为钢铁应用领域。钢铁产品广泛应用于基础设施建设、房屋建设、机械行业、汽车行业、家电行业以及造船行业。在我国种类繁多的钢材产品中，建筑钢材的产量占据着半壁江山。

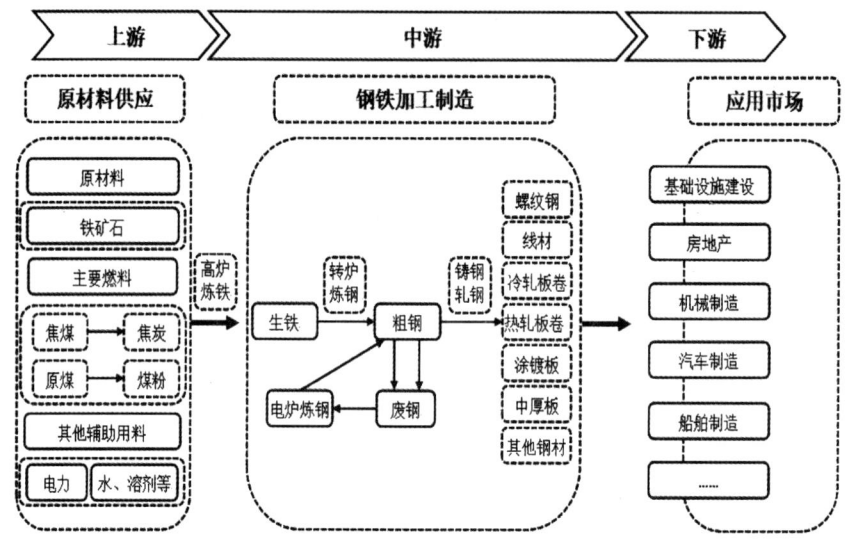

图10 钢铁行业产业链结构图

资料来源：根据相关资料整理所得。

在上游领域，制造钢铁所需原材料主要是铁矿石，目前，全球铁矿石资源主要集中在澳大利亚、巴西等地，我国铁矿石进口需求巨大，从供应商规模来看，巴西淡水河谷、澳大利亚必和必拓、英国力拓集团、澳大利亚FMG等铁矿石巨头优势明显；主要燃料方面，在煤粉供应领域，代表企业有中国神华、中煤能源、山煤国际、阳泉煤业、兖州煤业、西山煤电；在焦炭供应领域，山西焦化、美锦能源、陕西黑猫、宝泰隆、云煤能源、安泰集团。

在中游钢铁生产加工领域，从国内市场上来看，我国钢铁市场企业众多，行业集中度较低，代表企业有中国武宝、河钢集团、沙钢集团、鞍钢集团、建龙集团、首钢集团、山东钢铁集团、华菱钢铁、本钢集团、辽宁方大、包钢集团、柳州钢铁、中信泰富、敬业集团、陕西钢铁、三钢集团、萍钢股份、太原钢铁等。中国钢产量从1949年的15.8

万吨到1996年突破1亿吨,中国从缺钢少铁的困境攀升至全球第一产钢大国,现在中国年产钢已突破10亿吨,并连续26年稳居钢产量世界冠军的宝座;中国钢铁建成了全球产业链最完备、规模最大的钢铁产业体系;在工艺装备、科技创新、品种质量、绿色智能等方面不断提升和突破。

从国际市场来看,2021年,全球粗钢产量接近20亿吨,中国粗钢产量高达10.35亿吨,占据全球供给市场的半壁江山,其中河北省粗钢产量高达2.25亿吨,远超排名紧随中国其后的印度,2021年印度产量仅为1.18亿吨。从全球市场份额变化来看,中国粗钢产量市场份额从2011年的45.6%增至2021年的52.9%,日本及欧盟市场份额均有所缩减。

目前国际钢铁行业竞争激烈。根据2022年6月世界钢铁协会(WSA)发布的2022年全球钢铁企业排名(按2021年粗钢产量排名),全球钢铁企业50强入围钢企中,中国企业数量达到27家。从区域分布来看,27家企业中,总部在河北省的上榜企业共计4家,分别是河钢集团、敬业集团、新华联合冶金控股集团和河北东海特钢集团,中国河钢集团在2021年粗钢产量同比下降4.87%至4164万吨,从第三名跌至全球第七;其次是江苏省达到3家。2021年全球钢铁企业TOP10中(见表1),中国企业占据6席,卢森堡、日本、韩国及印度各1家;其中,中国宝武钢铁集团产量全球第一,达到1.20亿吨;紧随其后的是总部位于卢森堡的全球性公司安赛乐米塔尔集团,粗钢产量达到0.80亿吨;中国辽宁鞍山的鞍钢集团及日本制铁株式会社产量分别排名第三和第四,第五至第十依次是中国沙钢集团、韩国浦项制铁、中国河钢集团、中国建龙集团、中国首钢集团和印度塔塔钢铁集团。中国企业在产量上占据绝对优势,以中国为代表的亚洲企业出货价格较低,通过价格优势获得利润,但此种模式技术含量低、能耗大、附加值低,不具有长期可持续性。以安赛乐米塔尔和蒂森克虏伯为代表的欧洲钢铁企业主要发展高端钢材,以高新技术获取高附加值。法国、德国特钢生产占比均达到15%以上,美国、韩国约为10%,而中国仅为5%。

表1 2021年全球十大钢铁企业粗钢产量排名（单位：万吨）

排名	企业	粗钢产量	同比增长
1	中国宝武钢铁集团	11995	4.0%
2	安赛乐米塔尔	7926	1.0%
3	鞍钢集团	5565	45.7%
4	日本制铁株式会社	4946	19.0%
5	沙钢集团	4423	−1.1%
6	浦项制铁	4296	5.9%
7	河钢集团	4164	−4.8%
8	建龙集团	3671	0.7%
9	首钢集团	3543	4.2%
10	塔塔钢铁集团	3059	9.0%

资料来源：世界钢铁协会。

从RCEP区域钢铁贸易看，出口方面，日本、韩国主要出口高附加值钢材产品，2020年以来中国钢材出口高附加值比例明显提升；进口方面，日本、韩国主要以进口初级钢材产品作为深加工原料为主，2020年中国进口初级钢材产品比例上升明显，东盟国家进口钢材以建筑用钢为主。

从国内钢铁行业竞争格局来看，2020年以来，行业龙头企业兼并重组加速，宝钢受让太钢控股权、重组重钢、托管中钢集团；方大集团重组四川达钢；敬业集团重组云南永昌、广东泰都钢厂；建龙对山西海威钢铁实行托管；河北冀南钢铁以裕华为主导对武安兴华、文丰、唐山港陆等通过资产运作实行"强强联合"重组；八一重组疆内钢厂等等，均取得积极进展和阶段性效果，行业集中度有望进一步提升。供给侧结构性改革对行业组织结构调整作出了明确的目标：到2025年，钢铁工业供给侧结构性改革取得显著成效，中国钢铁产业60%～70%的产量将集中在10家左右的大集团，其中包括8000万吨级的钢铁集团3～4家、4000万吨级的钢铁集团6～8家和一些专业化的钢铁集团。行业地位往往由资产规模、产能规模、市场份额、盈利能力、竞争态势以及企业历史等因素综合形成。碳达峰、碳中和或将对中国乃至全球钢铁行业产生极其深远的影响，或将比肩上一轮供给侧结构性改革。未来3—7年，我国钢铁产业将形成行业引领型特大型企业、行业引领型专业化企业、区域主导型企业和区域特色型企业共存的格局，市场竞争渐趋有序，行业集中度显著提升。

（五）河北省钢铁行业与其他先进省市对比存在的问题和不足

1.铁矿石资源依赖进口。

由于河北钢铁产业近年产能的不断增加，致使对钢铁制品原材料的需求不断攀升，导致省内铁精矿等铁矿石资源供应出现短缺，虽然河北省的铁矿石产量高于其他省份，但相对来讲质量并不是很高。由于受到国产铁矿石综合平均价格持续下跌的影响，大部分矿山企业因严重亏损导致停产，对进口铁矿石的需求也就越来越高，铁矿石的进口依存度已超过50%，然而河北钢铁企业缺少国际铁矿石定价的话语权，因此也间接提升了河北钢铁各类制品的生产成本。但目前由于去产能、优化产业布局等措施实行，2022年前5个月，河北进口铁矿砂的数量和金额均已下降，分别为7.38%和31.23%，且降幅大于全国平均水平。

2.创新能力不足。

长期以来，河北省钢铁企业在科研方面的资金投入十分有限。以国内著名的大型企业新兴铸管为例，2021年新兴铸管的科研经费支出仅占当年销售收入的2.34%，而河北省内企业的科研经费投入则更低。一般来讲，钢铁产业发达国家的企业在科研经费上的投入占到销售收入的5%左右，河北企业的科研经费投入整体低于国际均值。

3.钢铁产品技术含量低，低附加值产品占比较多。

目前，河北省钢铁产品中的低附加值产品占到钢铁总产量的半数以上。据特钢协会统计，我国所纳入该协会的32家特钢企业产量占特钢总产量的60%~70%，其中作为前五大特钢企业之一的河北钢铁集团有限公司，其特钢产量占比在35%左右，略高于普钢集团，但日本、欧盟等发达国家的该项数据均在70%以上。高端装备用钢铁材料作为钢铁材料中的高技术含量产品，是国家工业的重要材料。而我国高端装备及其核心部分所用的关键基础钢铁材料却严重依赖进口，进口价格两倍于出口，国内外钢铁产品的附加值的高低间接体现在了进出口价格的差距上。尽管近年来河北省钢铁企业的生产设备不断进行更新升级，但想要实现工艺设备的整体提高，形成高效、集中的规模优势，还需要很大的提升。

二、RCEP对相关行业的政策规则

（一）关税减让规则

RCEP协定的主旨在于降低关税、提高成员国之间贸易开放程度。在RCEP之前，我国已经与东盟、韩国、澳大利亚和新西兰达成了自贸协定，RCEP的达成，成员国之间有了新的自贸关系，也有新的降税承诺。东盟显著扩大了对我国零关税产品的范围，印尼、菲律宾、柬埔寨、缅甸、马来西亚等国家均对我国新增了降税产品，主要包括汽车及零部件、摩托车、化工、机电、钢铁制品等等，河北省的钢铁制品企业将从新增的降税中获得收益。

铁矿石方面，多年来中国已与除日本之外的RCEP其他成员国有双边自贸区协定，零关税对于铁矿石而言是没有进一步影响的，不会产生更多利好进口条件冲击国内市场，因为铁矿石的进口依赖度相对较高，多年来一直是零关税状态。焦煤方面，当前澳煤进口暂定关税同样为零，RCEP生效对于进口刺激有限。钢材进口方面，RCEP成员国中，除了日本以外，其他国家与中国已有自贸协定，且进口产品已降税，RCEP下东盟出口到中国的中低端钢材产品在2018年零关税基础上范围将进一步拓展；因此，RCEP的影响主要体现在从日本的进口，会有小部分产品有一定的降税，但主要品种仍保留关税。出口方面，中国钢材出口至RCEP成员国，已基本均为零税（除了出口东盟部分产品还保留关税）；RCEP生效后，东盟显著扩大了对我国零关税产品的范围，印尼、菲律宾、柬埔寨、缅甸、马来西亚等国家均对我国新增了降税产品，主要包括汽车及零部件、摩托车、化工、机电、钢铁制品等等，东盟对部分钢材产品仍保留关税，降税缓慢，因此RCEP下关税减让对我国企业钢材进出口的影响有限。但如果考虑间接出口，对公司的下游行业如汽车、家电的出口有一定利好，会间接带动河北省的钢材进出口。

(二) 原产地累积规则

RCEP 原产地累积规则最重要的一点规定了区域内原产地累积规则，这是 RCEP 的一大突破。在确定产品原产资格时，可将各 RCEP 其他成员国的原产材料累积计算，以满足最终出口产品增值 40% 的原产地标准。这使得成员国企业在选择采销市场和优化产能布局时具备更大的灵活性，能够加速区域产业链、供应链融合，这为企业在 RCEP 区域内进行供应链布局带来了新机遇。此外，除了传统的由海关或贸促会出具的原产地证外，RCEP 还引入了经核准的出口商制度，即经海关核准的出口商可以自行出具原产地声明，同时允许背对背原产地证明，这极大地便利了企业开展国际贸易。

RCEP 生效后，原产地累积规则的实行将有效地降低产品获得协定项下原产地资格的门槛，促进生产要素在区域内自由流动。统一和宽松的原产地规则，对现有自贸协定原产地规则进行了整合，避免了"意大利面条碗"效应，大幅提升了享惠便利性。RCEP 区域原产地累积规则对促进中国与 RCEP 其他成员国经贸合作的作用主要表现在四个方面：一是原产地累积将带来区域内贸易的扩大效应；二是产业链供应链集成效应，即原产地累积规则鼓励使用区域内中间品进行生产，要着力扩大中间品生产。巩固在区域内的产业链供应链，提升供应链安全；三是投资虹吸效应，即域外跨国公司为了享受区域累积红利，会加大对区域投资布局，而中国市场最大、产业链最完整、营商环境和配套基础设施相对完善、技术创新能力较强，将成为跨国公司投资的首选；四是原产地累积规则有助于中小企业利用区域内上游供应链，从自贸协定中获益。

(三) 贸易便利化和海关监管规则

简化了海关通关手续，采取预裁定、抵达前处理、信息技术运用等促进海关程序的高效管理手段。尽可能在货物抵达后 48 小时内放行；对快运货物、易腐货物等，争取在货物抵达后 6 小时内放行。在世贸组织《卫生与植物卫生措施协定》（SPS Agreement）的基础上，加强了风险分析、审核、认证、进口检查及紧急措施等规则的执行。推动各方在承认标准、技术法规和合格评定程序中减少不必要的技术性贸易壁垒。

RCEP贸易便利化和海关监管规则维护各成员方企业切身利益，降低直接非关税贸易壁垒对区域贸易的影响；改善区域内贸易环境；大幅降低了贸易成本，提高通关效率；优化营商环境；提高区域内各成员贸易政策透明度；有助于实现贸易供应链安全、便利、通畅。

（四）服务贸易、投资准入、知识产权、自然人移动等规则

RCEP在服务贸易方面，承诺方式正面与负面清单并存。日本、韩国、澳大利亚、新加坡、文莱、马来西亚、印尼等7个成员国采用负面清单方式承诺；中国、新西兰、柬埔寨、老挝、缅甸、菲律宾、泰国、越南8个成员国采用正面清单承诺。未来会转为全负面清单模式：在不迟于协定生效之后的3年（老柬缅为12年），提交负面清单（不符措施拟议承诺表），并提供同等或更高水平的自由化承诺；协议生效之日后的6年内完成（老柬缅为15年），实现以负面清单模式做出承诺的较高水平服务贸易自由化。我国承诺协定生效后6年内转化为负面清单。在服务贸易承诺水平上，RCEP15个成员方均做出了高于各自与东盟"10+1"自贸协定水平的开放承诺，大幅提高了成员国间的服务贸易自由化水平。除了老挝、柬埔寨、缅甸三个最不发达国家，其他各方的承诺服务部门数量均达到了100个以上。这为我国企业"走出去"和进一步扩展区域产业链布局提供了广阔的市场空间。

投资准入方面，采用负面清单对制造业、农业、林业、渔业、采矿业5个非服务业领域投资作出较高水平开放承诺。除了投资自由化相关规则外，还包括投资保护、投资促进和投资便利化措施。

知识产权方面，规定了超出WTO《与贸易有关的知识产权协定》中规定的知识产权保护水平的保护，涵盖著作权、商标、地理标志、专利、外观设计、遗传资源、传统知识和民间文艺等广泛内容，并规定了知识产权权利人在权利受到侵害时成员国需提供的民事救济程序。

自然人临时移动方面。缔约方为促进从事货物贸易、提供服务或进行投资的自然人临时入境和临时停留所作的承诺。制定了缔约方批准此类临时入境和临时停留许可的规则，提高人员流动政策透明度。

部分成员国对配偶家属作出承诺,部分成员国承诺相关人员的配偶及家属也可以获得相同停留期限的签证,为相关人员跨境进行贸易投资相关活动免除后顾之忧。

(五)电子商务和贸易救济等规则

电子商务方面,鼓励成员国通过电子手段改善贸易管理和程序,规定了电子认证和签名、在线消费者保护、在线个人信息保护、网络安全、跨境电子方式信息传输等条款,成员国同意维持WTO不对电子商务征收关税的决定,中国首次在自贸协定中纳入数据流动、信息存储等规定。这将为各成员国加强电子商务领域合作提供制度保障,有利于营造良好的电子商务发展环境,增强各成员国电子商务领域的政策互信、规制互认和企业互通,促进区域内电子商务的发展。

贸易救济方面,设立了过渡性保障措施制度,对各方因履行协议降税而遭受损害的情况提供救济,有明确定义的条件和要求,此外还规定了RCEP过渡性保障措施实施的范围和期限;规范了反倾销和反补贴调查书面信息、磋商机会、裁定公告和说明等做法,强调禁止归零原则及披露事实和处理机密信息等义务,提升贸易救济调查透明度和正当程序。

争端解决方面,规定了"场所选择—磋商自愿调解—请求设立专家组—第三方参与争端"的争端解决程序,专家组的职能、程序、最终报告的执行、执行审查程序、赔偿及中止减让或其他义务。

三、影响分析与机遇挑战

(一)机遇

RCEP 15个成员国钢材生产及消费占全球比重均超过65%,因此RCEP的签订与实施将对全球钢铁工业的格局产生重大影响,对河北省钢铁工业发展具有重要意义,将为河北省钢铁工业更好地融入和服务全球市场带来机遇。

1. 促进原料供应链稳定。

RCEP成员国钢铁生产和消费均占全球总产量的65%以上,是全球最大的钢铁生产消费地区,RCEP的签署将进一步提升区域钢铁产业一体化发展水平，为区域内钢铁产业优化分工和合作创造更广阔的空间。

铁矿石方面，河北省铁矿石进口量大，对外依存度一直较高，其中澳大利亚进口是河北省铁矿石主要进口来源国。目前，澳大利亚铁矿出口无关税，中国也无铁矿石进口关税，但中澳贸易关系一直存在不确定性，RCEP的生效或将改善中澳贸易关系，对我国铁矿石进口贸易畅通形成利好。

炼焦煤方面，RCEP成员国中澳大利亚和印度尼西亚是河北省主要的炼焦煤进口国。近些年，我国对澳煤进口限制政策存在不确定性，随着RCEP生效，我国与澳大利亚、印度尼西亚、新西兰的贸易关系将得到改善，进口焦煤成本或将有进一步下降空间。

2. 促进钢材进出口，倒逼产品升级。

RCEP落地是地区国家以实际行动维护多边贸易体制、建设开放型世界经济的重要一步，对深化区域经济一体化、稳定全球经济具有标志性意义。RCEP纳入了很多全新的贸易形式，还包括知识产权、竞争政策、政府采购、中小企业等内容。协定提出的相关削减关税、简化海关通关程序、实现贸易和投资自由化和降低贸易壁垒措施有利于钢材市场的贸易畅通，同时国内钢铁企业也将面临来自进口产品的竞争。

RCEP成员国中，韩国和日本仍是我国钢材进口的主要来源。RCEP落地有效整合拓展了东盟十国和我国、日本、韩国、澳大利亚、新西兰之间的自由贸易协定，削减关税和非关税壁垒，将有效促进我国钢材进口增长。

近年来，随着我国汽车、高端装备制造等领域快速发展，镀层板、冷轧薄板带、热轧薄板带、电工钢和无缝钢管等中高端产品保持一定的进口规模。RCEP签署将降低河北省从日韩进口中高端钢材的成本，促进部分中高端钢材的进口，同时也将给河北省部分中高端钢材带来一定竞争压力，倒逼省内钢铁企业提升产品档次、质量及服务水平。此外，随着RCEP区域内多数产品实现零关税，各国制造业成本将进一步降低，对我国机电产品进口利好，从而带动河北省钢材间接进口增加。

RCEP生效也将促进河北省钢材出口的增长。RCEP成员国是河北钢材出口的主要目的地。短期来看，RCEP生效将进一步降低钢材的贸易成本，有利于提升河北省钢材产品出口竞争力，并在出口退税政策的共同作用下，促进河北省对RCEP成员国的钢材出口。但长期来看，随着RCEP国家尤其是东盟国家钢铁产能和产量的不断提升，加之劳动力成本优势以及国内其他省份的竞争，河北省钢材出口将呈下降趋势。

对于钢材间接出口而言，虽然RCEP将有利于东盟国家提升钢铁产业发展水平，但是下游产业链构建以及全产业链竞争力仍难以超越中国，我国机电产品等仍将保持竞争优势，并带动河北省钢材间接出口保持增长。

3.促进钢铁行业技术输出和升级。

近年来，"一带一路"倡议下国际产能合作硕果累累，既有钢铁绿地投资项目，也有整体收购，还有大量的冶金成套设备走出去。RCEP成员国中东盟国家是我国开展钢铁产能投资合作的重点地区，RCEP生效后大范围投资壁垒的取消，将极大促进区域内投资便利化，进一步助推我国钢铁企业海外投资建厂，优化钢铁全球布局。

RCEP生效后将促进我国装备技术输出和升级。随着钢铁和机械行业的迅速发展，我国在海外钢铁厂设计施工、设备供货、技术服务等方面取得了较大进步，设备、技术、工程服务出口将明显增加。与此同时，我国钢铁行业部分大型炼钢、轧钢先进装备仍然依赖进口，尤其是革命性、关键性工艺装备，如日本生态环保电炉、德国量子电炉、意大利无头轧制生产线，以及国内大型冷连轧机组的焊机、退火炉等关键设备。RCEP签署将有力促进地区经济复苏，拉动各国加大钢铁投资和建设力度，为河北省钢铁技术和装备输出提供更多机遇。同时，投资风险和贸易成本的有效降低，有助于增强我国钢铁行业装备技术对外输出竞争力。此外，RCEP的落实将促进河北省与日韩开展技术交流，引进日韩先进的装备技术，从而助力或倒逼河北省钢铁行业装备技术加快升级。

4.促进河北省钢铁行业对东盟国家的投资。

RCEP生效后大范围投资壁垒的取消将极大促进区域内投资便利化，进一步助推区域钢铁投资，优化钢铁全球布局。RCEP生效有利于推动成员国之间的投资,尤其是向东盟的投资,河北省的钢铁企业可以更容易在东盟投资建厂,有利于国际产能合作,促进东盟钢铁工业的发展壮大和产业升级。通过加大投资,东盟钢铁工业的结构可能发生变化,受部分制造业向东盟转移的拉动,目前75%左右为建筑钢材的生产和消费结构,可能逐渐向板材转移。发展潜力方面,中日韩、泰国、马来西亚、新加坡的钢铁生产和消费已经或者即将达到峰值,未来或将走下坡路,而印尼、越南、菲律宾、缅甸还有很大的发展潜力,未来或将走上坡路。同时,面对包括RCEP成员的诸多国家对河北省钢铁产品的双反调查和裁决,河北省钢铁"走出去"的步伐也需要加快。随着RCEP生效,将会为河北省钢铁产能"走出去"带来更多机遇,尤其是向东盟地区。此外,我国钢铁企业和政府机构应当形成联盟,继续加大海外权益矿的投资力度,降低外矿依赖度,有效提高我国在国际铁矿石市场的话语权。

5. 促进输出环保经验和加强低碳合作。

在持续多年的环保政策引导约束下,河北省钢铁行业绿色发展已达到世界先进水平,实现了行业经济与环境效益双赢,积累了丰富的行业环保治理经验。RCEP落地为包括河北省在内的中国钢铁行业环保技术和环保治理经验的输出创造广阔空间,甚至可以助力成员国中的发展中国家跨过高排放、高污染、重复建设阶段,直接进入到超低排放时代。同时,RCEP将促进我国与区域内各国的钢铁产品、技术、装备标准对接以及与标准体系的相互兼容,从而有助于提高河北省钢铁企业国际化程度。

RCEP还将助推区域内钢铁产业的低碳合作。低碳发展将对钢铁行业产生深远影响,甚至带来广泛而深刻的生产、消费、能源和技术革命,进而重塑区域乃至全球钢铁发展格局。RCEP落地将对区域内钢铁产业低碳发展带来双向利好。一是促进区域钢铁产业参与碳交易。中国、日本、韩国、新加坡均宣布了各国碳中和目标,这将进一步推动更多成员国在应对气候变化问题上达成共识。我国拥有庞大的碳市场,新西兰、澳大利亚、韩国、日本等部分成员国也已建立碳市场,RCEP签署将有利于构建跨区域碳市场,对区域内钢铁产业积极参与并进一步活跃区域碳市场、促进市场化机制碳减排具有积极作用。二是促进低碳技术的研发及应用合作。日本、韩国拥有新日铁、浦项等世界先进钢铁企业,在钢铁低碳技术研发、低碳工艺探索、低碳管理减排等方面具有丰富经验。RCEP签署有利于促进区域内钢铁产业氢冶金、钢化联产、CCUS等低碳技术研发、工艺流程设计、项目合作,将为我国钢铁行业实现碳中和等目标提供有力技术支撑。

(二)挑战

1. 钢铁企业将面临着来自进口钢铁产品的激烈竞争。

RCEP提出的相关削减关税及非关税壁垒措施,有助于中国企业开拓国际市场,同时也给国外钢铁企业进入我国市场打开了方便之门,RCEP国家也是河北省钢铁类产品进口的重要来源国,进口钢铁产品将冲击我国的钢铁市场,河北省的钢铁企业将面临着来自进口钢铁产品的激烈竞争。因此,河北省的钢铁企业需要提升市场竞争力,提前分析各类钢铁产品的进口趋势和变化,严格把控质量,提高企业的市场价值。

2. 钢铁产业链中下游制造业可能面临向境外转移。

近年来,河北省钢铁产业链中的下游制造业与全球供应链深度融合,在融合的过程中,已逐渐形成"你中有我,我中有你"的利益格局。受疫情影响,叠加贸易问题和地缘政治因素,我国国内钢铁产业链中的下游行业存在向外转移的趋势,从而逆向影响河北省钢铁产业的发展。当前我国工业处在转型升级的关口,要从以往的规模速度型向品质效益型转变,因此,钢铁产业链下游行业中一些技术含量偏低、劳动密集型的环节、领域会适度转移到其他国家和地区,是符合事物发展规律的合理变化,此为国内产业转型及升级之必经阶段,也是国际上通行的做法。同时,有些产业向境外转移是为规避贸易的壁垒。但围绕钢铁产业链形成的整体服务配套能力、上下游协同合作关系,是在市场机制作用下经过多年磨合而自然形成的。这也使得钢铁产业链下游行业的转移成本较高,不会一蹴而就。RCEP生效后,其累积原产地规则、新技术推动贸易便利化等,可降低产业链集中转移的风险。

3. 进口依赖提升，技术创新之路将受挑战。

随着进口的高技术含量钢铁产品价格进一步降低，进口产品在国内的市场份额可能随之加大，国内企业的自主技术创新任务更加艰巨。在国际贸易保护主义抬头和贸易摩擦增多的背景下，我们应避免过度依赖单一国家外来产品和技术，促进产学研协同创新，维护我国钢铁行业的稳定安全。

4. 反倾销、反补贴或保障措施为主的贸易救济措施会增加。

RCEP生效后，随着成员国对关税的大幅减让，出于保护本土产业的目的，预测各国会增加对钢铁产品采取以反倾销、反补贴或保障措施为主的贸易救济措施。各国已不再简单通过增加关税的形式来保护其国内产业，非关税贸易壁垒成为重要手段。2020年11月印度宣布退出RCEP谈判时，印媒就曾指出，印度担心价廉的中国进口产品将对印度本国产业带来沉重打击。近四年来，RCEP成员国对中国钢铁及其制品共发起31起贸易救济原审调查。未来，RCEP成员国将重点关注非关税贸易壁垒，除增加反倾销、反补贴和保障措施原审立案外，还可能会通过期间复审或日落复审调查程序，增加对中国进口钢铁类产品的贸易救济措施及延长其适用时间。此类非关税壁垒下的征税期间跨度较长，将给企业带来严苛的市场挑战。

5. 企业高水平应对规则能力亟待加强。

目前，河北省的部分企业对RCEP的认识多停留在关税减免层面，对RCEP下的投资自由化便利化、救济措施、争端解决等内容关注度不高，"走出去"双向利用我国与自贸伙伴的自贸区网络实现产能配置优化、运用规则加强自身权益保护的意识和能力还不强，可能导致部分企业错失先机。

四、河北钢铁行业高质量国际化发展的对策建议

（一）产业转型升级方面

1. 完善科技创新政策，大力支持钢铁产业转型升级。

一是加大新产品研发力度。全面优化钢材产品结构。对企业应用新技术、新工艺、新材料，自主研发关键技术的项目，优先纳入省级

财政予以支持，推动钢铁新产品、新技术研发，提高企业创新能力。二是发展钢铁产品精深加工。对接河北战略性新兴产业规划对关键基础材料品质要求，加大特钢集群招商引资力度，吸引特钢产业链、配套项目落户河北，重点发展机械制造用各种轴类零件、机械结构件和大型铸锻件，满足河北装备制造行业需求。依托汽车工业，推动钢铁制造业向汽车零部件延伸，形成上下联通的汽车产业链条，努力打造汽车零部件用钢特色发展区。三是开发应用先进制造技术。积极探索在钢铁领域建设省级统一的行业创新创业平台，以钢铁企业为创新主体，积极发挥好设计单位的桥梁和推广作用、大学和科研院所的基础先导作用，鼓励钢铁企业与河北高校开展合作，大力推广和实施产学研用相结合模式，引入市场化运作机制，推动高校、科研机构与钢铁企业多元化合作，着力建设一批国家和省级技术创新示范钢铁企业。

2. 引导钢铁企业完善"引进—吸收—再创新"机制，促进技术进步。

技术创新是驱动钢铁产业升级的重要因素，而引进、吸收、再创新是河北省钢铁产业技术创新的重要模式。目前，河北省的钢铁企业相对重视技术引进，而对所引进的技术消化吸收重视不够。这种缺少改进、思辨、盲目全盘接受的技术创新模式容易出现非市场导向的"水土不服"后果。因此，钢铁企业需要在引进后进行再加工再升级，从技术引进到人力资本建设等关键环节协同，最终实现技术进步。为此，建议省政府相关部门引导企业制定技术"引进—吸收—再创新"专项规划，并给予企业法务方面的支持；加强对企业技术"引进—吸收—再创新"全程的宏观管理；引导科研院校与钢铁企业合作，加快高校、科研院所的知识溢出过程；建立与完善政府与企业的技术"引进—吸收—再创新"沟通渠道。

（二）产业链拓展方面

1. 补链是河北钢铁产业链稳固提升的首要任务。

补链主要从补强铁矿石战略资源供应链和炼焦资源保障体系、海外钢铁生产力布局空间链和"卡脖子"关键产品供应链三方面着手。

补强铁矿石战略资源供应链。积极通过优化税赋、提高资金支持等多种方式，加大国内铁矿资源开采力度，努力提高国产矿比例；继续鼓励河钢集团、敬业集团等大型企业发挥龙头作用，积极建立海外大宗物料生产基地和贸易体系，不断提高铁矿石交易定价话语权，构建全球铁矿石资源保障体系；共同确保钢铁产业链上游战略资源供应"生命线"安全，有效提升河北省钢铁产业链抗风险能力。加快完善炼焦资源保障体系，增强保障能力，钢铁生产企业要加强与煤炭企业的战略合作，加快炼焦煤资源的勘探开发，建立长期稳定的国内外焦煤供应基地。

补强海外钢铁生产力布局空间链。进一步加大"走出去"力度，鼓励和支持有实力钢铁企业在东盟国家布局钢铁生产企业，构建并补强河北省钢铁产业全球生产力布局空间链。

补强"卡脖子"关键产品供应链。鼓励研发、生产、应用各相关方加强纵向深度合作，创新产学研用协同开发推广应用机制，加快推动高端、关键钢铁材料的推广应用，稳步扩大关键钢铁材料优质增量供给，进一步增强我国钢材产品自给自足能力。

2. 强链是河北钢铁产业实现高质量发展的重要支撑。

一是做强做精中游生产链。大力提高炼铁系统工艺水平，推进炼钢新技术和新工艺，降低冶炼成本，提高生产效率；强化节能减排改造升级，减少污染物排放。

二是构建与产业链动态交互的创新链。拉长产业链、提升价值链离不开创新链的赋能。结合河北省钢铁产业链在工艺创新、产品创新、业态创新等方面的不足，有针对性地加快推动创新链建设，开展关键核心技术集中攻关工作，从源头增强钢铁产业链的活力和动力。

三是推动建设钢铁全产业链集群。推动钢铁产业链上下游组团发展，搭建从上游资源供应到下游钢铁制品生产的完整、闭环区域性产业链，形成若干个以钢铁产业为核心的全产业链集群，切实提高钢铁产业链的长度和强度，进一步稳固提升河北省钢铁产业链的健康程度和抗风险、抗冲击能力。

3. 延链是河北钢铁产业链迈向高端的必由之路。

一是深度挖掘钢铁产业价值链。着力提升河北省钢铁产品价值链，引导钢铁企业有序建设钢材精深加工生产线，重点发展冷轧板、涂镀层板等优质高端钢材，支持头部企业在国内外建设钢材加工配送中心，进一步提高钢材产品附加值。同时，强化先期介入、一站式采购服务、问题解决方案式营销等举措，深度挖掘钢铁产业价值创造潜力，推动我国钢铁产业全面向价值链高端迈进。

二是不断拓展钢铁产业服务链。积极拓展钢铁企业功能，实现由钢材生产者向材料供应者、废弃物收纳者、社会服务者转变，支持和鼓励城市钢厂依托雄厚的工业基础和综合实力，着力培育工业服务业、城市服务业等生产性服务业，推动钢铁产业服务链在相关领域的自然延展，不断拓宽服务范围，不断增强社会责任，促进钢铁企业与城市融合协调发展。完善钢铁物流配送，发展钢铁电子商务和建设钢铁物流园区，提升产品价值和服务功能。要鼓励钢铁企业建立钢材服务中心，为用户提供全方位钢铁材料解决方案，实现钢铁工业与下游产业的共同发展和互利共赢。

总之，钢铁产业链相当庞大，所涉及的上下游企业也很广泛，在一个新兴产业聚集的时代，河北省钢铁行业要以"保障上游、做精中游、开拓下游"为原则，大力延伸钢铁产业链，完善河北省钢铁产业的链式布局和集群发展，助力河北省钢铁产业走上绿色高质量发展新路。

(三) 扩大贸易规模和双向投资方面

1. 分类贸易策略，深挖各国钢铁需求。

RCEP各国政治、经济状况各有不同，对钢铁产品数量与质量的需求也各不相同。因此，河北省在钢铁出口贸易上要制定分类策略，在公平、公正的基础上，针对不同国家采取不同的贸易策略。针对经济发展水平较高、钢铁需求旺盛的国家，继续维护钢铁贸易的优先合作，加强双边贸易关系；对经济发展水平较低、钢铁需求不高的国家，注重合作意愿的培养，加大帮扶投资力度，以扩大基础设施建设为依托，深挖钢铁需求。

2. 加强风险防范意识，制定国际贸易投资风险应对机制。

随着经济逆全球化趋势和新冠疫情的影响，河北省钢铁行业在

RCEP框架下进行国际贸易和投资,面临着政治、经济诸多复杂的风险。因此,钢铁生产与贸易企业应该加强风险防范意识,制定具体的风险防范措施,采取多样化的风险控制手段,还要形成贸易风险应对机制。在项目投资建设之前,实施严密、完整、科学的风险评估与可行性分析,充分做好风险管理。

(四)支撑体系和营商环境方面

1. 探索引入服务投资一体化的负面清单管理方式。

通过高水平实施RCEP,改善营商环境,推动河北高水平制度型开放。对标更高水平自贸协定,打造开放高地。积极研究自贸协定中的负面清单规则体系,探索引入服务投资一体化的负面清单管理方式。

2. 做好面向钢铁企业的公共服务。

企业对外经贸合作面临诸如社会政治、政策、经营、市场、技术等风险。推动石家庄海关、河北省贸促会和省政府相关部门积极开展自贸协定公共服务平台建设,一方面通过对境内外相关政策信息进行整合,搭建信息库与共享平台,为企业申请和享受协定关税减让、用好协定规则等提供全方位的指南服务,帮助企业提高应对RCEP规则的能力。另一方面利用大数据、区块链等先进技术,构建国内钢铁行业产品信息数据库,提高行业产品信息的透明度,促进企业发展规范化。

3. 加大中国钢铁标准国际化推广力度。

深入推进区域经济合作,使RCEP更好地发挥应有的作用,标准化是重要一环。对此,国家市场监督管理总局标准创新司二级巡视员姬二明强调,标准尤其是国际标准已成为世界通用语言,在RCEP协定下,作为国民经济中的基础产业,中国钢铁工业国际标准化步伐必须加快。要根据产业需求继续推进标准外文版翻译工作,特别是争取成套钢铁标准海外应用试点示范工作具体落地,加大中国标准国际化推广力度。

4. 加强人才培养。

一是加强培育专业人员。依托重大工程项目,鼓励校企合作,支持高等学校加强智能制造相关学科专业建设,引导职业学校培养产业发展急需的技能型人才;鼓励领先企业、行业服务机构等培养高水平的智能制造人才队伍，促进钢铁行业智能化水平不断提升和发展。二是加强国际化人才培养，增强文化认同。要树立人才培养的全球化观念，加大国际化人才培训力度，通过继续教育，更新优化在职人员知识结构，在原有专业基础上，补充国际规则、区域国别知识等方面的学习内容，不断增强跨文化沟通能力和国际化运作能力，重视国际化人才培养、交流和选拔。积极组织境外合作项目的外方人员以及所在国政府人员来华培训交流，加强对我国社会发展和企业文化的了解，以文化认同为依托加强对外合作的风险防控。加强与投资东道国的人文交流，人文交流是增进民众友好互信，促进文化相互融合的重要载体，也是促进河北省钢铁产业向境外转移的重要推手。

5. 完善环境保护相关税收政策。

一是扩大资源综合利用税收优惠政策范围。建议将钢铁、铁合金生产过程中产生的余热、余压发电符合税收法定条件的，可享受增值税100%即征即退政策，钢铁、铁合金企业工业生产过程中废余热、余压发电取得收入，符合法定条件的，可按90%计入收入总额计算缴纳企业所得税。二是提高铁矿等原材料资源税率。建立市场出清倒逼机制，积极实施矿产资源税从价计征改革，建议将铁矿石等钢铁原材料规定为20%，加大对高能耗、高污染企业的"倒逼"，通过增加初级产品成本加速市场出清。

第六章　提升建材行业国际竞争力

一、河北省建筑建材行业发展现状或现实基础

（一）河北省建筑建材行业发展规模概况

进入新时代以来，河北立足资源优势，逐步形成了以建材、装备制造、钢铁、石化、食品、医药、纺织服装等七大产业为主导的较为完备的产业体系。据河北省住房和城乡建设厅消息，2021年河北省全年共完成建筑业总产值6484.6亿元，同比增长9.0%；完成建筑业增加值2303.9亿元，占全省生产总值的5.7%，连续5年占比达到5%以上，建筑业支柱产业地位持续巩固。其中，河北省建筑建材产量，平板玻璃居全国第一，卫生陶瓷、水泥等居全国前列。

在2021年全力聚焦稳增长过程中，市场主体实力提升是河北省建筑业发展的主要亮点。河北省施工总承包特级资质企业累计达到20家，另有10家建筑业企业成功晋升施工总承包一级资质，建筑业头部企业日益壮大。截至2022年3月，河北省建筑业企业总数达到14317家，较2020年增加2792家，建筑业企业资质水平、质量效益明显提升。河北建设集团、天保建设集团等企业已在香港成功上市；河北建工集团、中建路桥集团等企业海外份额逐年提高。截至2021年，全省已建成装配式建筑国家范例城市4个、产业基地21个，位居全国前列。

（二）河北省建筑建材行业对外贸易概况

河北省外向型经济蓬勃发展，整体出口规模呈不断扩大趋势。河北与RCEP各成员国经贸合作基础良好，发展潜力巨大。2021年1至10月，河北对RCEP国家进出口总值1625.4亿元人民币，同比增长20.8%。

河北省目前建筑材料经济运行下行压力较大，行业经济运行波动性、市场预期不确定性更为明显。建筑材料市场需求减少，建材产品出厂价格微幅回落，生产稳中趋缓，主要经济效益指标下降，进出口

保持增长，行业经济运行动力减弱。市场需求减弱、原料燃料价格高位波动，均对河北省建筑建材行业运行产生较大的影响，稳增长压力较大。

（三）河北省建筑建材行业利用外资对外经济合作概况

2022年以来，河北省实际利用外资实现量质提升，彰显出河北省营商环境持续改善，投资机遇不断扩展，利用外资前景良好。利用外资以大项目为主，引资结构持续优化。建材行业外商直接投资增长较快。河北省主要外资来源地投资较快增长，来自韩、日的合同外资，分别增长6.7倍和4.8倍。2022年前三季度，河北省实际利用外资95.7亿美元，同比增长10.1%，比上半年加快2个百分点。

（四）河北省建筑建材行业在全球和全国产业链中的地位

从全球来看，中国是建筑业产值最大的国家，是建筑材料生产大国，东盟原材料企业与中国合作势头良好，建筑建材企业过去是从东盟国家采购原料，运回中国加工，再把产品送出去，现在慢慢变成在东盟国家建立加工生产厂，随之而来的资本输出，让中国和东盟各国，不只是简单产品物流上的连接，更是产业链和资本的连接。伴随着RCEP带来的双边贸易壁垒的下降，不仅有利于中国产业"走出去"，更有利于国外产业"引进来"。

2010年起，中国取代日本成为全球三大价值链的中心之一，推动亚洲区域的贸易量超过欧盟和北美自贸区的内部贸易。从经济总量、基础设施的完善程度看，我国在RCEP成员国中都居于领先地位，对于外商投资而言具有较强的吸引力。我国将有望承接更多的成员国企业贸易合作，可加速新一轮建筑建材业升级和产业链优化。

河北省建筑业占全省生产总值的比重由1952年的2.0%提高到2020年的5.8%，提高了3.8个百分点，1952—2020年建筑业增加值年均增长9.1%，快于地区生产总值年均增速1.1个百分点，对经济支撑作用明显增强。近十年河北省建筑建材行业增速放缓，对成本和质量的关注度逐渐提升，行业开始寻求新的发展途径，比如被动式超低能耗技术促进建筑业从过去的"增加数量"向未来的"提高质量"转变。

目前，河北省被动式超低能耗建筑专用产品产量和销量居全国首位。截至2019年11月底，河北省专用产品销售额占全国销售总额的61%，居主导地位。截至2018年底，河北省被动式超低能耗建筑及关联产业全产业链产值约1950亿元，其中制造业规模以上工业企业660家左右，产值约1400亿元；石家庄、廊坊、唐山、沧州、保定等地相关产业基础较好，形成系统集成技术、节能门窗、保温材料等产品为主导的产业集群25个。初步形成了完整的产业链和支撑产业集群。

（五）河北省建筑建材行业与其他先进省市对比存在的问题和不足

1. 在发展规模和增长潜力上，广东省在全国处于领先地位，江苏次之。其中，广东的建筑业总产值增长率、房屋建筑竣工面积增长率都呈现最快的增长趋势；江苏作为一直以来的建筑业规模大省，在建筑业总产值、房屋建筑竣工面积、签订合同额、建筑业增长值四个指标上都处于最高水平。河北省在我国建筑业规模增长方面处于劣势地位。

2. 在发展效益上，海南、江苏、北京、河南、湖北、云南、福建、湖南、重庆、吉林处于中上游水平。研究发现，虽然海南、云南、吉林地区的规模增长处于劣势地位，但其很重视建筑业发展对我国经济发展和社会进步带来的效益，尤其是海南省的资产负债率、产值利税率等都处于领先；江苏、北京、湖北地区则是由于建筑业发展产出规模比较大，其相应的对经济社会发展的贡献也处于较高的水平。相比之下，河北省在我国建筑业发展效益水平上比较落后，建筑业未处于经济增长的显著支撑地位，建筑业发展推进人民生活水平提高的程度偏低。

3. 从发展的资源消耗和生态环境效益上，江苏省在全国处于领先地位，浙江、上海次之。其中，江苏的能源和钢材、木材、水泥等建筑材料消耗量都很低，新建绿色建筑面积占比很高，导致碳排放量也很少，这也是由于江苏、浙江、上海在建筑业绿色化发展的道路上处于带头区域，制定的绿色建筑标准和法规政策都是高要求、高水准。而河北省的建筑业绿色发展水平相对落后，建筑业规模也不是处于前列，由于在建筑业发展绿色化重点推行和绿色建筑标准的施行上开展的时间较晚，河北省的资源消耗水平和对生态环境的影响都还是处于劣势水平。

4. 在对外开放方面，广东保持领先的地位，上海、山东次之，江苏、浙江紧随其后。广东一直以来都是开放合作程度最大、人文交流最密切的省份，其对外承包工程完成营业额在国内表现最优；上海、山东作为我国"一带一路"倡议的重要口岸，江苏、浙江作为我国对外开放的战略支点，这些沿海区域的对外依存度和出口贡献都具有一定优势。然而河北等地区的建筑业对外开放水平与广东存在较大差距，建筑业的发展历程中引进外商投资和对外承包工程相对较少。

二、RCEP对相关行业的政策规则

RCEP正式生效实施将使建筑建材行业面临更加激烈的市场竞争环境，但从长期看有助于在更高水平上形成新的产业发展优势。河北省建筑建材行业主要出口商品包括：水泥及水泥熟料、陶瓷产品、玻璃及其制品等。以下分析对标RCEP的政策规则，重点就建筑建材产品中水泥、玻璃或陶瓷制品等为例，进行相关分析与说明。

(一)关税减让规则

协定的目标之一是通过逐步取消缔约方之间实质上所有货物贸易的关税和非关税壁垒，逐步实现缔约方之间货物贸易的自由化和便利化。协定内的各国对于关税减让都已经做出了明确的计划，不仅是降幅较以前的协定有下降，更是将降税范围进行了扩大，这些极大利好河北省的建筑建材外贸企业，可以增加河北省建筑建材行业在海外的竞争力。

1. 整体关税减让承诺。

RCEP各缔约方适用的关税承诺表分为两大类。一类是"统一减让"，即同一产品对其他缔约方适用相同的降税安排，澳大利亚、新西兰、马来西亚、新加坡、文莱、柬埔寨、老挝、缅甸等8个缔约方都是这种模式，这些缔约方只有一张关税承诺表，即RCEP项下原产于不同于缔约方的同一产品，在上述缔约方进口时，都将适用相同的税率。

另外一类是"国别减让"，对其他缔约方适用不同的降税安排，采用这种模式的国家包括韩国、日本、印度尼西亚、越南、泰国、菲律宾和我国，这意味着"原产于不同缔约方的同一产品，在进口时适用不同的RCEP协定税率"。我国分别与日本、韩国、澳大利亚、新西兰和东盟两两达成货物贸易关税承诺,共有5张关税承诺表。

2. RCEP降税模式。

降税模式主要包括4种:协定生效立即降为零、过渡期降为零、部分降税以及例外产品。过渡期的时间主要为10年、15年和20年等。

(1) 协定生效立即降为零。

在协定对一缔约方生效的第一年,原产货物立即执行零关税。建筑建材产品如白水泥(HS税目2523.21.00)即协定生效后第一年,原产货物立即执行零关税。

(2) 过渡期降为零。

原产货物的关税税率自协定对一缔约方生效之日起,经过一段过渡期线性或者非线性的削减,从基准税率最终降至零。如建筑用砖(HS税目6904.10.00),除东盟、澳大利亚、新西兰外,其对日本、韩国的关税税率自协定生效之日起,经过一段过渡期的削减,从基准税率最终降至零。再如建筑建材产品玻璃块料(HS税目7001.00.00)对协定成员国的关税税率均为自协定生效之日起,经过一段过渡期的削减,从基准税率最终降至零。

(3) 部分降税。

原产货物的关税税率一定程度削减,但最终并不降至零。

(4) 例外产品。

协定生效后,免除任何削减或取消关税承诺的产品。在公布的RCEP关税承诺表中,这类商品的协定税率都以字母"U"表示。例如,建筑建材产品中的陶瓷产品(HS税目69)中例外产品有3个,这意味着协定生效后,这些产品可以免除任何削减或取消关税承诺。

3. 我国及其他缔约方关税承诺情况。

RCEP缔约方除日本外已与我国先后签署实施包括《亚太贸易协定》《中国-东盟自由贸易协定(升级版)》《中国-新西兰自由贸易协定》《中国-新加坡自由贸易协定》《中国-韩国自由贸易协定》及《中国-澳大利亚自由贸易协定》等6项优惠贸易安排。

第六章 提升建材行业国际竞争力

(1) RCEP项下河北省建筑建材主要产品降税情况分析。

表1 河北省建筑建材主要产品对其他缔约方降税产品（部分）

	产品名称	基准税率	关税降为0.0%
日本	水泥熟料 2523.10.00	8.0%	第11年
韩国			第1年
东盟			第1年
澳大利亚			第1年
新西兰			第1年
日本	白水泥 2523.21.00	6.0%	第1年
韩国			第1年
东盟			第1年
澳大利亚			第1年
新西兰			第1年
日本	陶瓷产品及混合物 2844.10.00	5.5%	第1年
韩国			第1年
东盟			第1年
澳大利亚			第1年
新西兰			第1年
日本	建筑用砖 6904.10.00	15.0%	第11年
韩国			第10年
东盟			第1年
澳大利亚			第1年
新西兰			第1年
日本	玻璃陶瓷制 7013.10.00	24.5%	第21年
韩国			第20年
东盟			第20年
澳大利亚			第20年
新西兰			第20年
日本	玻璃块料 7001.00.00	12.0%	第11年
韩国			第10年
东盟			第10年
澳大利亚			第10年
新西兰			第10年

续表

	产品名称	基准税率	关税降为 0.0%
日本	玻璃球 7002.10.00	12.0%	第 11 年
韩国			第 10 年
东盟			第 1 年
澳大利亚			第 1 年
新西兰			第 1 年

对标协定规则，由上表可以看出，河北省建筑建材主要出口产品，如水泥、陶瓷、玻璃等，有的产品在协定生效后，关税立即降为零，有的是过渡期降为零等。过渡期的时间主要为 10 年、15 年和 20 年等。

表 2　河北省建筑建材主要产品对其他缔约方降税一览表

降税模式		日本	韩国	东盟	澳大利亚	新西兰
协定生效立即降为零						
过渡期降为零	10 年降为零					
	15 年降为零				0	0
	20 年降为零					
最终零关税比例						
部分降税						
例外产品						

（2）RCEP 项下其他缔约方对我国建筑建材产品降税承诺情况。

表 3　其他缔约方对河北省建筑建材主要产品降税一览表

降税模式	日本	韩国	东盟			澳大利亚	新西兰
			马来西亚、越南、新加坡、泰国、印尼、菲律宾、文莱	老挝、柬埔寨、缅甸（最不发达国家）			
协定生效立即降为零							
最终零关税比例							
部分降税	0		0				
例外产品							0

(3) 关税减让与现有双边协定比较。

超出中国东盟自贸协定降税安排的产品相对较多,包括:成卷或成张的自粘的胶粘纸、已印制的纸或纸板制标签等商品;初级形状的其他丁苯橡胶、车窗玻璃升降器等商品;超出中新、中澳自贸协定降税安排的产品较少,包括部分中密度纤维板等商品。

4. 其他缔约方关税减让与现有双边协定比较。

中澳、中新自贸协定——澳、新均已对中国原产货物100%自由化。

超出中韩自贸协定降税安排——瓷砖等。

超出中国东盟自贸协定降税安排——出口至泰国的纸制品等。

出口至日本可享惠商品主要集中在塑料制品等。

5. 企业充分利用关税减让优惠政策的注意要点。

RCEP实施后,其关税减让将与其他优惠贸易协定(安排)关税减让并行实施。每项优惠贸易协定(安排)都有自己的关税减让清单和原产地规则,同一项货物在不同协定下将对应不同的降税水平和原产地规则。各进出口企业应根据自身情况,结合RCEP及其他优惠贸易协定(安排)的关税减让幅度、原产地规则及其实施操作程序进行综合评估、比较,优化企业供应链,充分利用优惠政策,达到经济收益最大化。

(1) 择优适用优惠贸易协定(安排),充分享受进口关税优惠。

各建筑建材进口企业应针对自身进口货物,比较不同优惠贸易协定(安排)下的降税水平及原产地规则。尤其注意的是,同一原产国的同一货物在不同优惠贸易协定(安排)下所适用的税率和原产地规则也可能有所差别。以韩国原产货物为例,RCEP生效后,中国与韩国之间的优惠贸易协定将有RCEP、中韩自贸协定、亚太贸易协定三项。进口企业自韩国进口货物时,需考虑申请适用哪一项优惠贸易协定项下的优惠关税,并须确保货物具备该协定项下原产资格。

(2) 用好缔约方对我国出口货物的优惠关税待遇。

自贸伙伴的关税减让,可以增强我国出口产品在目标市场的价格优势。出口企业应针对其出口产品关注RCEP缔约方对有关货物的关税减让情况,并深入评估有关货物是否满足原产地规则。如果货物不能满足原产地规则,可以进一步考虑调整原材料来源,结合各缔约方的产业优势,增加区域内原材料的占比,并深入评估这种调整所需的合规成本。同时,出口企业可以将有关关税减让作为自身产品的优势纳入商务洽谈中,并可考虑通过调整定价等方式,与缔约方的进口商共享关税减让带来的红利。

(二)原产地累积规则

原产地累积规则,将有力推动河北省与RCEP各国建筑建材行业价值链的建设。RCEP原产地累积规则最重要的一点是在缔约方范围内累积原产材料,使得成员国企业在选择采销市场和优化产能布局时具备更大的灵活性,能够加速区域产业链、供应链融合,这为河北省建筑建材企业在RCEP区域内进行供应链布局带来了新机遇。与双边的自贸协定相比,拥有15个缔约方的RCEP累积规则将进一步降低产品获得关税减让的门槛,更有利于扩大产品出口。

河北省建筑建材企业应洞悉RCEP原产地累积规则,抓住政策红利,优化产业链布局。下表为河北省建筑建材主要产品特定原产地规则说明,如水泥(HS税目2523.10.00)、陶瓷产品(HS税目69)、玻璃及玻璃器皿(HS税目70)均品目改变或区域价值成分40。

表4　河北省建筑建材主要产品特定原产地规则说明

章节	产品描述	产品特定规则
68	石材、石膏、水泥、石棉、云母或类似材料	品目改变或区域价值成分40
69	陶瓷产品	品目改变或区域价值成分40
70	玻璃及玻璃器皿	品目改变或区域价值成分40

同时,相较于以往的"10+1"协定,RCEP进一步丰富了原产地证书的类型,在传统原产地证书之外,还将允许经核准的出口商声明以及出口商的自主声明。标志着原产地声明制度将由官方授权的签证机构签发模式转变为企业信用担保的自主声明模式,能有力节省企业的经营成本,为河北省建筑建材产品出口提高通关时效。

第六章 提升建材行业国际竞争力

（三）贸易便利化和海关监管规则

RCEP中的海关程序与贸易便利化领域规则，为区域内各成员方企业提供高效快捷的通关服务，共同维护区域贸易秩序。河北省建筑建材行业企业可以在海关法律和法规上更加一致透明，海关程序和货物通关更有效率，和成员国建筑建材企业之间的贸易更加便利。海关程序和贸易便利化相关规则主要包括以下方面：

1. 明确各缔约方海关遵循原则，加强合作。

（1）保持一致性。

这是首次在自贸协定中，就各缔约方在其全关境内执法统一性进行了规定，规定各方应在其关境内就法律法规及程序保持统一。

缔约方应当制定新的或采取已有行政措施，确保其进出境相关法律法规、规章及制度等措施在全关境各个口岸保持一致，保证各通关口岸的通关程序和执法依据的统一。同时，各缔约方仍可行使其海关法律法规授予的自由裁量权，如果有一缔约方未遵守相关义务，另一方可以启动磋商程序。

（2）保持公开透明。

建筑建材企业要及时掌握在互联网上公布的进出境、过境等相关的程序、表格和文件要求，包括税率、通关过程中的产品归类、估价规定、禁限要求、费用规范、处罚规定等各类信息。比如：我国在RCEP的指导意见中提出要进一步督促指导各地方口岸管理部门落实口岸收费目录清单制度，了解清单之外无收费项目。另外，协定规定各缔约方设立咨询点，就进出境相关问题企业可以进行咨询。

2. 简化海关通关程序。

（1）明确货物抵达前处理程序。

提交货物进口所需的文件和其他信息，以便在货物抵达前开始处理，从而加快货物放行。比如规定了货物在抵达前可以进行预申报，以便货物抵达后第一时间放行。

（2）海关程序大力简化。

对货物检查以合理和必要为限，实现普通货物48小时通关，易腐货物6小时通关，快件6小时通关。时效性的规定大大超越了WTO以及我国已签署实施的自贸协定中相关规则承诺水平。

(3) 遵循货物风险管理。

建筑建材企业应遵循风险管理制度，守法贸易。

3. 海关程序管理能力提高。

(1) 规定预裁定措施。

对各缔约方做出涉及估价方法和标准的预裁定事项作出了义务性承诺，对实施预裁定的原则、范围、流程以及效力等做了详细规定。比如预裁定决定应于 90 天内做出，具有约束力，且有效期不少于三年，大大超越了 WTO 以及我国已签署实施的自贸协定中相关规则承诺水平。同时规定了提出预裁定申请的主体，进出口商及具有合理理由的任何人及其代表，并且考虑到了中小企业的需求。

(2) 应用信息技术进行管理。

使用可以加速货物放行的海关程序的信息技术，包括在货物运抵前提交数据以及用于风险目标管理的电子或自动化系统，便于海关对海关程序的电子化管理。比如，未来我国进出口环节监管证件统一纳入"单一窗口"受理，最大限度实现通关物流环节单证无纸化。

4. 海关企业管理

(1) 对 AEO 认证企业实行贸易便利化管理。

规定了经认证的经营者范围扩大到中小微企业，缔约方考虑使用协调员制度主动为守法企业提供便利措施。缔约方 14 个成员中，已有 10 个成员建立了 AEO 制度；我国与 5 个国家签署了 AEO 互认安排。

(2) 建立后续稽查管理制度。

设立透明的后续稽查程序，以风险为基础选择当事人或货物进行后续稽查，保证海关及其他相关法律法规得到遵守。缔约方认可在后续稽查中获得的信息可以用于进一步的行政或司法程序。在实施风险管理时使用后续稽查结论。

(四) 服务贸易、投资准入、知识产权、自然人移动等规则

1. 服务贸易方面。日本、韩国、澳大利亚、新加坡、文莱、马来西亚、印尼等 7 个成员国采用负面清单方式承诺，中国等其余 8 个成员国采用正面清单承诺，并将于协定生效后 6 年内转化为负面清单。

就开放水平而言，15方均作出了高于各自"10+1"自贸协定水平的开放承诺。中方服务贸易开放承诺达到了已有自贸协定的最高水平，承诺服务部门数量在中国入世承诺约100个部门的基础上，新增了研发、管理咨询、制造业相关服务、空运等22个部门，并提高了建筑等37个部门的承诺水平。其他成员在中方重点关注的建筑等服务部门都作出了高水平的开放承诺。

服务贸易章节除市场开放及相关规则外，还包含了金融服务、电信服务和专业服务三个附件，对金融、电信等领域作出了更全面和高水平的承诺，对专业资质互认作出了合作安排。

金融服务附件代表了我国金融领域的最高承诺水平。首次引入了新金融服务、自律组织、金融信息转移和处理等规则，就金融监管透明度作出了高水平承诺，在预留监管空间维护金融体系稳定、防范金融风险的前提下，为各方金融服务提供者创造了更加公平、开放、稳定和透明的竞争环境。这些规则将不仅有助于我国金融企业更好地拓展海外市场，还将吸引更多境外金融机构来华经营，为国内金融市场注入活力。

电信附件制定了一套与电信服务贸易相关的规则框架。在现有的"10+1"协定电信附件基础上，RCEP还包括了监管方法、国际海底电缆系统、网络元素非捆绑、电杆、管线和管网的接入、国际移动漫游、技术选择的灵活性等规则。这将推动区域内信息通信产业的协调发展，带动区域投资和发展重心向技术前沿领域转移，促进区域内产业创新融合，带动产业链价值链的提升和重构。

专业服务附件对RCEP成员就专业资质问题开展交流作出了一系列安排。主要包括加强有关承认专业资格机构之间的对话，鼓励各方就共同关心的专业服务的资质、许可或注册进行磋商，鼓励各方在教育、考试、经验、行为和道德规范、专业发展及再认证、执业范围、消费者保护等领域制定互相接受的专业标准和准则。

2. RCEP投资规则是在原有5个"东盟10+1自由贸易协定"投资规则基础上的全面整合和升级，实现了共同的投资规则和市场准入政策。RCEP投资章规则主要包括四方面内容，除了投资自由化相关规则外，还包括投资保护、投资促进和投资便利化措施。具体而言，该章包含了公平公正待遇、征收、外汇转移、损失补偿等投资保护条款，以及争端预防和外商投诉的协调解决等投资便利化条款。更加稳定、开放、透明和便利了投资环境。

各方还约定在 RCEP 协定生效后的两年内就投资者与国家间投资争端解决机制进行讨论。RCEP 投资章是对多个"10+1"投资协定的全面整合和提升，将为本地区投资者创造一个更加稳定、开放、透明、便利的投资环境，为本地区吸引外资、促进区域经济发展注入强劲动力，也有助于降低新冠疫情对成员方间相互投资的负面影响。

RCEP 投资规则涵盖投资保护、投资自由化、投资促进和投资便利化四个方面，既继承了传统投资协定的主要内容，也体现了国际投资缔约实践的新发展。文本规则包含投资章节 18 个条款和两个附件，对投资保护和市场准入的实体义务等作出了较为全面的规定。

主要内容包括：（1）给予成员方投资者及其投资包括准入前阶段的国民待遇和最惠国待遇。（2）规定了投资待遇（公平公正待遇）、征收、外汇转移、损失补偿等投资保护的具体纪律。（3）纳入了高级管理人员和董事会，超过 WTO 水平的禁止业绩要求等条款。（4）细化了投资促进和投资便利化措施，重视外商投资纠纷的协调解决。（5）设置了负面清单（保留和不符措施）、安全例外等机制，保留政府管理外资的合理政策空间。

其中，准入前国民待遇+负面清单、间接征收、禁止业绩要求等内容实现了在成员方间既有投资协定基础上的增值，体现了高水平国际投资协定的发展趋势。同时，RCEP 投资规则通过审慎设置过渡期、国别保留等多种方式兼顾成员方经济发展水平差异和个别成员的特定关切，体现了规则的灵活性和包容性。

3. RCEP 拓展了原有"10+1"自贸协定的规则涵盖领域，对标国际高水平自贸规则，纳入了知识产权等议题。在知识产权领域，RCEP 涵盖著作权、商标、地理标志、专利、外观设计、遗传资源、传统知识和民间文艺等广泛内容，在兼顾各国不同发展水平的同时，显著提高了区域知识产权保护水平。

4. 自然人移动方面。各方承诺对于区域内各国的投资者、公司内部流动人员、合同服务提供者、随行配偶及家属等各类商业人员,在符合条件的情况下,可获得一定居留期限,享受签证便利,开展各种贸易投资活动。与以往协定相比,RCEP 将承诺适用范围扩展至服务提供者以外的投资者、随行配偶及家属等协定下所有可能跨境流动的自然人类别,总体水平均基本超过各成员在现有自贸协定缔约实践中的承诺水平。

三、影响分析与机遇挑战

随着经济总量的不断增大,经济发展面临速度换挡、结构调整、动力转换的关键期,宏观经济增幅收窄,经济发展步入新常态。在这种新常态下,建筑建材行业既存在发展的瓶颈、压力和困惑,同时又面临前所未有的机会与机遇。

(一) 机遇

1. RCEP 通过关税减让、统一的原产地规则和高效的便利化措施,加快形成商品和要素自由流动的统一市场,降低区域供应链运行成本,促进区域内的产业链和供应链更加紧密地融合,强化成员国之间的生产、分工、合作,这为河北省建材企业综合利用资金、技术和产能优势,更好地"走出去",促进优势产能的区域合作提供更大市场和更多投资机会,也为河北省建材工业迈向中高端创造了一个契机。

2. 从产业发展的层面看,河北作为制造业大省,应当把握 RCEP 生效的契机,在融入区域供应链和贸易链的进程中加快产业转型升级,提升国际合作质量。以建筑建材行业为例,RCEP 生效后,将促进区域内具有成本、质量竞争力的建筑建材产品流入国内市场,从而倒逼河北建筑建材企业联合重组和智能制造,进一步扩大产业链海外布局,推动河北建筑建材产业向价值链上游迈进。从长远看,与 RCEP 成员国的深度合作与竞争,将推动河北加速科技革命与产业革命的进程。

3. RCEP 延长了全球建筑建材行业产业链的分工,进一步降低了企业参与国际产业链分工的成本,产业链外迁,出海设厂或迎来高峰。省内企业可以利用东南亚国家低廉的生产要素优势,RCEP 政策利好以及目的国税收减免、投资补贴等优惠政策对其有较大吸引力。RCEP 为河北建材企业与其他成员国贸易、在其他成员国投资建厂提供了便利，带来了新商机。

4. 近年来东盟各国政府以加大基础设施建设作为刺激内需、实现经济复苏的重要措施，由此对建筑材料的需求不断攀升，与此同时，东盟大多数国家建材工业难以满足市场对建材产品的需求，以建筑建材为支柱产业的河北，在东盟国家拥有广阔市场。

(1) 越南建材市场发展潜力大。

目前，越南水泥产量居世界第 5 位（仅次于中国、印度、美国和俄罗斯），陶瓷砖产量居世界第 6 位。当前越南正在实施"2021—2030 年建材工业发展战略"，对建材及相关制造设备、零部件等需求量大。

(2) 菲律宾建筑市场及合作商机。

建筑业是菲律宾最重要的产业之一，也是菲律宾经济增长的主要动力之一。随着菲律宾《2020—2030 年建筑业路线图》的全面实施，预计到 2030 年建筑业将达到 2.6 万亿美元。

(3) 印尼基础设施建设使本地建材需求量与日俱增。

印尼的迁都、城市的拥堵、物流成本升高等现状，使本地基础设施建设及建材产品的需求与日俱增。

(4) 建筑业已成为柬埔寨经济发展的重要支柱产业。

根据柬埔寨国土规划和建设部公布的报告显示，建筑行业已经成为推动柬埔寨经济发展的重要支柱产业。柬埔寨大力推进基础设施建设，给建材市场带来了广阔发展空间。

(5) 泰国建筑业未来发展突飞猛进。

泰国是东南亚第二大经济体，随着"一带一路"倡议在东南亚地区的影响不断扩大，泰国基础设施建设发展将在未来几年里突飞猛进。

(6) 老挝基础设施发展需求进一步提升。

近年来随着中老铁路的开通，老挝旅游业的不断发展带动了其基础设施的发展需求。

(7) 文莱进一步扩大基础设施建设。

文莱第 11 个五年国家发展规划（2018—2023 年），其中包括建设基础设施、公共设施等开发项目，对建筑材料和专业技能等有大量需求。

(二) 挑战

建筑业是河北省传统优势产业，但与浙江、江苏等建筑强省相比，河北省建筑建材行业发展，还面临如下挑战：

1. 设计标准化程度偏低，多专业协同和系统化集成设计能力亟待加强。

2. 全产业链联动发展局面尚未完全形成，部品部件生产还没有形成标准化和规模化。

3. 建造方式相对落后，与先进制造技术、新一代信息技术融合不够。

4. 建筑工人队伍不适应现代产业发展需要，专业人才支撑作用有待提高。

5. 科技支撑能力有待提升，前瞻技术储备不足，关键核心技术尚需突破。

四、河北省建筑建材行业高质量发展的路径选择和对策建议

(一) 产业转型升级方面

1. 推动产业转型升级。鼓励河北建筑建材企业引进日本、韩国先进技术，重点推动建筑建材等河北优势重点行业企业不断扩大在RCEP其他成员国的市场份额。

2. 壮大产业集群。以省重点特色产业集群为主，重点发展石家庄技术服务、高碑店被动式超低能耗建筑集成系统技术、承德双滦区建筑构件材料、大城保温材料、任丘新型建材、沙河玻璃深加工等产业集群。力争到2025年，100亿元产业集群达到10个以上。

3. 培育领军企业。扶持重点企业成为世界级被动式超低能耗建筑产业旗舰企业，龙头企业达到15家以上；重点培育防水隔气膜、防水透气膜等产业链瓶颈环节企业，省级以上单项冠军企业和专精特新企业分别达到15家和30家以上。

4. 开展关键共性技术攻关。鼓励开展超低能耗建筑高质量建设和

科学运行关键技术研究，新型保温材料、高效节能门窗、高效热回收新风系统等配套产品、技术、装备的研发和应用，到 2025 年关键基础部件替代进口。

5. 开展新型建材三品工程。开展"增品种、提品质、创品牌"工程，发展专业化、特色化产品系列。到 2025 年，城镇新建建筑中绿色建材应用率超过 50%。

（二）产业链拓展方面

1. 构建特色优势跨境产业链。加强河北建筑建材企业与 RCEP 其他成员国合作，推动形成"日韩澳新+河北+东盟"的建筑建材跨境产业链供应链价值链。加大力度引进产业链"链主"企业，强化产业链协同创新，加强与境外经贸合作园区上下游产业链互动，实施与东盟国家产业园区"串链行动"，优化产业链供应链布局。

2. 保障区域跨境供应链畅通。支持在 RCEP 其他成员国设立集装箱海外还箱点。大力发展跨境陆路运输。加大连接东盟主要机场的国际货运航线开发和培育力度，大力培育跨境物流体系，建设区域性物流中心，鼓励发展航空、铁路、公路、海运集装箱运输。

（三）扩大贸易规模和双向投资方面

1. 加大招商引资力度。建立完善针对 RCEP 其他成员国的外资招商项目库和企业库，加大对日本、韩国和新加坡等 RCEP 相关成员国的建筑建材产业的招商引资力度。加快在 RCEP 相关成员国建立投资促进代表处，建立常态化委托招商合作机制，鼓励发展市场化、专业化的中介招商、委托招商。在 RCEP 相关成员国选聘投资促进顾问。加强与东盟、日本、韩国行业协会及华人华侨商会对接联系，推动与 RCEP 其他成员国开展全方位投资促进合作，拓展引资渠道。

2. 挖掘服务贸易潜力。与 RCEP 其他成员国开展建筑建材核心技术联合研发、人才交流及培养。推动"一带一路"高质量建筑建材人才培养体系建设，深化与 RCEP 其他成员国建筑建材人才培养合作，探索课程、学分、学历和资格互认。

（四）支撑体系和营商环境方面

对标高标准的国际规则，进一步建立符合国际经贸规则的营商环境，从商品、要素流动型开放转向规则、规制、管理、标准等制度型开放，围绕建筑建材产业发展，加快构建新发展格局。以行业合作机制助力和推动河北优势建筑建材企业与东盟建材、建筑、建筑装饰行业及其重点企业合作。

第七章　寻找河北农业国际化突破口

河北省是农业大省，农业资源丰富，拥有多种优势农产品且其产量位居全国前列。农产品是河北省对外贸易中的重要产品，近年来河北省农产品贸易获得较大发展。RCEP 是全球最大的自贸区，RCEP 成员国是河北省重要的贸易伙伴。在当前国内外形势依然严峻复杂的情况下，RCEP 生效为河北省农产品贸易发展带来的机遇和挑战并存。

一、河北省与 RCEP 成员国农产品贸易发展现状

（一）农产品贸易规模分析

RCEP 成员国是河北省主要的贸易伙伴，如表 1 所示，2017—2021 年河北省与 RCEP 成员国农产品（HS 编码 01~24 章）进出口总额呈波动上升态势，占河北省农产品贸易总额的比重在 19.45% 和 28.35% 之间波动。河北省对 RCEP 成员国农产品出口额整体呈上升趋势，且占河北省农产品出口总额的比重均超过了 50%，所占比重较为平稳，可见 RCEP 成员国是河北省非常重要的农产品出口市场。河北省自 RCEP 成员国农产品进口额整体也呈上升趋势，但占河北省农产品进口额的比重远低于出口，且自 2019 年以来，该比重呈逐年下降的趋势。进一步分析发现，河北省进口农产品中大豆所占比重较大，2019 年大豆进口额占河北农产品进口总额的比重为 66.37%，2020 年和 2021 年大豆进口大幅增长，其进口额所占比重分别达到 74.30% 和 74.84%，而河北省大豆主要进口自巴西、美国、阿根廷等非 RCEP 成员国，此外，河北省在与 RCEP 成员国农产品贸易中呈现顺差，顺差额呈先降后升的态势。

表 1　河北省与 RCEP 成员国农产品贸易情况

年份	与 RCEP 成员国农产品进出口		对 RCEP 成员国农产品出口		自 RCEP 成员国农产品进口		
	进出口总额（亿美元）	占河北省农产品贸易额的比重	出口额（亿美元）	与 RCEP 成员国农产品贸易差额（亿美元）	进口额（亿美元）	占河北省农产品进口额的比重	与 RCEP 成员国农产品贸易差额（亿美元）
2017	9.98	22.73%	7.70	53.53%	2.28	7.71%	5.42
2018	11.89	26.66%	8.25	53.52%	3.64	12.47%	4.61
2019	12.26	28.35%	8.10	52.73%	4.16	14.92%	3.94
2020	12.00	21.92%	8.28	52.38%	3.72	9.55%	4.56
2021	14.06	19.45%	9.58	52.59%	4.48	8.28%	5.10

注：此处农产品是指 HS 编码 1~24 章的产品（下同）。

数据来源：石家庄海关数据计算所得。

（二）农产品贸易商品结构分析

表 2 为 2021 年河北省对 RCEP 成员国出口额和进口额排名前十的农产品及其所占比重。就出口农产品来看，2021 年河北省对 RCEP 成员国出口较多的农产品有水果和坚果及其制品、蔬菜及其制品、糖及糖食、水海产品、调料、肠衣等其他动物产品等劳动密集型产品。其中排名前五位的产品出口额所占比重合计达到 64.30%。就进口农产品来看，2021 年河北省自 RCEP 成员国进口较多的农产品为动、植物油、脂及其分解产品、水海产品、肉及食用杂碎等，其中排名前两位的 HS 编码 15 章和 03 章产品的进口额所占比重远超其他产品，合计达到 48.91%，其中 15 章产品中进口较多的是其他椰子油及其分离品、氢化酯化或反油酸化的植物油、脂及其分离品、其他棕榈油及其分离品以及人造黄油等；03 章产品中进口较多的是自日本进口的冻扇贝，省内加工企业再对其进行进一步加工。

此外，由表 2 可以看出，2021 年河北省与 RCEP 成员国互为进出口的农产品有 HS 编码 20 章、07 章和 03 章的产品。就 20 章农产品来看，河北省向 RCEP 成员国出口的 20 章下的细分农产品种类较多，而自 RCEP 成员国进口的 20 章下的细分农产品种类较少，且具有一定的互补性，如自 RCEP 成员国进口的菠萝制品、未混合柑橘水果汁、混合的水果汁、蔬菜汁以及水果与蔬菜的混合汁，是河北省没有向其出口的产品，其他同类产品的出口目的地和进口来源地又多存在差异。就07章农产品来看，河北省自RCEP成员国进口的主要是干豌豆、绿豆、红小豆、其他脱荚干豆等产品，而河北省出口到RCEP成员国的07章下的细分农产品种类较多，也包括了自RCEP成员国进口的这几种产品，但干豌豆和绿豆的出口额小于进口额。就03章农产品来看，细分产品种类具有一定的互补性，河北省自RCEP成员国进口的其他观赏鱼、其他鲜冷冻鱼、冻的墨鱼及鱿鱼、盐渍或熏制的海参等产品，均是河北省没有向RCEP成员国出口的产品。由此看来，河北省与RCEP成员国进出口农产品具有较强的互补性且较集中，贸易商品结构有待进一步优化。

表2　2021年河北省对RCEP成员国进、出口额排名前十的农产品

排名	HS编码及对应出口农产品	出口额占比	HS编码及对应进口农产品	进口额占比
1	20（蔬菜、水果、坚果或植物其他部分的制品）	15.39%	15（动、植物油、脂及其分解产品；精制的食用油脂；动、植物蜡）	26.94%
2	08（食用水果及坚果、柑橘属水果或甜瓜的果皮）	14.62%	03（鱼、甲壳动物、软体动物及其他水生无脊椎动物）	21.97%
3	17（糖及糖食）	12.70%	02（肉及食用杂碎）	9.54%
4	16（肉、鱼、甲壳动物、软体动物及其他水生无脊椎动物的制品）	11.02%	09（咖啡、茶、马黛茶及调味香料）	5.27%
5	07（食用蔬菜、根及块茎）	10.57%	11（制粉工业产品；麦芽；淀粉；菊粉；面筋）	5.22%
6	03（鱼、甲壳动物、软体动物及其他水生无脊椎动物）	9.96%	04（乳品；蛋品；天然蜂蜜；其他食用动物产品）	4.67%
7	21（杂项食品）	6.58%	20（蔬菜、水果、坚果或植物其他部分的制品）	4.41%
8	05（其他动物产品）	4.94%	07（食用蔬菜、根及块茎）	4.28%
9	23（食品工业的残渣及废料；配制的动物饲料）	4.20%	01（活动物）	3.97%
10	19（谷物、粮食粉、淀粉或乳的制品；糕饼点心）	2.46%	12（含油子仁及果实；杂项子仁及果仁；工业用或药用植物；稻草、秸秆及饲料）	3.91%

数据来源：石家庄海关数据计算所得。

(三) 农产品贸易市场结构分析

河北省与RCEP各成员国的农产品贸易很不平衡。如表3所示，就出口市场结构来看，2021年日本、韩国、印度尼西亚、菲律宾和马来西亚是RCEP成员国中河北省农产品前五大出口市场，河北省对这五个国家的农产品出口额占河北省对RCEP成员国农产品出口总额的82.09%。河北省对柬埔寨、文莱、老挝的农产品出口所占比重较少。就进口来源地来看，2021年日本、印度尼西亚、澳大利亚、马来西亚和泰国是RCEP成员国中河北省农产品前五大进口来源地，河北省自这五个国家进口的农产品占河北省自RCEP成员国农产品进口总额的比重是81.79%。而2021年河北省均未从新加坡、文莱、老挝进口农产品。可见，在RCEP成员国中，日本是河北省第一大农产品贸易伙伴，而文莱和老挝与河北省的农产品贸易往来较少。说明河北省与RCEP成员国农产品贸易市场较集中，市场结构有待进一步优化，且因河北省与RCEP成员国农业资源禀赋及农业技术水平的差异，两者有较大的农业经贸合作空间。

表3　2021年河北省对RCEP成员国农产品进出口贸易的市场结构

排名	出口市场		进口来源地	
	国别	所占比重	国别	所占比重
1	日本	30.58%	日本	21.72%
2	韩国	23.38%	印度尼西亚	21.03%
3	印度尼西亚	14.65%	澳大利亚	17.50%
4	菲律宾	7.27%	马来西亚	11.52%
5	马来西亚	6.21%	泰国	10.02%
6	泰国	5.25%	新西兰	6.97%
7	越南	5.15%	菲律宾	4.27%
8	澳大利亚	3.75%	越南	2.80%
9	新加坡	2.59%	缅甸	2.26%
10	新西兰	0.77%	韩国	1.71%
11	缅甸	0.24%	柬埔寨	0.20%
12	柬埔寨	0.11%	新加坡	0.00%
13	文莱	0.05%	文莱	0.00%
14	老挝	0.00%	老挝	0.00%

数据来源：石家庄海关数据计算所得。

(四) 农产品贸易方式结构分析

河北省与 RCEP 成员国之间的农产品贸易以一般贸易为主，加工贸易和其他贸易为辅，加工贸易包含进料加工贸易和来料加工贸易。2021年双边一般贸易进出口农产品 12.72 亿美元，占双边农产品进出口额的 90.49%。其中，如表 4 所示，河北省对 RCEP 成员国一般贸易出口农产品 8.95 亿美元，占河北省对 RCEP 成员国农产品出口额的 93.44%；河北省自 RCEP 成员国一般贸易进口农产品 3.77 亿美元，占河北省自 RCEP 成员国农产品进口额的 84.16%。2021 年河北省与 RCEP 成员国农产品加工贸易主要是进料加工贸易，加工贸易总额是 1.19 亿美元，占双边农产品进出口额的 8.47%，其中河北省对 RCEP 成员国加工贸易出口农产品 0.57 亿美元，占河北省对 RCEP 成员国农产品出口额的 5.99%；河北省自 RCEP 成员国加工贸易进口农产品 0.62 亿美元，占河北省自 RCEP 成员国农产品进口额的 13.79%。其他贸易方式占比较小。河北省与 RCEP 成员国 2021 年农产品加工贸易涉及的农产品种类比一般贸易少，且主要集中于水海产品及其制品（03 章和 16 章）和蔬菜、水果、坚果等制品（20 章），其占河北省与 RCEP 成员国农产品加工贸易总额的比重达到 91.41%。农产品加工业是提升农业价值的重要环节，河北省农产品加工贸易的较小比重，也说明河北省农产品加工水平有待提升。随着河北省农产品加工业和农业产值比不断提高及农产品加工业的不断转型升级，可考虑进一步拓宽和延长农业产业链条，扩大农产品加工贸易规模。

表 4　2021 年河北省与 RCEP 成员国农产品进出口贸易方式占比

贸易方式	河北省对 RCEP 成员国农产品出口贸易方式占比	河北省自 RCEP 成员国农产品进口贸易方式占比
一般贸易	93.44%	84.16%
加工贸易	5.99%	13.79%
进料加工贸易	5.99%	13.79%
来料加工贸易	0.00%	0.00%
其他贸易	0.57%	2.05%

数据来源：石家庄海关数据计算所得。

二、RCEP框架下农产品贸易相关政策规则

(一) 关税减让规则

RCEP生效后,区域内90%以上的货物将通过立即降税到零、逐步降税到零的方式实现零关税。协定生效后,我国对东盟、澳大利亚、新西兰、韩国和日本农产品零关税比例分别为92.8%、91.5%、92.0%、88.2%和86.6%。东盟各国对我国农产品零关税比例在61.3%至100%之间,澳大利亚、新西兰、韩国和日本对我国农产品零关税比例分别为98.5%、96.1%、62.6%和57.8%。通过RCEP,我国与日本首次建立了自贸关系,达成了农产品关税减让安排。此外,我国与其他经济体在部分品种上做出了超过现有双边自贸协定的开放承诺,如中国对东盟新开放了菠萝罐头、菠萝汁、椰子汁、未磨胡椒等产品。

(二) 农业出口补贴规则

RCEP重申了取消农业出口补贴的承诺,并没有做出新的承诺。即缔约方重申2015年12月19日于内罗毕通过的《2015年12月19日关于出口竞争的部长级决定》[WT/MIN (15) /45, WT/L/980]中所作的承诺,包括取消已计划的对农产品使用出口补贴的权利。协议缔约方强调共同推进在多边框架下取消对农产品的出口补贴,并将尽最大努力抵制对农产品的出口补贴政策重新被使用。

(三) 原产地累积规则

在确定货物的原产地资格时,RCEP将15个成员国视为一个整体,来自RCEP任何一个成员国的价值成分均会被考虑在内,允许原产成分在整个区域范围内累加计算。企业生产的最终农产品,在RCEP所有成员国区域价值不低于40%时,该农产品就能获得RCEP原产资格,可享受优惠待遇,这部分农产品包括HS编码03、04、06、08、09、15、16、17、18、19、20、21、22、23章等的部分农产品。

(四) 海关程序和贸易便利化规则

采取预裁定、抵达前处理、信息技术等促进快速通关手段。一般货物争取48小时内放行;快运货物和易腐货物等争取实现货物抵达后6小时内放行,特殊情况下,在海关的工作时间之外予以放行。贸易便

利化程度超过了 WTO《贸易便利化协定》水平。这有利于减少保质期短、容易变质腐烂的生鲜农产品在货物运输、清关过程中的损耗，降低成本，为农产品贸易创造极为有利的贸易便利化条件。

(五) 卫生与植物卫生措施规则

卫生与植物卫生措施主要与农产品（动物、植物与其他形式的生物制品）的贸易有关。对各缔约方制定和实施动物卫生、植物卫生、食品安全等 SPS 措施作出约束性规定。强调了相互承认，特别是缔约方主管机关所颁发的证书。规定了缔约方在制定相关规定和决定过程应尽的沟通和信息交换的义务。由于 RCEP 各缔约国在经济规模及技术管理能力方面存在较大差异，等效性承认的条款对于保证各缔约国之间农业产品的顺利流通具有积极的意义。

(六) 标准、技术法规和合格评定程序规则

农产品是受技术性贸易壁垒影响较大的产品。RCEP 加强了缔约方对 WTO《技术性贸易壁垒协定》的履行，并认可缔约方就标准、技术法规和合格评定程序达成的谅解。同时，推动缔约方在承认标准、技术法规和合格评定程序中减少不必要的技术性贸易壁垒，确保标准、技术法规和合格评定程序符合 WTO《技术性贸易壁垒协定》的相关规定，旨在加强 RCEP 成员国间技术性贸易壁垒的合作。这有助于降低企业成本，减少优势农产品出口面临的技术性贸易壁垒。

(七) 贸易救济规则

RECP 协定中的贸易救济是维护农业产业安全和涉农企业利益必不可少的措施。因进口农产品激增对本国生产同类产品或直接竞争产品的国内产业造成严重损害，或因成员国存在农产品倾销、补贴行为，则需要采用保障措施或征收反倾销税、反补贴税等贸易救济措施减少市场开放带来的冲击、维护自身利益。RCEP 保障措施最大的特点是设立了过渡性保障措施制度，即成员国只能在协定生效之日起至关税承诺表中取消或者削减关税完成后 8 年过渡期内实施保障措施，过渡期结束后将不能使用。RCEP 反倾销反补贴税内容与 WTO 多边框架下贸易救济措施相关内容一致，反倾销条款比 WTO 规则下更加详细具体，反补贴条款 RCEP 的不利事实程序规则对应诉方更为宽松、有利。

(八) 服务贸易规则

服务贸易方面，日本、韩国、澳大利亚、新加坡、文莱、马来西亚、印尼等7个成员国采用负面清单方式承诺，我国等其余8个成员国采用正面清单承诺，并将于协定生效后6年内转化为负面清单。同时，15个成员均作出了高于原有的双边自贸协定水平的开放承诺。如在涉农服务贸易领域，马来西亚新增了兽医服务开放，允许外资成立合资公司提供兽医服务，外资占比不超过51%；印尼开放了与农林牧渔业相关的服务业，仅在园艺、禽类养殖等领域保留了限制；越南允许合资企业在工业园区内（经济开发区）进行食品行业的包装服务，条件是合资企业中外资比例不超过49%等。

(九) 投资领域规则

15个成员国均采用负面清单方式对制造业、农业、林业、渔业、采矿业5个非服务业领域投资作出较高水平开放承诺，大大提高了各方政策透明度。农业方面，如泰国取消了禁止外资进入大米种植、牲畜饲养、蔗糖加工等领域的规定，允许乳制品制造、淀粉产品制造、通心粉制造等行业外商独资；越南取消了对外资从事水产品加工、植物油加工和乳品加工需使用本国原材料的限制，并对种植业、畜牧业及餐饮供应等领域扩大开放；老挝除了危险化学品、货币发行、木材制造、纺织业、瓷器、珠宝等行业外，未列入负面清单的行业均对外商投资开放；印尼将椰子肉加工、腌鱼熏鱼等水产品加工从禁止外商进入清单移除，改为允许外商合资等。

(十) 电子商务规则

RCEP区域内首次引入统一的电子商务规则，在推行无纸化贸易、推广电子认证和电子签名、保护电子商务用户个人信息、保护在线消费者权益、加强针对非应邀商业电子信息的监管合作等方面作出规定，这些内容将为各成员改变传统农产品进出口营销方式、加强农产品跨境电商领域合作提供制度保障，同时为农产品跨境电商发展提供良好环境。

三、RCEP生效对河北农业影响分析

(一) 农产品贸易规模变化

从贸易规模来看，自2022年1月1日RCEP生效后，2022年1—6月河北省与RCEP成员国农产品贸易规模大幅增加，农产品贸易进出口总额为8.43亿美元，占同期河北省农产品贸易总额的比重为22.02%，与2021年同期相比增加了37.19%。其中，河北省对RCEP成员国农产品出口额为5.42亿美元，同比增加了21.54%，河北省自RCEP成员国农产品进口额为3.01亿美元，同比增加了78.59%。相比于2021年农产品出口额居于前三位的山东、广东和福建三省，河北省与RCEP成员国农产品进出口总额、出口额和进口额均最少，且与三省差距较大，但就同比增长幅度来看，河北省与RCEP成员国农产品进出口总额的同比增长幅度最大，出口额同比增长幅度居于第三位，而进口额的同比增长幅度远大于其他三省。这说明河北省与RCEP成员国农产品贸易规模增长的潜力较大。

表5 2022年1—6月各省对RCEP成员国农产品贸易规模变化

省份	进出口		出口		进口	
	进出口总额（亿美元）	同比增长	出口额（亿美元）	同比增长	进口额（亿美元）	同比增长
河北	8.43	37.19%	5.42	21.54%	3.01	78.59%
山东	73.71	11.37%	52.65	9.12%	21.05	17.43%
广东	70.96	26.73%	15.55	41.63%	55.41	23.10%
福建	67.14	32.28%	42.59	38.32%	24.55	22.96%

数据来源：石家庄海关数据计算所得。

(二) 农产品贸易商品结构变化

从贸易商品结构来看，与2021年同期相比，2022年1—6月河北省对RCEP成员国出口的各类农产品所占比重出现了不同程度的变化，但变化幅度都不大，其中出口最多的前五类农产品是HS编码17章、

08章、20章、16章和07章的产品，所占比重为58.21%，下降了6.28%。2022年1—6月河北省自RCEP成员国进口的前五类农产品分别是HS编码15章、07章、03章、04章和10章的产品，所占比重为75.67%，上升了18.44%。河北省自RCEP成员国进口的各类农产品所占比重与2021年同期相比变化程度较大的是07章所占比重上升了13.89%，主要是因为自缅甸、泰国和澳大利亚进口的脱荚的干豆大幅上升；15章所占比重上升了6.59%，主要是因为牛羊脂肪、棕榈油、椰子油、菜子油、人造黄油等产品的进口额均大幅增长；02章所占比重下降了8.03%，主要是因为冻牛肉、鲜冷冻羊肉和食用杂碎进口下降；20章所占比重下降了7.51%，主要是因为其他制作和保藏的水果坚果进口下降。

表6 河北省对RCEP成员国农产品进出口贸易的商品结构比较

HS编码	河北省对RCEP成员国出口各农产品占比		河北省自RCEP成员国进口各农产品占比	
	2022年1—6月	2021年1—6月	2022年1—6月	2021年1—6月
01	0.00%	0.00%	4.63%	0.00%
02	0.00%	0.00%	3.24%	11.27%
03	8.98%	8.36%	15.86%	17.39%
04	0.00%	0.03%	4.97%	5.59%
05	4.59%	4.86%	0.33%	0.28%
06	0.24%	0.19%	0.02%	0.00%
07	9.50%	10.64%	16.34%	2.45%
08	12.61%	14.71%	1.53%	2.32%
09	2.10%	2.45%	2.91%	4.82%
10	0.22%	0.24%	4.76%	4.65%
11	1.88%	2.41%	4.41%	6.46%
12	2.18%	2.17%	1.65%	3.01%
13	0.67%	0.12%	0.18%	1.27%
14	0.35%	0.37%	0.01%	0.50%

续表

HS 编码	河北省对 RCEP 成员国出口各农产品占比		河北省自 RCEP 成员国进口各农产品占比	
	2022年1—6月	2021年1—6月	2022年1—6月	2021年1—6月
15	4.33%	0.949%	33.74%	27.15%
16	9.60%	10.62%	0.63%	0.84%
17	14.05%	12.91%	2.05%	0.54%
18	0.00%	0.00%	0.00%	0.02%
19	2.27%	2.42%	0.37%	0.20%
20	12.45%	15.61%	0.30%	7.81%
21	7.02%	6.96%	1.65%	0.49%
22	0.07%	0.09%	0.40%	2.91%
23	5.32%	3.92%	0.00%	0.01%
24	1.55%	0.00%	0.00%	0.00%

数据来源：石家庄海关数据计算所得。

(三) 农产品贸易市场结构变化

如表7所示，与2021年同期相比，2022年1—6月河北省对RCEP各成员国农产品出口所占比重出现不同程度的变化，但变化幅度不大，其中对马来西亚、菲律宾、泰国、澳大利亚、缅甸和新西兰的农产品出口所占比重有了不同程度上升。2022年1—6月河北省自RCEP各成员国的农产品进口所占比重与2021年同期相比有的出现较大幅度的变化，如河北省自缅甸的农产品进口所占比重由1.48%上升到14.23%，而自泰国进口所占比重出现较大幅度下降，由15.39%下降到7.06%。其余国家中，河北省自印度尼西亚、马来西亚、越南、新西兰、柬埔寨的农产品进口所占比重均出现了不同程度的上升。这也说明RCEP生效后，河北省与RCEP成员国的农产品贸易市场集中的问题有所缓解。

与2021年同期相比，2022年1—6月河北省对RCEP成员国中的柬埔寨、文莱和老挝农产品出口额下降，而对其余11国的农产品出口额均出现不同程度的增长，其中增长幅度居于前三位的是缅甸、马来西亚和新西兰，分别增长了921.41%、86.81%和47.85%。尤其对缅甸的农产品出口增长尤其突出，其中贡献最大的商品是蔬菜，2021年1—

6月河北省对缅甸的蔬菜出口额为0,2022年1—6月河北省对缅甸的蔬菜出口额占河北省对缅甸农产品出口总额的比重达到79.92%,这主要得益于中缅边贸的重启以及RCEP生效后的各种贸易优惠和便利措施。

与2021年同期相比,2022年1—6月河北省自RCEP成员国中的9个国家农产品进口额增长,其中同比增长幅度超过100%的国家有缅甸、柬埔寨、越南、新西兰和马来西亚,分别增长了1612.01%、358.10%、180.29%、147.53%和123.98%。而自泰国、菲律宾和韩国的农产品进口额同比呈下降趋势。而自文莱和老挝的农产品进口一直为0。这些国家中表现较为突出的是缅甸,进一步分析发现,2022年1—6月河北省自缅甸进口的蔬菜、蓖麻子、芝麻等产品出现了爆发式增长,姜黄及其他植物产品实现了从零开始的增长。

表7 河北省对RCEP成员国农产品进出口贸易的市场结构比较

国别	出口市场占比		进口来源地占比	
	2022年1—6月	2021年1—6月	2022年1—6月	2021年1—6月
日本	27.54%	30.29%	15.11%	16.87%
韩国	22.37%	22.54%	0.41%	3.84%
印度尼西亚	14.13%	16.33%	21.07%	20.50%
马来西亚	8.01%	6.29%	15.05%	12.00%
菲律宾	9.66%	6.93%	1.25%	6.35%
越南	4.52%	5.53%	3.99%	2.54%
泰国	5.94%	5.01%	7.06%	15.39%
澳大利亚	3.93%	3.81%	10.21%	12.99%
新加坡	1.94%	2.28%	0.04%	0.00%
缅甸	0.72%	0.13%	14.23%	1.48%
新西兰	1.10%	0.59%	10.63%	7.67%
柬埔寨	0.07%	0.17%	0.95%	0.37%
文莱	0.06%	0.10%	0.00%	0.00%
老挝	0.00%	0.00%	0.00%	0.00%

数据来源:石家庄海关数据计算所得。

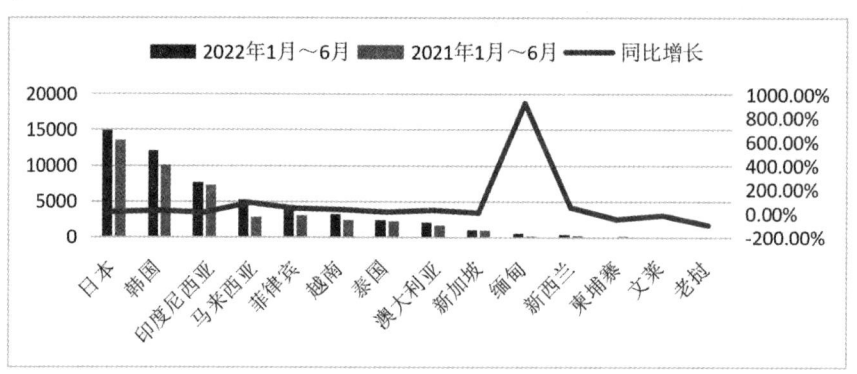

图1 2022年1—6月和2021年1—6月河北省对RCEP成员国农产品出口额（单位：万美元）

数据来源：石家庄海关数据计算所得

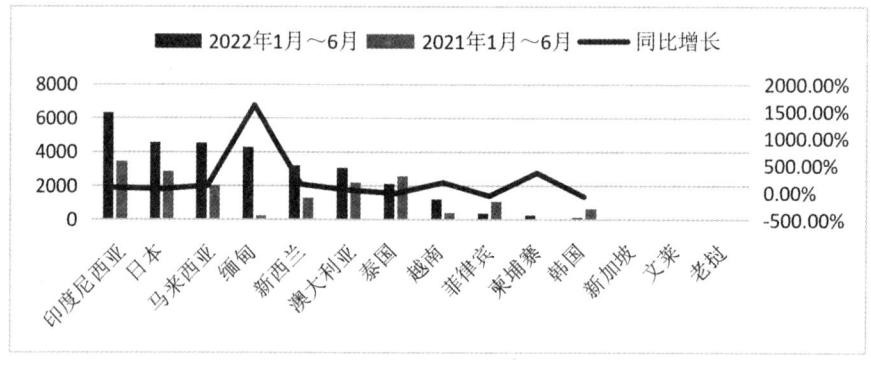

图2 2022年1—6月和2021年1—6月河北省自RCEP成员国农产品进口额（单位：万美元）

数据来源：石家庄海关数据计算所得

（四）农产品贸易方式结构变化

2022年1—6月河北省与RCEP成员国之间一般贸易进出口农产品所占比重为90.01%，相比于2021年同期的90.95%略有下降，其中一般贸易出口所占比重为91.05%，比2021年同期下降了1.77%；一般贸易进口所占比重为88.13%，比2021年同期上升了2.13%。2022年1—6月河北省与RCEP成员国之间加工贸易进出口农产品所占比重为8.42%，相比于2021年同期的8.30%略有上升。其中加工贸易出口农产品所占比重为8.01%，比2021年同期上升了1.26%；加工贸易进口农产品所占比重8.79%,比2021年同期下降了3.63%。整体来看,河北省与RCEP成员国农产品加工贸易的比重在RCEP生效后有了小幅度的提升。

四、RCEP给河北省农业带来的机遇和挑战

(一)RCEP对河北省农业发展的机遇

1.扩大农产品出口市场。

我国与其他成员国均为传统农产品贸易大国,关税削减与贸易便利化有利于河北省优势农产品出口。2022年第一季度,河北省农产品进出口总额17.5亿美元,其中,出口5.1亿美元,进口12.4亿美元。在出口国家中日本、韩国、印尼等均呈不同程度增长,加入RCEP后,有利于进一步加强与14个成员国的农产品进出口贸易。例如,日本是我国最大农产品出口国,在RCEP签订前,日本从我国进口的税目数仅20%的农产品实行零关税待遇,在RCEP下,日本承诺对63.3%的农产品给予我国零关税待遇,涵盖了大部分水产、果蔬、茶叶、加工食品。韩国、印度尼西亚、柬埔寨、缅甸陆续减免了部分农产品关税,如韩国的加工鹿茸、印尼的鱼酱、虾酱、柬埔寨的番茄、花菜等农产品近年来对中国逐步降至零关税,在原有中国-东盟和中韩自贸区基础上取得新的产品开放待遇,关税减让将增加河北省产品的竞争优势,为河北省农产品扩大出口提供了新机遇。

2.扩展农产品进口选择。

在RCEP框架下,中国对东盟的农产品自由化水平在92.8%左右,东盟各国对中国的农产品自由化水平从61.3%到100%不等,关税的减免势必刺激区域内农产品消费市场潜力的进一步释放,带动河北省与东盟国家之间的农产品贸易增长。东盟国家农业资源丰富,是大米、水果、棕榈油、咖啡、水产品等重要产地,河北省内有很大需求市场。澳大利亚、新西兰是河北省牛肉、羊肉和乳制品的重要进口来源地,日本、韩国农产品深加工和优质休闲食品在河北省内同样市场广阔。RCEP生效有利于扩展河北省进口选择,更好满足省内居民消费升级的需求。

3. 促进农产品转口贸易发展。

RCEP原产地累积规则，将成员国视为一个贸易整体，将生产用原材料的选择范围突破单一生产国范围，扩大到了RCEP区域内所有国家，有效降低了获得原产地资格门槛。根据RCEP原产地规则，企业从事农产品进出口转口贸易，农产品在成员之间流通基本都享受零税率。只要是RCEP区域境内企业，只要符合RCEP原产地规则"三种条件"即可视为原产地货物，可以享受较多的税率优惠。这有利于河北省农产品生产商在各缔约方区域内进行生产资源配置，加强农业产业链上下游的协同，促进农产品跨境或转口产加销一体化发展。

4. 推动农业产业链价值链优化。

东盟国家普遍大幅压缩了涉农投资领域的限制措施，如泰国取消禁止外资进入大米种植、牲畜饲养、蔗糖加工等领域的规定；越南取消对外资从事水产品加工、植物油加工和乳品加工需使用本国原材料的限制；印尼将椰子肉加工、腌鱼熏鱼等水产品加工从禁止外商进入清单移除，改为允许外商合资。以这些投资限制取消为契机，河北省的企业可以积极"走出去""引进来"，通过"区域累积"的原产地规则，促进国际分工合作，助力省内农业产业链、价值链的优化。另外，东南亚国家人口多、农业占比高，农业装备市场容量较大，旋耕机、插秧机、收割机、电机、玉米脱粒机、农用三轮车及其相关零配件等需求量很大。对智能塑料大棚、日光温室、喷雾植保机械、灌溉类机械装置等相关需求较大，同时对智能化、信息化等技术装备需求也将不断增加。这对于河北省发挥在农业投入品、农业机械、农业技术等方面的集成优势和制造优势，加快相关农业机械和先进农业装备产业链价值链的RCEP区域布局，同时有利于推动涉农制造业自动化、信息化和智能化发展。

（二）RCEP对河北省农业发展的挑战

1. 加大传统种养业竞争程度。

相对于越南、老挝、缅甸、印尼和马来西亚等国，我国在大米、水果方面缺乏竞争优势，近年来由于劳动力成本不断上升，传统型劳动密集型农业加工优势逐渐消失。牛肉、羊肉、猪肉等生产加工、奶类制品等方面，澳大利亚和新西兰相对优势较大。日本、韩国在农产品深加工、休闲食品生产等方面具有很大优势。RCEP项下我国农业全方位高水平开放，尽管在谈判中争取到了对敏感产业的关税保护，但替代性产品进口以及利用宽松的原产地规则"绕道"进口的情形仍难以避免，这将使河北省内相关产业面临较大竞争压力。

2. 加大非关税壁垒隐性压力。

尽管各成员在RCEP项下均作出了农产品关税减让承诺，但由于协定对各成员国技术性贸易措施等非关税壁垒的约束力较为有限，影响农产品贸易的一些隐形壁垒依然存在，甚至不排除有些成员为规避市场开放而更多借助技术性贸易措施以保护本国市场。例如，为防止农业疾病和疫情传播和保护本国农业，经常利用动植物检验检疫措施实施隐性贸易壁垒，有些甚至滥用或过度使用对别国农产品检验检疫标准，以规避关税壁垒消除带来的利益损失，实际已经成为一种公开的非关税壁垒，大大抵消了关税优惠政策。

3. 加大农产品冷链物流要求。

RCEP生效后除扩大普通农产品外，生鲜产品进出口贸易也将扩大，六小时通关规则尽管能够缩短生鲜产品物流时效，但也需要跨境供应链基础设施的完善。相对普通农产品，跨境生鲜供应链涉及产地采购、二次加工、海外仓储、冷链温控、报关报检、终端定时配送等环节。当前，河北省冷链物流行业薄弱，中小型冷链物流企业占据主体，区域间、企业间协作能力较弱，整体跨境冷链资源建设落后，影响了冷链数据共用、资源共享和信息互通。

4. 加大产业向外转移可能性。

RCEP正式生效后，各成员国以负面清单形式开放农业投资，进一步取消农业领域外商投资限制措施，提升了涉农行业的投资开放程度和政策透明度。例如，越南取消水产品、植物油、乳制品加工等领域的外商准入限制，泰国取消大米种植、畜牧饲养、蔗糖加工等领域的外商准入限制等。在RCEP货物市场准入、投资开放等安排下，部分劳动密集型农产品生产、加工业可能转向土地和劳动力成本更具优势的东盟国家，将对河北省承接产业转移带来一定压力。

五、河北省农产品贸易发展的对策建议

（一）提高企业对 RCEP 的知晓率和利用率

一是省商务厅联合海关持续做好 RCEP 政策宣传解读，即面向农产品生产和贸易企业加强 RCEP 协定中与农业密切相关的内容以及如何利用优惠政策方面的培训和宣传解读，让农产品贸易企业更好地了解协定，更高效地利用好协定的相关优惠条款。二是结合河北省农业产业发展和 RCEP 重点农产品，以"菜单"的形式梳理出 RCEP 红利清单，充分利用贸促会或农业产业协会等的企业资源和交流平台，"点对点"送达相关企业，进行"点对点"个性化服务并跟踪后续效果，不断提高企业对 RCEP 政策的知晓率及利用率。三是通过组织研讨会、论坛等形式，促进省内农业企业之间分享获得 RCEP 红利的经验，对新规则、新机会和新挑战加以交流。四是可以由商务厅和农业农村厅联合建设 RCEP 农业企业服务中心，为广大农业企业特别是广大中小企业走向 RCEP 成员国市场和 RCEP 成员国农业企业进入河北省市场提供商务、法律、税务、物流、关务、金融等专业化服务，打造"一站式"农产品贸易投资服务平台。

（二）扩大优势农产品出口和优质农产品进口

一是企业要根据自身经营发展方向，认真研究中国与 RCEP 成员国间的国别关税减让情况和原产地累积规则，结合河北省与 RCEP 成员国进出口农产品具有较强互补性的特点，因国施策，有序扩大河北省蔬菜、水果、水海产品等优势劳动密集型农产品出口，同时深入调查省内消费需求，扩大适应省内需求的优质农产品进口。二是地理标志农产品富集地方特色和人文资源，具有一定竞争优势，贸促系统可以线上线下相结合的方式，定期组织举办河北省与 RCEP 成员国地理标志农产品合作交流大会，或者打造相应的贸易平台，为河北省地理标志农产品对接 RCEP 各成员国买家资源并走出去助力，同时也将 RCEP 成员国优质地理标志农产品引入河北省，达到互惠互利，双赢的局面。三是企业要加强农产品品牌建设，提高品牌黏性。挖掘中华农耕文化内涵，依托地方优势，打造一批区域特色鲜明的农产品品牌，并借助互

联网加速农产品品牌出海，带动优质农产品国际化。此外，针对河北省与 RCEP 成员国进出口农产品较集中的问题，商务主管部门和农业企业可通过网络信息搜集或实地考察等方式对本省和 RCEP 成员国农产品市场供求情况做广泛调查，据此挖掘市场潜力，扩大贸易产品种类。

(三) 积极开拓 RCEP 成员国市场

RCEP 成员国是河北省非常重要的农产品出口市场和主要的农产品进口来源地，RCEP 生效后，河北省对 RCEP 成员国农产品贸易具有较大的市场潜力可挖。政府和农业相关行业协会可以联合组织与 RCEP 成员国的农业交流与合作座谈，增进彼此的了解，寻求更多的合作机会，强化以 RCEP 区域为重点的海外营销促销，引导企业通过参加农产品博览会和展览会、借助境外农产品展示中心和"海外仓"等平台途径，广泛结识客户、拓展贸易渠道，推动优质农产品进入彼此市场。支持农业企业在日本、东盟等 RCEP 国家注册境外商标、获取专项认证，通过设立农产品直销中心等方式，深耕 RCEP 市场。贸促系统可以辅导企业将存在高税差的 RCEP 成员国和相关农产品锁定为开拓重点，深挖进出口潜力。此外，企业要以 RCEP 生效为契机，在巩固现有市场的基础上，综合比对自贸协定优惠税率，积极拓展 RCEP 农产品贸易市场范围，尤其像缅甸、柬埔寨、文莱和老挝等市场占有率较低的国家，实现多元化发展。

(四) 扩大农产品加工贸易规模

农产品加工贸易是河北省农产品贸易的重要组成部分，对于农业产业转型升级具有重要作用。首先，要全面提升农产品加工能力和水平。在加强农产品产地初加工设施和装备建设，大力发展农产品产地初加工的同时，提升农产品精深加工技术装备水平，打造特色农产品精深加工产业链，生产多种类型深加工产品。针对河北省农产品加工企业规模小、分布分散的状况，以农产品加工园区为平台，以优惠的政策吸引各类农产品加工主体入园，打造农产品加工业集群。其次，引导农产品加工企业充分利用 RCEP 原产地累积规则，研究 RCEP 成员国农业生产情况，按照比较优势，寻找和引进最适宜的农产品加工原料，支持其利用自有品牌开展贸易，不断扩大农产品加工贸易规模。

(五) 加快发展农产品贸易新业态

要聚焦河北省特色农产品，用好 RCEP 电子商务规则以及 RCEP 生效带来的贸易更加便利、区域资源联动更加高效的环境，拓展农产品跨境电商等贸易新业态、新模式。培育农业领域的信息应用龙头企业，比如农产品跨境电商企业，智能农业的龙头企业，作为示范企业；创立跨境电商示范县，推出以数字化农业为特点，注重农产品的质量与科技含量，打造高效率、高效益的品牌农业；运用新媒体，宣传"互联网+农业"创业的相关案例和信息，鼓励农产品跨境电商，同时对农产品的互联网经营进行引导和规范，并给予政策上更多支持。由于河北省涉农企业大多规模小、资金有限，平台是河北省农产品电商出口的主要渠道，海外基础设施的布局尤其是海外仓储物流成本较高，中小企业面对资金壁垒，可以选择国内跨境电商平台。唐山市和沧州市等沿海地区，经济水平高，地理位置优越，可以构建地区性农产品贸易的冷链物流仓储配送中心，着力发展数字化的现代物流业，以智能调度和自动化作业为特征，无人仓储无人配送。长期来看，政府可投资建设出口农产品的智能仓储设施，尤其是针对生鲜农产品设立海外仓，并制定物流与仓储的行业设施标准。

(六) 开展跨国农业产业链合作

基于河北省与 RCEP 成员国农业资源、人力、市场和技术等的差异和互补性，充分利用 RCEP 关于农业服务贸易和投资领域的规则，谋划区域内农业产业链价值链布局，"走出去"和"引进来"相结合，深入开展跨国农业产业链合作。对于河北省具有优势的蔬菜产业来说，要鼓励河北省生产规模较大、资金较充裕的蔬菜生产及加工企业"走出去"，在东盟、澳大利亚和新西兰向蔬菜产业链上游和中游延伸，充分利用较充裕的资本优势和市场优势，重构区域蔬菜产品产业链，以蔬菜产品创新撬动 RCEP 区域蔬菜产品消费市场，扩大水平型产业链国际分工，加速蔬菜产业的区域大循环。在日本和韩国引导投资向蔬菜产业链下游延伸，鼓励河北省蔬菜出口企业与日本和韩国的蔬菜企业开展合作，共同投资打造跨国蔬菜电商平台，同时开展多领域、多层次、多形式的蔬菜投资合作项目，推动区域蔬菜产业产能合作向纵深发展。

对于河北省具有优势的水产品产业来说，河北省可以选择将东盟的技术型水产企业"引进来"，或者前往东盟并购高技术水产品加工企业，同时可以在东盟投资设立优质海产品养殖、捕捞企业。可以选择在日本和韩国投资建设水产品加工企业或与第三产业融合的新型渔业企业。在澳大利亚和新西兰既可以投资育种、养殖、捕捞等上游企业，也可以投资水产品加工及销售、餐饮服务等下游企业。此外，省农业农村厅要建立"引进来"和"走出去"服务保障体系，搭建公共信息服务平台、建立项目库、建立农业国际合作风险预警与控制体系等，为跨国农业产业链合作提供有力支撑。

（七）提高企业的风险意识和合规意识

一是企业要着力提高农产品质量，优化内部管理和绩效评估，增强企业抵御风险的能力。二是要尽快熟悉 RCEP 各成员国的农产品关税优惠承诺，密切关注 RCEP 各成员国海关程序、检验检疫等具体措施的落地情况，借助区域物流通关效率提升，抢抓区域贸易便利化机遇。三是要积极了解 RCEP 成员国当地的法律政策和相关流程，建立合规准则和具体合规工作制度，同时注重科学论证和风险防控，制定更合理的国际化经营策略。

第八章　进一步加强国际金融合作

RCEP 协议的成功签订,标志着全球规模最大的自由贸易协定正式达成。RCEP 生效国家不断扩大以及协定内容不断落实,为中国金融服务贸易提供潜在市场与发展机遇,为各方金融深度合作、发挥金融助力外贸发展的作用创造稳定的制度环境。河北省应在新时代建设更高水平的开放经济体制,立足扩大河北省内需,连通国际国内市场,提高贸易开放的深度和广度,打造"双循环"发展格局,为河北金融服务贸易发展创造更多有利条件。

一、RCEP 金融服务规则的特点

金融服务是 RCEP 成员重点谈判的内容之一,各方在 RCEP 中达成了统一适用的金融服务规则,为各方有序扩大金融开放创造了良好平台。RCEP 金融服务规则为全本协定中第八章,金融服务条款具有业务范围广和开放程度高的特点。在服务贸易章节中,协定对金融服务领域作了全面和高水平的承诺,不仅首次引入了新金融服务、自律组织、金融信息转移和处理等规则,而且承诺提高金融监管透明度。在预留监管空间维护金融体系稳定、防范金融风险的前提下,为各方金融服务提供者创造了更加公平、开放、稳定和透明的竞争环境。为长期和全面的金融合作与开放提供保障。具体体现在以下几方面。

(一)包容性强

金融服务规则制定兼顾了 RCEP 成员国金融开放差异等,体现了其包容性特征。由于 RCEP 成员方既有日、韩、澳、新等发达国家,金融开放度和自由度都很高。同时也有越南、中国等发展中国家和柬埔寨、老挝、缅甸等欠发达国家,金融发展和开放程度参差不齐。比如中国资本账户尚未完全开放,货币没有实现完全自由可兑换,跨境资本尚无法自由进出。缅甸金融发展程度处于初级阶段,政府对银行业、保险业和证券业的管制十分严格,基金、信托和金融租赁等业务更是接近于零。政府为了保护本国银行,对外资进入限制依然较大,开放程度整体不高。因此 RCEP 允许各成员方在金融自由化的承诺上存在差异,其中日本在人寿、意外、健康保险以及除存款保险外的银行服务方面实行自由化,澳大利亚在保险上实行自由化,柬埔寨在保险辅助服务上实行自由化,缅甸在保险附属服务上实行自由化。中国、韩国、新西兰、新加坡、越南、老挝、泰国、菲律宾等国家目前可以不承诺金融自由化。与 CPTPP、USMCA、TPP 等相比,RCEP 的标准性虽不及它们高,但主要着眼于包容性和互惠性,更多的是考虑不同成员方的特殊情况和多样化的利益诉求,寻找成员方之间利益的最大化。兼顾发展中国家和最不发达国家的实际诉求,确保各方充分共享成果,促进区域包容均衡发展。为当前全球经济治理提供具有东亚特色的新规则。

(二)稳定性强

规则中保留各国维护国内金融稳定的一系列措施。RCEP 金融服务规则还通过具体的保障性条款允许各成员方为维护自身金融稳定和金融监管预留国内法规的空间,并附上"金融服务例外"以加强对法律或法规的遵守,提高了国内金融法规应对风险的能力。

(三)创新性强

首次纳入新金融服务条款,并进一步明确了缔约方可以出台一项新法规或者其他附属措施,以允许提供新金融服务,结合条款 1 和 2 的业务范围看,除了已明确的传统银行业务、证券业务、保险及相关业务、货币市场业务(如支票、汇票、存单等)、衍生品(如外汇业务、期货、期权、汇率工具、利率工具等)以及金融附属服务(如咨询、征信、投资组合顾问等)外,这意味着未来 RCEP 区内将会出现更多的金融创新服务和产品,将极大地丰富金融服务种类和产品线,更好地配合实体经济领域贸易和投资红利。

(四)透明度高

要求各成员方着力提升金融服务领域的监管透明度,采取普遍适用的方式公布其监管法规和措施,并保障在最终法规公布日期和生效日期之间留出合理期限,同时要求缔约方的监管机构应当在 180 天内对其他缔约方的金融服务申请作出行政决定,为各方金融服务提供者创造更加公平、开放、稳定的竞争环境。

二、RCEP金融业主要内容和成果

（一）推动新兴领域国际规则制定

通过签署RCEP，中国首次在与其他国家签订的自贸协定中纳入了新金融服务、信息转移和处理等条款，条款的最终内容既融合了中国实践与中国方案，也为全球自贸协定实践提供了典型范本。RCEP规定了按照内外一致原则允许外资提供新型金融服务，强调外资申请提供新金融服务应遵守东道国相关许可、机构或法律形式要求，在鼓励金融创新的同时拓宽了金融监管部门的政策空间，有利于及时监测防范新金融服务可能引发的风险。RCEP允许进行日常营运所需的信息转移和信息处理，但进一步规定各成员可按照审慎监管、保护个人隐私以及维护账户机密性等原则对数据跨境流动设置管理要求。相较其他缔约实践，RCEP强调尊重各成员对数据治理的管理自主权，赋予金融监管部门在遵守义务前提下要求数据存储、保留记录副本等监管权力。由于中国金融科技发展处于世界前列，协定上述要求体现出发展和安全并重的原则，有助于推动中国及区域内数字经济稳妥有序发展。

（二）优化外资监管环境，促进规则和制度开放

一方面，RCEP金融业清单承诺表中纳入了自2018年以来中国宣布实施的相关银行业保险业对外开放措施。有助于在法律法规层面完善外资准入等金融业涉外规则，形成与国际通行规则相衔接的基本制度体系；另一方面，通过认真履行RCEP规定的透明度、国民待遇、市场准入、自律组织等条款义务，有助于在监管实践层面对接国际高标准经贸规则，进一步优化外资监管环境，促进规则和制度开放。

保险业纳入的对外开放措施主要包括：取消合资人身险公司外资持股比例限制、取消外资保险机构设立前需开设2年代表处的要求、允许符合条件的境外投资者来华经营保险代理业务和保险公估业务、取消外国保险经纪公司在华经营保险经纪业务的2亿美元总资产和30年经营年限要求，以及取消设立外国保险公司30年经营年限要求等。

银行业纳入的对外开放措施主要包括：取消外国银行来华设立外资法人银行的100亿美元总资产要求和外国银行来华设立分行的200

亿美元总资产要求，取消外资银行申请人民币业务需满足开业 1 年的等待期要求，取消外资银行开办人民币业务审批等。

（三）有助于促进中资金融机构海外高质量发展

RCEP 多个成员在金融领域不同程度地作出了更高水平的开放承诺，包括取消和放宽外资持股比例限制、放宽机构准入和业务范围、放宽高管和董事会人员等自然人流动要求，有助于促进中资金融机构海外高质量发展。

外资持股比例方面：菲律宾取消了外资在其境内设立和投资保险公司不得超过 51% 的持股比例限制，取消了外资在其境内设立和投资再保险公司不得超过 40% 的持股比例限制；马来西亚取消了外资对本地银行单一持股比例不得超过 20% 的限制；越南取消了外资机构和个人合计持有越南合资商业银行的股份不得超过注册资本 30% 的限制。

机构准入和业务范围方面：印度尼西亚取消了外资在其境内开展人身险、财产险、保险中介等保险业务和保理、信用卡、消费金融等银行业务的牌照数量、总资产规模限制；缅甸取消了外资在其境内开展保险公估服务的限制，允许外国银行经审批在其境内设立代表处和分支机构；老挝新开放了境内外资银行的存、贷款业务，并允许境外保险公司跨境提供国际海运、空运保险业务；韩国新开放了跨境提供理赔和精算两类保险附属服务；柬埔寨取消了跨境提供再保险服务 20% 的强制性分保要求；泰国新开放了养老金咨询服务；文莱新开放了银行服务。

高管和董事会等自然人流动要求方面：菲律宾放宽了境内保险公司外籍高管人员的数量限制；马来西亚放宽了外资银行和保险公司赴马来西亚从业的外籍高管和专家的人数及领域限制；澳大利亚取消了私人公司和上市公司高管在澳大利亚经常居住的要求。

三、河北省金融业支持外贸企业发展现状

受美西方贸易保护主义和乌克兰危机影响全球产业链供应链，欧美央行加息抑制通胀，国内疫情多点散发，对外贸企业原材料采购、生产、运输及产品销售等产生影响，加大了外贸企业生产经营难度，

特别是在原材料价格上涨、订单不足、资金紧张等多重困难下,中小微外贸企业的发展仍需"扶上马、送一程"。河北省各级监管部门、银行保险业金融机构继续贯彻银保监会和省委、省政府统筹推进进一步缓解企业融资难融资贵的部署要求,夯基础、补短板、稳预期,持续做好外贸企业金融服务工作。为激发外贸市场主体活力,2022年以来,人民银行等多部门持续加大对外贸企业纾困帮扶力度,已有多项政策陆续落地。在2022年6月8日国务院新闻办公室举行的国务院政策例行吹风会上,中国人民银行国际司副司长周宇表示,接下来人民银行将引导实体经济融资成本进一步下行,加大对稳外贸工作的金融支持力度。

(一)河北省金融业发展现状

1. 河北省金融业市场集中度比较高。

四大国有银行以及交通银行、河北省农村信用社等金融机构占据了绝大部分河北省金融市场,确立了其在河北省金融市场的寡头地位。为此应引进更多的金融市场主体,如RCEP成员国的金融机构等,逐步打破寡头垄断市场格局。对新进入河北金融市场的金融公司、地方政府和金融监管部门应制定相应的扶持政策。充分利用当前的机遇,提升河北金融市场的整体实力。

2. 河北省金融产品差异化较低,金融产品创新驱动力较小。

其创新主要集中在传统模式上,比如货币、外汇、有价证券等。资金需求者不仅需要金融支持,还需要中间业务的支持,比如说融资方式等仍受盈利驱动的影响,金融产品创新驱动力较小。

3. 外贸金融服务水平参差不齐。

近年来,河北省银行保险机构、外贸金融业务发展态势总体良好。但也需要注意当前银行业、保险业、外贸金融服务业还存在着金融机构之间外贸金融服务水平参差不齐。部分业务风险较为突出,部分产品服务,未能有效地适应外贸企业日趋多样化、个性化的金融需求,外贸金融整体渗透率不足等问题,需要进一步加以解决。

4. 河北不断完善金融服务体系,扩大空间布局。

近年来,股份制银行增设分支银行,中信、华夏、民生、光大、浦发、兴业等银行分别在唐山、邯郸、保定、秦皇岛、沧州、衡水等地设立了10家分支机构。目前河北省已设立小贷公司400余家，注册资本金也达到了二百亿人民币以上，这些机构的发展壮大改善了河北省银行业的空间布局。

5. 河北省加强"银企合作"，金融业与当地经济融合度不断提高。

中国银行河北省分行与张家口市人民政府签署了战略合作协议，双方将探索综合性多元化、合作模式，建立紧密稳定的战略合作关系。在张家口重大项目建设、工业及民营、经济发展、"三农"、经济建设、民生工程等领域开展合作。中行河北省分行将充分发挥自身金融集团优势为张家口经济社会发展提供全面的金融服务。工商银行也助力唐山港曹妃甸北方海上钢铁物流交易中心项目前期贷款，为客户解决了资金困扰，进一步加深了合作。

6. 河北省金融创新力度不够。

金融机构，盈利模式依然停留在传统的信贷产品上，同时利率浮动幅度的信贷责任，追究严厉，使得金融机构不愿意冒险创新。同时经营机制上也存在着激励机制不到位。选人用人制度不完善等形式的问题，以效益为核心的可持续发展的分配机制，能上能下能进能出的用人用工机制和内控，完善执行有效的法人治理结构的约束机制，还没有完善起来。

7. 复合型金融人才紧缺。

人才问题是河北省金融市场发展的瓶颈，因此要加强金融人才队伍建设，积极地加强金融机构与高等院校的合作，着力培养一批复合型金融人才。同时要构建河北省金融机构自身的人才培养体系，从自身业务发展需求出发，与高校进行深入的校企合作，培养一批专业性强的金融人才，为金融业提供智力保障。

(二) 河北省对外贸企业的金融支持措施分析

1. 加大了外贸企业金融支持及引进外资奖励政策。

我国外贸环境仍面临多重压力，需动员各方力量"抱团取暖"。对于银行业来说，助力外贸企业行稳致远，既可以从支付结算、结售汇以及融资等方面提供支持，又可以从汇率风险管理等方面为外贸企业保稳提质。河北省金融企业都在精准服务，对接外贸企业金融需求，2022年1—4月，中行河北分行累计为6400余家外贸企业提供了88亿美元的国际贸易结算服务，占全省进出口额的35%；为350余家进出口客户提供授信支持300亿元，有力支持了全省外贸企业发展。

同时河北省积极吸引外商投资。实施外商投资奖励政策，安排1亿元资金，对符合条件的重点外资企业按照外方实缴注册资本和实际到位外资不超过2%的比例给予奖励、最高不超过1000万元；对境外世界500强和全球行业龙头企业设立外资研发机构和符合条件的制造业企业、战略性新兴产业及工业设计等领域企业，按"一企业一议"给予资金支持。

2.重点支持中小微外贸企业发展。

因为中小微外贸企业对中国的出口贡献度非常大，进出口银行正在用金融科技的办法，精准筛选有出口实际且有一定出口竞争力的外贸小微企业，2022年7月8日作为精准支持对象河北省提出了《河北省推动外贸保稳提质的若干措施》，加强"政银信企"对接，梳理一批急需资金的中小微外贸企业名单，开展"清单式"管理，按照市场化原则，予以重点支持。加大出口信用保险对中小微外贸企业的支持力度，进一步扩大对中小微外贸企业的承保覆盖面。优化中小微外贸企业承保和理赔条件，缩短理赔时间，对经中国出口信用保险公司认定的中小微企业可积极适用标准化勘查机制或"简易勘查、快速理赔"程序。鼓励银行机构按照市场化原则加大对外贸企业特别是中小微外贸企业的信贷支持力度。鼓励银行和保险机构深化出口信用保险保单融资合作，强化对中小微外贸企业的融资增信支持，增加信保保单融资规模。

3.对外贸新业态发展的金融支持有待提高。

外贸新业态发展是外贸增长的一个强劲动力，包括集中采购海外仓、跨境电商等新业态的支持对金融机构提出了挑战。传统靠抵押的做法很难适应外贸新业态的资金需求，这就要求不断进行金融产品创新。

河北省的支持政策概括起来分为以下四大类。活动实践类：组织外贸基地实地考察海外仓，重点考察海外仓展示营销方式，了解海外仓服务项目、功能及合作项目；政策推动类：认真贯彻落实省委、省政府《关于进一步推进新时代对外开放的意见》，加大培育和宣传力度，继续认定一批公共海外仓及境外品牌展示中心；资金奖补类：一方面对河北省认定的建设面积较大、服务企业数量较多、年度交易额较大的公共海外仓给予奖补；信保金融类：为缓解企业"融资难、融资贵"的问题，中国信保河北分公司与金融机构积极拓宽融资渠道，推出融资业务。

比如中国进出口银行河北省分行向发展中国家提供的具有援助性质的中长期低息贷款的两优贷款业务；中国银行河北省分行与中国信保河北分公司合作的融信达业务；中国建设银行河北省分行对于海外仓建设的内保外贷业务；中国农业银行河北省分行的出口特险融资、出口信贷业务；交通银行河北省分行的"信融通"业务。

在金融产品创新方面有待提高，特别是企业走出去的投资方案设计、跨境电商园区物流配送、第三方支付、技术创新应用等配套产业提供融资、结算等金融支持深度不够。

4. 支持外贸产业发展有待提高。

一系列不确定性的国际局势和突发事件，对全球经济和全球产业链供应链的影响不可避免。金融服务不仅要关注企业资金问题，还要特别重视支持外贸产业发展，促进外贸产业上下游提质增效。河北省虽然积极支持外贸企业发展。分别对进出口总量、增量和增幅排名前三位的区市给予奖励。组织企业参加广交会、深圳高交会等重点国内展会。但是在助力企业抓住RCEP红利，升级供应链、产业链，增强国际竞争力方面还只是停留在政策宣讲等政策支持，在为外资企业提供优质金融服务，为走出去企业提供个性化境外投资方案，建立与联动、创新金融业务发展相适应的风险防范管理机制、吸引国际金融资本参与河北省发展等方面还有待提高。

四、河北省金融助力外贸发展对策建议

（一）金融行业管理层面

1. 积极关注RCEP成员国的金融动向，实时政策解读，提高RCEP金融红利效应。

日本、澳大利亚、新西兰、新加坡、马来西亚、文莱、越南7个国家与 CPTPP 成员重叠，而日本又是 CPTPP 协定的主导国，在金融开放上处于前列，并曾在之前的"10+6"对话机制形成中产生过主导作用。同时也要关注美国与日本、韩国是盟友，与澳大利亚、新加坡等国家签署了自贸协定，其有可能牵制 RCEP 有关成员国，进而弱化 RCEP 带来的贸易创造效应。因此河北省要密切关注日本等国加入 RCEP 后的相关金融政策，从 RCEP 政策解读宣讲、分国别政策动态调研等方面进行金融动向的把握，对企业要展开金融政策、金融服务产品等培训与宣讲，特别是河北省要结合本省的重点行业、重点进出口企业的金融需求有针对性地提供金融支持，防止由于对其他成员国的金融动向解读不到位而弱化 RCEP 带来的规则红利效应。

2. 开放河北省金融市场，积极与国际市场接轨提高金融服务能力，营造良好的制度环境。

金融服务贸易在"一带一路"基础设施建设方面，如中欧班列、亚湾高铁、瓜达尔港贸易流通等，迎来广阔市场空间。在 RCEP 协议下河北省银行业保险业机构应充分利用外方成员在外资持股比例、机构准入等方面的新优惠，营造良好的制度环境，不断开放的河北省金融市场和平台，给外资金融机构提供了更公平和广阔的成长空间，也有助于外资银行利用专业的、与国际市场接轨的金融解决方案，从而提升河北省金融服务能力，为河北省外贸企业发展保驾护航。

3. 河北省利用金融科技提高金融监管透明度，为金融服务贸易的便利化、自由化提供基础。

建立有效的监管决策国际协调机制，以 RCEP 中各成员方联络点为平台，构建定期不定期的金融工作对话协商机制，同时完善对其他成员方金融机构在境内提供金融服务的审批流程和服务机制，比如与通关一体化共同为金融服务贸易的便利化、自由化提供基础条件；另一方面，强化物联网、区块链、大数据等新技术在金融监管中的科技支撑作用，提高监测金融机构跨境交易行为的覆盖率。

4. 搭建信息平台，多方信息共享，健全监管体系，防范金融风险。

河北省应成立相关风险评估机构，对 RCEP 成员国的金融服务贸易市场进行调研，识别已有或潜在风险。政府、企业、客户通过搭建信息平台，实现多方信息共享，政府将所识别的风险告知。积极参与RCEP成员国之间的金融风险监管框架构建。搭建各国监管合作机制，统一监管标准，进行资源整合和优化，实现技术和人才互联互通。

5. 加强区域内高层次、新形式的金融合作，助力外贸发展。

目前中资银行在RCEP其余14个成员国境内均设立了分支机构，中资保险机构在澳大利亚、韩国、新加坡、日本、印度尼西亚五个RCEP成员国境内设立了保险机构。RCEP成员在金融领域的高水平承诺将催生区域内更高层次与更新形式的金融合作，释放区域内巨大市场潜力。协定生效后，外方新的开放措施将为中资金融机构优化境外机构布局、提升国际竞争力提供良好机遇，RCEP也将为中资金融机构走出去提供更有力的国际法治保障，更好地为河北省外贸发展保驾护航。

加强金融国际合作，增强外资对中国金融市场的信心。鼓励进入的外资机构深耕中国市场，与此同时通过带动效应引入更多包括非RCEP成员在内的高水平参与者，共同完善中国金融市场竞争机制，推进金融创新助力外贸发展。目前澳大利亚、日本、韩国、菲律宾、泰国、马来西亚、新加坡、印度尼西亚八个RCEP成员方在中国境内设立了外资银行机构，澳大利亚、韩国、新加坡、日本、泰国五个RCEP成员方在中国境内设立了外资保险机构。特别是，中国通过RCEP首次与日本建立自贸伙伴关系，未来中日金融合作将迎来更多机遇。

还可以以试点形式开展新的金融业务。应遵循RCEP相关待遇要求，根据创新业务特点和在河北省外资机构专长，给予外资相应试点机会，实现发展机会公平，同时注意防控相关风险，维护金融稳定。信息安全方面，在不对基于日常营运所需的信息转移和信息处理设置禁止性规定的同时，积极探索基于审慎监管、保护个人隐私以及账户机密性等原因，如何加强信息转移和处理监管，完善数据出境管理。

6. 多样化地方政策，降低企业融资等成本。

河北省针对重点出口企业要提供税收优惠和财政支持，充分发挥政府性融资担保作用，积极引导企业"出海"开拓市场，高质量服务于"一带一路"倡议。提升小微企业信贷支持的可得性，同时河北省要搭建各方机构与金融服贸企业信息共享与合作平台，利用数字技术给予企业金融数据支持，为其提高服务精准度、降低信息成本，坚持让利于企业，降低企业融资成本。

7. 政校企联动，培养复合型金融外贸人才。

加大金融教育投资，重视金融复合型人才培养。金融机构与高校合作，进一步深化校企合作，健全河北省高校金融交叉学科的教学体系。结合 RCEP 金融服务贸易的实际需要，政府积极与河北省高校有效衔接，为健全金融复合型人才培养机制提供政策便利和财政支持。搭建政校企毕业生衔接平台，从金融服务劳动市场需求出发，结合政府宏观支持，以高校平台联结毕业生，做好就业信息发布。促进国内人才与国际接轨，更好的服务外贸发展。

(二) 金融企业服务层面

1. 积极和 RCEP 同盟国的金融机构对接，为河北省外贸提供信息交流平台，拓宽企业经营渠道。

在这方面我们可以借鉴日本的经验，为促进出口外贸业务，日本国际协力银行运用各种灵活的金融手段为提高和维护日本外贸和产业的国际竞争力作出了重要贡献。

河北省金融机构也可以运用出口信贷，支持河北省企业面向 RCEP 成员国开展设备出口业务等，运用国外投资，金融支持河北省重点行业和企业在 RCEP 成员国及以外国家的生产销售等业务，提升企业产业链、供应链价值。

日本金融机构积极投资海外企业拓展融资渠道，日本金融机构海外扩张纷纷投资西方银行，保持自身的业务增长。比如日本市值最大的证券公司野村控股斥资 2.25 亿美元收购雷曼兄弟旗下的亚洲（包括日本和澳大利亚）股票、固定收益和投资银行业务，其中还包括 5 千万美元的商誉。日本市值排名第二的银行三井住友金融集团向英国巴克莱集团注资近 10 亿美元；瑞惠金融集团也在通过收购优先股的方式向美林公司投资 12 亿美元。这些交易凸显了日本金融机构积极开展海外贸易融资的战略决心不仅实现了其自身规模的扩大和实力的增长，而且为日本外贸公司提供了更多、更便利的融资渠道。

2. 创新金融服务方案助力企业开拓 RCEP 商机。

金融机构要充分利用自身的独特优势,致力于为河北省中外企业拓展跨境商机,推动区域经济互联互通。RCEP 生效为金融合作与开放创造新条件,RCEP 区域内整体营商环境将大幅优化,成员国之间深入的商贸往来活动也将带动企业旺盛的跨境金融需求,包括跨境支付、结算、汇兑、投融资、财资管理等。这就要求河北省银行要不断创新金融服务方案,帮助企业打通资金渠道、提升运营效率、强化风险管理。

3. 完善多元化跨境人民币解决方案,提高服务便利化。

着眼于外贸企业跨境人民币需求,河北省金融机构也推出了多层次服务,确保人民币的互联互通。但都没有针对 RCEP 金融规则解读下的金融支持,特别是在贸易和投融资领域,在东南亚主要市场,依托人民币跨境支付系统(CIPS)开展跨境人民币清算,打通东南亚主要市场间的跨境人民币支付渠道,为企业客户在投融资和贸易操作中提供便利;支持企业在进行跨境贸易结算等金融服务贸易中提高人民币的使用比例,坚持本币优先。

扩大河北省在铁矿石等大宗商品和对外承包工程、境外合作园等人民币境外使用范围;拓展大宗商品人民币计价结算;扩大国际货币金融合作;丰富人民币计价离岸金融产品;促进人民币跨境支付系统(CIPS)升级,丰富其系统功能和产品类别。

4. 提升区域资金管理能力,提高资金管理效率。

在区域资金管理的领域,建议推出具体国别跨境人民币资金池,直接连通中国和 RCEP 成员国之间的流动性管理,简化跨境资金管理流程,提高资金管理效率。

5. 提供针对性的新金融服务。

RCEP 中"原产地区域累积效应规则""90% 以上货物将实现零关税"将带来贸易创造效应,投资负面清单机制将带来投资机遇,东南亚地区将承接新一波产业转移的浪潮,因此可积极引入供应链金融服务,通过整合贸易投资中的信息流、供应方、采购方等数据,为区内各成员企业贸易和投资提供对口服务。

大力发展境外人民币债券市场，开发不同久期、不同利率和不同投资门槛要求的债券产品以及与人民币债券指数挂钩的产品，并在资产证券化、外汇风险管理等方面创新人民币服务和产品，满足 RCEP 区内不同偏好投资者的需求，提升境外人民币债券供给的适配性、灵活性和复合性；在资本市场注册制的红利下，吸引区内符合条件的金融机构或投资机构参与境内股权投资，从而进一步扩大股权市场的开放，为投融资提供更多的选择。

6. 加快数字化转型升级，不断创新金融产品。

通过技术进行风险识别和资产定价，提高算法精度，实现智能化投资和最优盈利资产配置组合。通过大数据对客户信息进行聚类，测算企业的不同金融服务需求。搭建数据信息储备平台，提高信息安全度。

7. 搭建跨境贸易综合服务平台，打造精细化跨境金融远程服务。

金融机构要通过丰富的线上跨境结算、融资、汇兑产品，持续为外贸企业提供不间断、无接触、无纸化金融服务。实现客户业务居家办理，大幅缩短业务办理时间，通过批量办理、附件扩容、报文格式优化为客户提供操作便利，打造精细化跨境金融远程服务。搭建跨境贸易综合服务平台，推动平台、进出口企业、银行三方交易信息互联互通，实现平台中小出口资金结算全程可视、快速高效。通过银、政、企多方联动，为河北省重点行业进出口贸易主体提供全线上优质金融服务。

8. 创新外贸新业态发展的金融支持。

作为我国新兴贸易业态，跨境电商从 2018-2022 年近 5 年规模增长近 10 倍，对我国外贸转型升级影响深远。实际上，在 2021 年，跨境电商得到国家政策层面的大力支持。《国务院办公厅关于加快发展外贸新业态新模式的意见》《"十四五"电子商务发展规划》相继发布，助力跨境电商快速发展。传统靠抵押的做法很难适应外贸新业态的资金需求，这就要求不断进行金融产品创新。金融服务以市场运作的方式,促进海外仓高质量发展方面加大力度。要加大对传统外贸企业、跨境电商和物流企业等建设和使用海外仓的金融支持。要为跨境园区基础设施建设、园区物流配送、第三方支付、技术创新应用等配套产业提供融资、结算等金融支持,结合园区特点做好客户画像分析,探索区内跨境电商企业的差异化综合服务模式,为综合试验区的政策落地及企业健康发展提供金融支持。

(三) 进出口企业层面

1. 密切关注 RCEP 金融产品信息,提高企业自身抗风险能力。

随着人民币汇率表出现双向波动,国际局势不稳定等因素影响,对企业汇率风险管理提出了更高的要求。企业要积极参加金融机构组织的推介会、业务沙龙、电话会议等多种形式,了解银行的汇率避险服务方案及产品。提升企业汇率风险管理能力,建立适合自身业务特点需求的汇率管理制度。

2. 充分利用河北省各类"走出去"平台,获得更多金融支持,提升企业运营能力。

河北省支持发展的产业范围要具有较强的成长性,企业要具备较好的盈利能力;具备境内外业务背景或有境内外合作意向;公司与银行合作记录良好,且与河北省金融机构有良好的业务往来关系的企业才有机会得到更多的金融支持。因此企业自身要深化与 RCEP 成员国和地区的贸易合作,鼓励在 RCEP 成员国家和地区设立企业海外代表处。企业要充分利用河北省各类"走出去"平台,拓展海外市场,提升企业运营能力。

3. 河北省企业要抓住 RCEP 成员国市场开放的机遇,提升贸易和投资发展水平,增强企业国际竞争力。

RCEP 金融服务规则开放力度大、透明度高,企业海外投资和提供跨境服务时将获得更强有力的保障。河北省企业要抓住 RCEP 成员国开放的机遇,积极参与政府、金融机构、行业协会等组织的政策解读和宣讲,应尽快熟悉 RCEP 各国关税优惠承诺,金融服务规则,积极利用 RCEP 贸易融资等新优惠政策。结合自身经营发展方向,因国施策、扬长补短。

企业要以 RCEP 实施为契机,进一步提升贸易和投资发展水平,扩大国际合作,提升质量标准,促进产业升级,更好更快地融入区域价值流和供应链中,增强参与国际市场竞争力。

第九章 密切数字经济国际化合作

一、河北省电子商务行业发展基本情况

(一) 河北省电子商务行业发展规模概况

电子商务的产业基础较好,发展速度较快。河北省地处华北,东临渤海、内环京津,是京津冀一体化经济圈的重要组成部分,在区位上具有独特的优势。较为丰富的资源、便利的交通、发达的通信等,这些都是河北省发展电子商务的良好基础和环境。2020年,河北省网络零售额同比增长16%,高于全国5.1个百分点,其中实物商品网络零售额2505.3亿元,同比增长17.8%,高于全国3个百分点,占全省社会消费品零售总额的19.7%。全省快递发货37亿件,同比增长60.7%。2021年上半年,河北省网络零售额实现1461.9亿元,同比增长36.1个百分点,高于全国平均水平12.9个百分点。全省限额以上内外贸企业的数字化率达到100%,零售店铺的数字化率达到90%以上。

电子商务与实体经济有机结合,给实体经济的发展注入了新活力。目前,河北省许多优势产业如钢铁、建材、家居、乳制品、服装、家纺等依托电子商务进一步扩大市场,加快实现实体经济的数字化转型,给实体经济的发展注入了新活力,带来了新的发展空间。规模较大的企业通过建立B2B平台、产销一体化平台等,显著提高了市场响应速度和供应链运营效率,提高了企业的经营效益,也带动了整个产业上下游企业在内的产业链优化升级。农村电子商务服务全面普及,电商赋能助力乡村振兴。

电子商务新模式新业态蓬勃发展,发展环境持续优化。社交电商、直播经济蓬勃兴起,社区电商、智慧零售、无接触配送取得快速发展,新媒体电商直播示范城市、直播示范基地及县域产业带村播基地等各层级载体相继涌现。终端物流配送体系日趋完善。截至2020年底,全省联建快递电子商务合作服务网点3200个,快递许可企业和分支机构

超过3000家,备案末端网点1.25万个。电子商务从业者素质不断提高,"十三五"期间,河北省累计培训电子商务从业者80余万人次。省、市、县三级建立了电子商务公共服务体系,服务功能不断完善。

(二)河北省电子商务行业对外贸易概况

跨境电子商务的发展起步较晚,发展基础较薄弱。近年来,跨境电商作为外贸新业态新模式,成为推动外贸转型升级、巩固外循环的重要突破口。2021年我国跨境电商进出口额达1.98万亿元,增长15%。河北省自2015年起,陆续出台加快推进跨境电商发展的一系列政策及措施,相对来说起步较晚。同时,河北相关企业在起步阶段并不真正理解跨境电商的运行机制以及电子商务对国际贸易的影响,由于观念和认知的制约,导致河北省跨境电商发展缓慢。河北省现有唐山、石家庄、雄安新区3个国家级跨境电商综合试验区,唐山在2018年8月成为第三批综试区。2021年,商务部对全国前五批共105个跨境电商综试区进行了评估,河北省3个综试区的成绩均不理想,处于下游水平。

跨境电商集群优势初步显现。河北省跨境电商产品丰富,交通物流较为发达,与"一带一路"国家和RCEP国家互补性强、经贸合作紧密。近年来,河北省着重完善跨境电商政策体系,培育跨境电商人才队伍,引进电商平台龙头企业,推动跨境电商健康平稳发展。2021年,河北省对"一带一路"国家和地区进出口总额为1612.3亿元,同比增长20.1%。对RCEP国家进出口总额为1967.6451亿元,同比增长18.6%。目前河北省拥有国家级跨境电商综试区3个、跨境电商零售进口试点7个、线下产业园区20个及省级公共海外仓40个,白沟箱包、清河羊绒、安平丝网等外贸基地采用新型跨境电商模式出口不断增加,跨境电商集群优势初步显现。

| 2021年河北省与RCEP成员国贸易额及增长率 |||||||
| 国别 | 进出口 || 出口 || 进口 ||
	总额(亿元)	增长率(%)	总额(亿元)	增长率(%)	总额(亿元)	增长率(%)
越南	102.3853	17.9564	93.5339	15.5383	8.8515	51.4506
泰国	100.4573	36.3571	85.0552	41.114	15.402	14.9572
马来西亚	130.2145	−2.07	59.0258	1.9956	71.1887	−5.2031
印度尼西亚	85.103	43.7993	60.2096	42.7191	24.8934	46.4809
新加坡	36.0613	−22.2701	30.9637	−25.1674	5.0976	1.6316
菲律宾	88.2537	59.981	81.8490	57.5318	6.4046	99.6492
缅甸	12.9488	−31.0499	11.5182	−36.544	1.4305	127.6645
柬埔寨	16.7806	34.175	10.0016	5.2066	6.7790	125.9753
老挝	3.0250	−4.4427	2.8945	29.2677	0.1306	−85.9071
文莱	4.7080	513.5193	0.6508	−15.1856	4.0572	--
澳大利亚	960.5447	16.1944	72.3928	24.927	888.1519	15.5361
日本	161.0784	9.2134	108.5521	9.238	52.5263	9.1625
韩国	241.1030	33.6008	188.3634	40.1308	52.7396	14.5381
新西兰	24.9813	68.9042	12.0029	36.8836	12.9785	115.5329
合计	1967.6451	18.6176	817.0137	22.7125	1150.6314	15.8721

(数据整理自石家庄海关官网)

政府重视力度逐年增大，跨境电商发展有了时间表和路线图。河北省专门制定了《河北省促进跨境电子商务健康发展三年行动计划(2021—2023)》，计划提出，坚持以深化供给侧结构性改革为主线，以制度、管理和服务创新为重点，以跨境电商综试区和跨境电商零售进口试点建设为抓手，加强省市联动、部门协同、分类指导，培育跨境电商产业链和生态圈，努力在产业集聚、载体平台和服务体系建设等方面取得新突破，到2023年全省跨境电商进出口总额突破400亿元。

2022年，省政府办公厅印发《河北省推动外贸保稳提质的若干措施》，推出14条稳外贸举措，其中之一是加快发展跨境电商。支持跨境电商综试区和跨境电商零售进口试点建设，完善保税监管设施，引进平台企业，扩大跨境电商业务规模。针对跨境电商出口海外仓监管模式，加大政策宣传力度，指导企业做好海关系统跨境电商出口海外仓业务备案；对实现销售的货物，指导企业用足用好现行出口退税政策。

（三）河北省电子商务行业利用外资对外经济合作概况

全省实际利用外资稳定增长，对外投资合作有所下降。2021年，全省实际利用外资116.1亿美元，比上年增长5.3%。其中外商直接投资112.9亿美元，增长4.0%。全省新设立外商投资企业（项目）389个，增长11.8%；合同外资额99.6亿美元，增长60.2%。备案（核准）对外投资企业72家，比上年下降30.1%；对外投资总额67.8亿美元，增长1.6%；中方对外投资额30.4亿美元，下降37.3%。

电子商务行业利用外资不断增加。2021年，河北省服务业合同外资快速增长。从合同外资看，新设立企业以服务业为主，电子商务企业及电商相关服务企业占有一定比例。如美国华平投资集团新宜中国投资开发的新宜燕郊智慧供应链项目总投资18亿元，致力于打造省级示范物流园区、电商物流示范园区，多业融合、智慧物流、共享配送的产业集群基地。其投资的廊坊电商枢纽产业园项目总投资7.2亿元，涵盖医药冷链、生鲜冷链、跨境电商等多个业务板块。

2022年，根据河北省发改委公布的利用外资重点招商项目，也有多项电子商务行业项目。如石家庄市综合保税区跨境电商产业园项目，主要引进跨境电商、现代物流、快递、第三方支付及货运代理等相关服务企业进驻。项目总投资5000万美元，拟利用外资5000万美元；石家庄平山"泽宏云"大数据中心项目总投资16800万美元，拟利用外资12300万美元。

富含电商元素的制造业，利用外资与对外投资同步增长。2021年，河北省实际利用外资以制造业为主。2021年1—9月，全省制造业外商直接投资66.2亿美元，增长18%，增长较快的有建材、纺织、食品和医药行业。在这个数字时代，制造业纷纷"触电"，成为富含电商元素的企业。它们充分运用大数据、人工智能、物联网、区块链等新技术进行工厂选址、库存优化、精准营销，采用"线上+线下"的销售模式，扩大产品销量。许多制造业企业在疫情期间抓住国内外市场需求潜力，以直播电商、跨境电商等方式拓宽国内外市场份额。有些优质企业开始到印度尼西亚、泰国、越南、马来西亚等国家选址建厂,参与全球产业链供应链重构。跨境电商助力了数字时代对外经贸与投资平稳发展,有效对冲了新冠肺炎疫情对国际经贸合作带来的不利影响。

(四)河北省电子商务行业在全国和全球产业链中的地位

河北省电子商务行业总体表现位列全国中上水平,但与头部省份相比差距明显。近年来,我国电子商务网络零售规模持续增长,市场规模进一步扩大。从电子商务市场主体来看,东部沿海地区聚集了大量活跃的电商公司,电商企业密集度高。2020年,广东省、浙江省和上海市网络零售额占全国网络零售额比重分别为24.33%、16.68%和11.80%,合计达52.81%。其中,实物商品网络零售额占比分别为26.60%、15.63%和11.97%。河北的网络零售额占全国网络零售额比重不足2.5%,实物商品网络零售额占比2.5%左右,实物商品网络零售额排名前3的商品依次为服装、日用百货、家用家具。

对照全国来看,跨境电子商务仍处于起步发展阶段。河北省发展跨境电商,以跨境电商综试区和跨境电商零售进口试点城市建设为抓手。从综试区建设情况来看,根据商务部2021年跨境电子商务综合试验区评估结果,前五批共105个跨境电商综试区,杭州、宁波、青岛、上海、广州、深圳、郑州、厦门、南京、义乌等是第一档优秀综试区(成效显著),其中浙江省占有3个,广东省占有2个;温州、洛阳、兰州、南昌、银川、湘潭等50个综试区综合排名处于第二档"成效较好";河北省的综试区综合排名处于第三档"成效初显"。从跨境电商零售进口试点城市建设情况来看,石家庄、秦皇岛、廊坊等跨境电商零售进口试点城市的跨境进口零售销量较少,尚未形成规模。

在跨境电商方面,无论是商业实践还是监管思路,中国都有丰富的经验。中国与RCEP成员国跨境电商贸易往来非常紧密,不同国家间进出口各有侧重。根据商务部电子商务和信息化司《电子商务报告2020》,可以看出,RCEP成员国中,日韩澳新等国是中国跨境电商重要的进口国;而东盟成员国则是中国跨境电商出口的重要市场。RCEP生效后,中国与东盟国家的跨境电商发展势头进一步增强,进出口规模与日俱增。2022年上半年,中国对东盟的跨境电商出口增长98.5%。

（五）河北省电子商务行业与其他先进省市对比存在的问题和不足

电子商务市场规模效应不明显，缺乏国际化、全国性知名平台和企业。河北省虽然已经形成了一些初具规模的电商产业圈，但普遍规模小，跨国功能更弱。虽然也有一些本地知名的企业和平台，但其辐射范围有限，仅限于河北省，对于整个电子商务市场的规模化发展不能起到明显的带动作用。河北省已经建设运营了多个 PC 端和移动端的电子商务平台，但其运营效果较一般，没有打开更大的市场，B 端和 C 端用户依旧比较习惯使用在全国较知名的电商平台。近两年，一些具备实力的企业已开始创建自己的独立站平台进行电子商务的相关活动，这也是今后电商发展的趋势之一。河北省的电商企业除了积极学习并参与到原有的第三方平台中去，还要加快建设自有独立站的步伐以开拓更加广阔的电商市场。

电子商务生态体系有待完善，电子商务供应链各环节间、电子商务与快递物流间协同还不到位，信息基础设施还需完善。目前，河北省电子商务生态体系初步建立，电商推广、交易、支付和供应链服务平台等支撑体系尚不完善。物流与电商的协同还不到位。电子商务最重要的三个要素是"信息流""资金流"和"物流"，"信息流"和"资金流"可在线上完成，而物流则必须在线下实体环境才能最终完成，其发展情况对电子商务的发展有着直接甚至决定性影响。

公共服务能力有待进一步提升，培育电子商务企业和专业人才的效能还有较大不足。随着电子商务模式不断更新迭代，行业企业对电子商务企业和电商方面的专业人才需求也随之发生相应的变化。河北省电商企业有很多中小企业，它们在运营成本上本身就不具备很大的优势，更需要相关部门在企业成长和人才培育方面给予较大力度的帮助。即便是实力较强的大型电商企业，在招募和培养电商人才方面也需要花费较高的前期成本，这也对河北省的电商人才引进和人才培养提出了更高的要求。

电子商务带动传统产业数字化转型的能力还需进一步提升。对于传统产业而言，数字化转型是指利用数字技术在生产、运营、管理和营销等环节进行全方位、多角度、全链条的产业升级改造。直播、社群、短视频、小程序等电商新模式快速增长,移动互联网、大数据、云计算、人工智能、区块链等各种新技术在电商中的应用,推动传统制造业迭代升级,实现数字化转型升级。在促进要素优化配置、引导市场主体向数字化、网络化、智能化发展方面,河北省电子商务行业还需进一步提升。

二、RCEP 对电子商务行业的政策规则

RCEP 的第十二章是电子商务章节,以促进缔约方电子商务应用及合作、营造良好的电子商务使用环境为目标。主要包括促进无纸化贸易、促进电子签名和电子认证、保护线上个人信息、促进跨境电子商务及鼓励电子商务对话等规则,并就计算机设施位置、以电子方式跨境传输信息等问题达成了重要共识。

(一)关税减让规则

在电子数据传输方面,RCEP 规定缔约方应当维持目前不对缔约方之间的电子传输征收关税的现行做法,但并不阻止缔约方依照本协定对电子传输征收税费、费用或其他支出。也就是说,RCEP 采取了电子数据传输零关税规则。但同时规定,上述做法可在电子商务工作计划框架下,根据世贸组织部长级会议就电子传输关税作出的任何进一步决定进行调整,并应进行审议。对电子传输免征关税的做法,将进一步提高区域跨境电商自由化水平,为企业节约更多贸易成本。

(二)原产地累积规则

原产地累积规则是 RCEP 货物贸易领域最亮眼的成果,根据原产地累积规则,在确定产品原产地资格时,可将 RCEP 其他成员国的原产材料累积计算来满足最终出口产品增值 40% 的原产地标准,从而更容易享受到优惠关税。原产地累积规则支持区域内产业链供应链的发展,电子商务行业可以抓住原产地累积规则带来的区域内贸易机遇,扩大中间品的生产销售,助力稳链、固链、强链。

(三)贸易便利化

贸易便利化主要包含无纸化贸易、电子认证和电子签名两项内容。敦促参与国管理机构的无纸化操作、承认电子签名的有效性、采取合

理的电子认证方式都是促进数据流动便利化的措施，这些措施将提高电子商务的效率。

无纸化贸易即在交易中承认电子形式的数据、合同等各项文件材料具有与纸质版材料同等法律效力的规则。一是要求努力接受以电子形式提交的贸易管理文件与纸质版贸易管理文件具有同等法律效力；二是要求努力使电子形式的贸易管理文件可公开获得；三是要求在国际层面开展合作，以增强对贸易管理文件电子版本的接受度。

电子认证和电子签名方面，RCEP 提出各缔约方应当允许电子交易的参与方就其电子交易确定适当的电子认证技术和实施模式；不对电子认证技术和电子交易实施模式的认可进行限制；允许电子交易的参与方有机会证明其进行的电子交易遵守与电子认证相关的法律和法规。此外，RCEP 提出各缔约方应当鼓励使用可交互操作的电子认证。针对电子签名的法律效力提出：除非其法律和法规另有规定，一缔约方不得仅以签名为电子方式而否认该签名的法律效力。

（四）海关监管规则

RCEP 生效后，区域各国海关采用预裁定、抵达前处理、信息技术运用、企业分级管理等更加便捷的通关程序，进一步提高通关效率。如在通关时间方面，RCEP 要求确保普通货物尽可能在抵达并提交所需信息后 48 小时内放行，易腐货物和快运货物尽量在 6 小时内放行。这有利于减少生鲜产品在货物运输、清关过程中的损耗，降低成本，也有利于保障跨境电商物流的时效性和稳定性，进而促进区域内跨境电商发展。RCEP 还鼓励成员方定期测算并公布海关放行货物所需时间，并分享放行时间研究的经验，有利于进一步缩短放行时间，提升贸易便利化水平。同时，RCEP 还要求成员国尽可能在 90 天内作出预裁定，这也有利于增加跨境电商企业的可预期性，为其进出口报关、纳税等活动提供更多便利。此外，RCEP 不仅要求对经认证的经营者（AEO）提供额外的贸易便利化措施，而且要求成员之间推动相互承认 AEO 的谈判，这也能够为区域内包括跨境电子商务在内的各类贸易提供更多便利。

(五) 服务贸易、投资准入、知识产权、自然人移动等规则

在服务贸易方面，RCEP 成员国对我国在很多具有商业利益的服务和投资领域做出了较高水平的开放承诺，为我国企业更好地在相关地区开展服务投资经营带来重要机遇。东盟在 RCEP 中作出了关于 WTO 和中国-东盟自贸区具有含金量的承诺，日本开放水平较高，允许绝大多数服务贸易领域准入。韩国、澳大利亚在 RCEP 中的承诺水平高于中韩、中澳自贸区中的安排。从中方重点关注的服务部门来看，RCEP 其他各方在建筑工程、旅游、金融、运输等部门均承诺较大程度的开放，这些新增开放领域为我国企业走出去，扩展区域产业链布局提供了广阔的市场空间。我国承诺的服务贸易开放水平达到已有自贸协定的最高水平，一是承诺的服务部门数量在入世承诺约 100 个部门的基础上，新增 22 个部门，有些领域的服务与电子商务发展相关，如市场调研、管理咨询相关服务等。二是提高了 37 个部门的承诺水平，与电子商务行业相关的有法律服务、海运及相关服务等领域。

投资准入方面，RCEP 在投资市场准入和投资保护等方面作出了全面平衡的投资安排，形成了当前亚洲地区规模最大的投资协定安排，有助于营造更加稳定、开放、便利的投资环境。如泰国政府在 RCEP 项下对此前严格限制外国人进入的种稻、果园、旱地种植、畜牧业等领域扩大了开放，这为我国企业赴泰投资提供了机遇。在投资市场准入上，各成员国均采用负面清单模式作出承诺。

在自然人移动方面，各方承诺对于区域内各国的投资者、公司内部流动人员、合同服务提供者、随行配偶及家属等各类商业人员在符合条件的情况下，可入境各国并获得居留权利，享受签证便利，特别是 2024 年开始部分国家互相扩大了免签，这将促进区域内商业人员往来，进一步为我国企业走出去和外国人才引进来提供更多便利。

知识产权方面，RCEP 协定是我国自贸协定中对于知识产权保护最全面的协定，涵盖了著作权、商标、地理标志、专利、外观设计、遗传资源、传统知识和民间文艺、反不正当竞争、知识产权执法、合作、透明度、技术援助等广泛领域。既包括传统知识产权主要议题，也体现了知识产权保护发展的新趋势。过渡期和技术援助相关规定，旨在弥

合不同成员发展水平和能力差异,帮助有关成员更好地履行协定义务,在兼顾各国不同发展水平的同时,显著提高了区域知识产权保护水平。

(六)营造良好的电子商务环境

保护线上消费者及个人信息。RCEP在线上消费者保护条款中,将电子商务消费者可能受到的损害更具体划分为欺诈和误导两个具体方面,特别指明"保护电子商务消费者免受欺诈和误导行为的损害或潜在损害"。在加强保护个人信息流转中,要求缔约方不仅需要保护本国电子商务业务涉及到的个人信息,还应在合作的基础上保护跨境电子商务中另一方传输的个人信息。

对非应邀商业电子信息采取措施。非应邀商业电子信息,是指出于商业或营销目的,未经接收人同意或接收人已明确拒绝,仍向其电子地址发送的电子信息。缔约方应当要求此类信息的提供者获得接收人的同意,或将此类信息减少到最低程度,并提供向此类信息提供者的追索权。

加强网络安全,建立国内监管框架。要求缔约方认识到计算机安全事件主管部门能力建设的重要性,并开展网络安全相关合作。要求缔约方设立监管电子交易的法律框架,并努力避免对电子交易施加任何不必要的影响。

(七)促进跨境电子商务的措施

关于计算设施。RCEP充分尊重各缔约方计算设施(计算机服务器和存储设备)的通信安全和保密要求,承认各缔约方对于计算设施的使用或位置可能有各自的措施,但同时明确规定"缔约方不得将要求涵盖的人使用该缔约方领土内的计算设施或者将设施置于该缔约方领土之内,作为在该缔约方领土内进行商业行为的条件",即缔约方不得限制数据的本地存储,不得以计算设施的本地化,作为受协定约束的主体在该缔约方领土内进行商业行为的条件。

跨境信息传输。规定缔约方不得阻止为商业目的而进行的跨境信息传输行为。跨境电子商务活动中,电子信息自由跨境流动是实现这一贸易形式的关键前提。如果电子信息跨境流动受到阻碍,则会带来降低流动效率、增加流动成本等一系列问题。因而RCEP明确跨境电子商务活动中信息流动自由的原则。

当然，关于计算设施和跨境信息传输也规定了两种例外情形，一是为实现合法公共政策目标采取的必要措施；二是为保护国家基本安全利益采取的必要措施。

（八）电子商务合作和电子商务对话

每一缔约方应当在适当时就帮助中小企业克服使用电子商务障碍、电子商务法律框架以及分享信息经验和最佳实践等多方面开展合作，努力采取建立在国际论坛等既有合作倡议的合作形式。缔约方应认识到对话，包括在适当时与利益相关方对话，对于促进电子商务发展和使用的价值，考虑合作机遇与相关问题，并提出相应的建议。

（九）成员国电子商务过渡期规定和争端解决规定

RCEP成员欠发达国家对电子商务章节的一些条款履行存在困难，因而RCEP采用过渡期的方式，允许部分成员在一定年限内暂不适用部分条款。具体来看，柬埔寨、老挝和缅甸三个最不发达国家适用5年过渡期的条款较多，包括无纸化贸易、承认电子签名法律效力、制定电子商务消费者保护相关法律法规、建立保护电子商务用户个人信息的法律框架、提供对非应邀电子信息提供者的追索权等。对于不得要求计算设施本地化、不得阻止电子信息跨境传输两大电子商务核心条款，在给予上述三国5年过渡期的基础上，如有必要可再延长3年。此外，对于建立监管电子交易的法律框架，给予柬埔寨5年过渡期；对于不得要求计算设施本地化，给予越南5年过渡期；对于提供对非应邀电子信息提供者的追索权，给予文莱3年过渡期。

RCEP为与电子商务相关内容的分歧建立了灵活的解决机制，为区域电子商务的可持续发展提供了良好的保障。RCEP要求缔约方首先进行善意的磋商，尽最大努力达成共同满意的解决方案；如磋商未能解决分歧，则提交至RCEP联合委员会。RCEP电子商务章节的争议不适用协定争端解决机制，但未来将对这一问题进行审议，审议完成后，协定争端解决在同意适用电子商务领域的缔约方之间适用。

三、影响分析与机遇挑战

(一) 机遇

关税成本降低,有助于降低跨境电商产品进出口成本。据海关统计数据分析,中国跨境电商零售进出口伙伴较多涉及 RCEP 成员国。RCEP 生效后,已核准成员之间 90% 以上的货物贸易将最终实现零关税。成员国之间关税成本大幅降低,这将提高中国跨境电商出口产品的市场竞争力,扩大跨境电商出口。同时,也有利于消费者以更加优惠的价格购买跨境电子商务零售进口商品,促进消费回流。

海关通关便利,有助于提高跨境电商物流效率。RCEP 要求区域各国海关采用预裁定、抵达前处理、信息技术运用、企业分级管理等更加便捷的通关程序,使得海关的工作效率大大提高。对于加急货物、生鲜货物等特殊货物的处理时间也进一步缩短,这些措施在很大程度上提高了跨境物流的时效性和稳定性,推动跨境电商在区域内获得良性发展。要求对经认证经营者(AEO)提供额外的贸易便利化措施,要求成员之间推动相互承认 AEO 的谈判,这也能够为区域内包括跨境电子商务在内的各类贸易提供更多便利。要求成员国尽可能在 90 天内作出预裁定,这也有利于增加跨境电商企业的可预期性,为其进出口报关、纳税等活动提供更多便利。

区域内贸易投资规则体系日趋统一,有助于电商企业投资海外仓等跨境基础设施。作为跨境电商重要的境外节点,目前中国海外仓数量已超过 1900 个,总面积超过 1350 万平方米,业务范围辐射全球,其中北美、欧洲、亚洲等地区海外仓数量占比近 90%。RCEP 生效将会增强电商企业"走出去"的信心,区域内经贸规则日趋统一减少电商企业对外投资风险,有助于电商企业采用兼并、自建和租用等方式经营海外仓。

从河北省近几年的贸易数据可以看出,河北省对 RCEP 成员国的进出口贸易呈上升态势。一方面,东盟十国不仅是目前我国重要的贸易合作伙伴,也是未来跨境电商发展的一个更新更广大的平台,河北省目前的优势行业如纺织服装用品、家居用品、箱包等种类的产品不仅在东盟国家的需求量很大，而且可以在东盟国家寻找更多样的合作渠道和方式进行合作。通过RCEP的实施，与日本、韩国等的跨境电商交易量也会得到提升。

（二）挑战

RCEP外部国家竞争带来的挑战。RCEP固然巩固了中国对外贸易与投资的东亚太平洋板块，但同时也引起了诸多外部国家的不安。美国将努力与日韩澳新及部分东盟国家尤其是越南、新加坡等制定更高标准的新贸易协定，并以某种方式复活TPP，对冲中国加入CPTPP的努力。印度也不会坐视未加入RCEP的代价，可能努力与东盟讨价还价，加入不利于中国的特定条件或协定附件。欧盟不会坐视东亚太平洋板块强劲发展，一定会加速与单个RCEP国家谈判并签订自贸协定，迄今已和日本、越南签订自贸协定，下一步可能将目光转向新加坡等。这些都将成为电子商务全球化扩张的阻碍。

应对成员国之间"数字鸿沟"的挑战。RCEP成员国之间电子商务发展极为不平衡，各国城乡之间存在较大的"数字鸿沟"。日本作为发达国家，拥有优良的商业环境，发达的线下零售及强大的互联网购物人群。韩国互联网普及率高达95%，是全球增速最快和电商渗透率最高的国家。澳大利亚的互联网渗透率达80%，2020年澳大利亚经历了经济衰退，但仍然没有阻挡电子商务的飞速发展，2020全年澳大利亚电子商务市场增速高达22%。新西兰人口少，市场体量小，但是互联网渗透率很高，新西兰电子商务的发展也十分迅速。东盟地区除新加坡以外的其他地区劳动密集型产业聚集，工业化水平较低，基础设施不完善，互联网覆盖范围不足，这都给电子商务的发展带来了阻力。此外，RCEP各成员国电子商务人才的供给也十分不平衡，这也给我国与当地的电子商务往来带来很大程度的难度与挑战。

知识产权违规风险加剧的挑战。RCEP成员国中日韩等发达国家的知识产权侵权风险加大。对于河北省一些传统从事B类的工厂企业来说，很多企业近些年也在逐步进行转型升级，由OEM转为ODM或OBM的过程中，会有较大的知识产权侵权风险。比如面对日韩这样的技术密集型的国家而言，一些企业在ODM/OBM转型过程中往往通过对于外观外形的细微改动来完成,这就有可能造成对国外产品知识产权的侵权问题,或是因为有些产品的核心因素已经被人在国外抢先注册,而我们的企业对此并不了解,进而造成进入国外市场导致侵权的问题。河北省企业在跨境电商出口方面对侵权问题意识仍旧比较淡薄,企业能否及时了解 RCEP 知识产权保护规则,减少知识产权侵权诉讼风险仍存在很大的不确定性。

跨境电商生态体系不完善带来的挑战。目前,杭州已有跨境电商交易、支付和供应链服务平台 60 多家。杭州本土跨境电商全球速卖通、阿里巴巴国际站等平台年出口额约 2450 亿元,覆盖 200 多个国家和地区,服务中小企业超 60 万家。天猫国际、考拉海购等杭州本土跨境零售进口平台约占全国一半份额。亚马逊全球首个跨境电商产业园和亚太区卖家培训中心也已落户杭州。广州有 3 个综合保税区,地理位置优越、配套齐全,速卖通联合菜鸟建设了华南地区最大的出口优选仓,是跨境电商行业的重要枢纽城市。速卖通在广州设立了商家运营服务中心,为商家提供一站式跨境电商全链路解决方案。河北虽然有 3 个跨境电商综试区,但是包括外综服、跨境物流、海外仓、第三方结售汇、品牌设计、海外推广和国际认证检测等在内的跨境电商生态服务企业仍然缺乏,跨境电商人才尤其缺乏。跨境电商需要大量具有互联网、高科技、外贸等多方面综合知识的复合型人才,由于河北省跨境电商发展年限较短,相关人才培养力度不够,导致人才严重短缺。

四、河北省电子商务行业高质量发展的路径选择和对策建议

(一)产业转型升级方面

促进电子商务大中型企业提质增效,引导传统外贸企业转型涉足跨境电商领域。对于大型电商企业,抓住 RCEP 统一大市场的契机,从国内国际双循环发力,在产品创新、数字营销、智能物流、通关效率、无票免税等方面发展壮大,条件成熟的公司可在 RCEP 成员国设立海外分公司,实现规模化、品牌化经营,培育一批有全球影响力和经济贡献度的优质电商企业。对于中小电商企业,要尽快熟悉和融入 RCEP 规则,提升运用新的贸易规则获益的能力。对于传统外贸企业,要抓住

RCEP 背景下跨境电商发展的新风口，积极涉足跨境电商领域，尤其利用跨境电商 B2B 出口业务契机，加强对跨境电商 B2B 交易业务的拓展，促进跨境电商 B2B 出口业务发展。

通过打造跨境出海品牌、布局海外仓、直播电商等模式创新升级跨境电商发展路径。鼓励具有特色及优势的电商企业注册自有商标，通过提升产品品质、优化包装设计、加强线上营销宣传等方式，打造享誉海内外的电子商务品牌，借助跨境电商平台，提升中国产品和品牌形象。探索多元化的海外仓建设方式，合理在 RCEP 区域内布局海外仓，中小电商企业通过租赁公共海外仓的方式开展业务、大型企业可以通过企业抱团出海建设海外仓、也可以与第三方海外物流仓储企业合作共建海外仓，通过海外仓降低跨境物流成本、提高跨境电商贸易时效。但海外仓投资金额大，企业需审慎确定投资方案。利用直播电商、新零售、社交营销等跨境电商新业态实现快速创新发展，优化线上消费者消费体验，增强品牌的消费黏性，进一步促进跨境电商业务量提升。

努力挖掘电子商务服务业和投资扩大开放带来的商机，促进电子商务服务业的发展，提升在价值链中的地位。RCEP 服务贸易和投资承诺开放力度大、透明度高，企业海外投资和提供跨境服务时将获得更强有力的保障。企业应抓住 RCEP 成员国开放机遇，结合自身优势特点，推动设计研发、信息服务、物流服务、网络服务、贸易融资等电子商务服务业发展，提升在价值链中的地位。同时，协定有利于发展贸易新业态，有利于打造跨境电商供应链体系，企业应积极把握这些发展动向，努力获得更大发展。

(二) 产业链拓展方面

依托现有特色产业集群，加快建设河北省内跨境电商特色产业集群。首先，在发展较为成熟的特色产业上，通过资源整合、人才招聘聚集、其他配套设施的完善来支持打造跨境电子商务功能。如清河羊绒、白沟箱包、辛集皮革、香河家具、沙河玻璃等已具有国内外知名度的地域性特色产业，要引导这些行业企业扩大跨境电商出口，拓展海外市场，聘请专业的跨境电商平台操作和运营专家助力这些企业的电子商务业务。其次，大力支持龙头电商企业，同时加强培育一批新兴中小企业，帮助企业打造自己的品牌，形成具有河北特色的产业品牌。最后，加强原有的已经形成产业集群性质的电子商务平台的建设和维护，努力打造河北省优势行业的主流电商平台，同时引导帮助企业利用第三方跨境平台进行海外市场的拓展，对于有能力有条件的企业帮助其打造自己的独立站，形成产品的精准营销模式，不但可以扩大企业和产品的知名度，也能为后续带来更大的商业利润。

以省内石家庄、唐山、雄安新区三地跨境电商综试区建设为抓手，规划建设河北高水平跨境电商产业链，建设高质量的跨境电商园区。各跨境电商综试区要依托自身区位优势，优化贸易畅通机制，完善跨境电商新基建，以数字化提升综试区的整体服务能力和服务水平，打造优质营商环境。积极推动本地跨境电商服务体系数字化转型，做好跨境电商与物流协同发展的布局规划。推进海外物流布局，与国际物流企业合作，形成全球智能物流网络，打通境外"最后一公里"配送服务，提升境外配送时效。建设更高质量的跨境电商综合服务平台。随着跨境电商新业态新模式的不断发展，跨境电商综合服务平台将成为中小企业提高效率、降低成本的重要渠道。河北目前的跨境电商园区整体水平较低，在聚集产业链的相关资源（产品供应商、网店经营者、网络服务提供方、物流服务企业、金融支付公司等多种资源）方面仍然不足，未形成完善的综合服务体系。可以借鉴浙江等地先进经验，不断完善园区的数字基础设施，推进数字化跨境支付，出台优惠的园区招商政策，引进大型知名跨境电商平台企业落户，扩大金融服务范围，提供一站式跨境支付解决方案和供应链金融服务方式，完善园区的跨境电商生态体系，推动跨境电商园区建设取得突破。尤其对于跨境电商人才的引进要加大力度，为引进人才提供良好的发展空间和待遇，比如提供更优惠更便捷的人才公寓入住政策，以高素质创新人才助推企业跨越式发展。

加快建设京津冀协同背景下的区域产业集群，建成 RCEP 区域电商产业链的重要节点枢纽。京津冀地理位置相连，资源禀赋、区位条件不同，为产业分工与合作奠定了良好的基础，可以优势互补，充分融合三地创新链产业链。河北省应结合生物医药、新一代电子信息、装备制造、高新技术产业等区域新兴行业在石家庄、唐山、雄安新区等地构建特色产业集群，建立与京津紧密衔接、优势互补、分工明确的创新链、产业链融合格局。利用京津冀合作发展的优势，吸引具有国际水平的企业和高端人才落户河北，形成产业聚集效应，推进高端高新产业向河北转移发展，这是河北省产业链发展的重要机遇之一。北京天津都拥有非常有利于电子商务发展的硬件设施，首都机场是全国最大的国际机场，天津港在全世界排名位于前列，其也是京津冀区域的散杂货和集装箱绝大部分发货港口。中国（河北）自由贸易试验区雄安片区、曹妃甸片区、廊坊临空片区、正定片区要根据不同的区位与产业结构，重点发展本地的特色产业，做好已有政策和 RCEP 的叠加，借助 RCEP 东风，更好地落实投资便利化政策措施，以实现河北省外向型经济和跨境电子商务的大发展。

加强与 RCEP 成员国电子商务企业的深度协作，提升产业链供应链价值链国际化水平。RCEP 在成员国国家资源、商品流动、技术合作、服务资本合作、自然人流动等方面提供了一系列规则，将进一步推动区域内生产要素的自由流动。跨境电商企业应把握 RCEP 带来的发展红利，在区域内优化资金、技术、人才、能源资源等生产要素配置，做好产业链、供应链的布局，争取迈向全球价值链中高端。此外，在区域内建立完整的产业链、供应链，有利于抵御中美贸易摩擦升级、逆全球化、全球新冠肺炎疫情等外部因素对跨境电商带来的冲击，做到优势互补，达成战略合作，共同发掘电商市场新机遇。

（三）扩大贸易规模和双向投资方面

研究我国与 RCEP 成员国间的产品关税减免时间表，扩大跨境电商进出口规模。企业应根据自身经营发展方向，认真研究我国与 RCEP 成员国间的国别关税减让情况，因国施策、扬长补短，着力扩大重点产品的进出口。东盟地区年轻人口占比高、经济增速快、市场规模有望快速增长。东盟对中国高附加值工业品，如 3C 产品、健康美容和时尚配件具有较高需求；中国则对东盟地区的农产品及特色优质产品，如水果、海鲜、咖啡、乳胶枕等具有较高的需求。要紧盯首年零关税和 5

年内降税明显的商品,这类商品将成为跨境电商进出口的新增长点,积极抢抓发展机遇。在扩大跨境电商进口方面,重点抓好石家庄、秦皇岛等7个省内跨境电商零售进口试点城市,增加RCEP国家优质日用消费品跨境进口,丰富进口消费品供给。通过设立线下"1210"保税商品展销中心等方式拓展进口商品分销渠道,加快内外贸一体化融合发展。

合理选择跨境电商平台及相关服务商,吃透RCEP原产地规则,实现跨境电商进出口规模的持续增长。在亚马逊、阿里之外,要增加东南亚跨境电商平台Shopee、Lazada、Tokopedia等的使用,选择适合河北跨境电商发展的第三方代运营、检验服务等服务平台,用好支付宝escrow、贝宝paypal、电子钱包、卡支付等跨境电商支付方式,根据需要选择邮政包裹、DHL、TNT、UPS和联邦等物流提供商。要培养掌握RCEP原产地规则的专业人员,熟悉证书申领、自主声明、经核准出口商认证等各项业务,密切关注RCEP各国海关程序、检验检疫等便利化承诺的落地情况,借助区域物流通关效率提升,实现跨境电商进出口规模的持续增长。

用好原产地累积规则,积极扩大电子商务行业中间产品生产销售规模,吸引有竞争力的投资者开展合作,增强国际合作与竞争的本领。要充分认识RCEP原产地区域累积规则的商业价值,用好RCEP原产享惠门槛更低的优势,积极扩大电子商务中间产品生产规模,吸引更多有竞争力的投资者开展合作,积极参与河北产业链供应链的重构,将企业生产和服务推向价值链的高端。积极把握原产地累积规则机遇,将高质量实施RCEP全面纳入企业的国际化经营策略。电子商务企业要积极行动,在"走出去"中"测水温",努力探索与RCEP各国开展投资合作,在更广阔的国际环境中参与竞争,提升产品质量,提高企业的国际化经营能力和水平,实现高质量发展。

(四)支撑体系和营商环境方面

加强RCEP"1+4"服务。"1"是要积极组织面向RCEP成员国的贸易和投资促进活动,为中国和RCEP成员国企业搭建沟通桥梁,促进企业间充分交流对接,为企业间加强贸易、投资和产业链供应链合作创造更多机会;"4"是跨境电商数据统计、RCEP政策培训与细化落实、跨境金融支付规则培训、RCEP法律知识培训咨询等4项服务。海关及商务主管部门要对本省与RCEP成员国的跨境电商贸易情况数据进行统计公布,分重点产品、重点企业和重点国别列出统计清单,想方设法为企业提供更细致的市场分类指导和更充分的国别环境政策信息,推进跨境电商大数据应用,增强数据搜集、清洗加工、监测分析能力,为政府决策、行业监管和企业开拓市场提供参考。对企业开展多种形式的政策宣传,提供自贸协定优惠税率咨询和原产地享惠策略服务,帮助企业熟悉RCEP区域内经贸规则,充分运用关税减让、原产地累积、背对背原产地证明等规则开拓RCEP国际市场。要在RCEP规则的细化落实方面作出努力,组织跨境电商优质企业共同讨论跨境电商的规则,探索在关税减免、监管模式、跨境支付、线上消费者权益保护、信息安全等方面的创新优化方案。加强金融培训服务,促进跨境电商经营者在遵守国家外汇经营性项目结汇规定的同时,减少企业汇率损失,以及避免电商企业因对方支付原因误入洗钱等贸易"泥坑"。完善跨境结算便利化服务,积极引导企业使用人民币计价结算,推动实现数字人民币的跨境支付、跨境结算功能。加强RCEP法律培训咨询服务,跨境电商行业对于"合规化"的要求越来越严格,对于卖家的"品牌化"要求也越来越高。省贸促会国际商事法律服务中心要对跨境电商企业提供法律法规培训和咨询服务,杜绝跨境电商商标、设计、跟卖使用图片等侵权事件发生,特别要杜绝虚假店铺、骗购等现象,帮助企业规避相关法律风险。另外,RCEP虽然对知识产权有相关的规定,但并非面面俱到,有些问题需要使用成员国当地的法律来解决,企业一定要对各个国家的法律法规有所了解,同时还需要明确RCEP和TRIPS与CPTPP的不同点,不能想当然认为RCEP和其他协定中的规定类似或一样而忽略。

进一步完善国际物流功能。利用好河北省自贸试验区发展的大好时机,进一步扩充中欧班列,积极建设空港、国际陆港以及沿海港口的高效衔接,形成高质量的物流网络。引进更多高水平的国际物流企业,打造具备河北省地域特色的物流专线,提高国际物流效率,降低国际物流成本。跨境电子商务产业园区要利用园区特色产业的集群效应，探索共享仓储、人力、车辆、系统、配送等全链条资源的物流模式。优化并建设高质量的多式联运集结中心，同时积极引入高科技、智能化技术应用于各个物流发展环节中，不断提高整体物流效率。

提供高素质复合型跨境电商人才。高度重视人才培育"软实力"，政府联合有实力的企业和学校成立"跨境电商产教融合中心"，开展跨境电商合作人才培训，把行业、产业最新发展需要融入人才培养中。加强跨境电商专家学者、高校、企业的交流合作，共同开展跨境电商人才培养等相关课程，培育适应市场需求的复合型跨境电商人才。支持有资质的培训机构、实践基地、产业学院等社会培训机构，为跨境电商企业员工开展专业技能培训，提升企业的核心竞争力。引进跨境电商专业人才。研究制定高端跨境电子商务人才引进办法，支持重点跨境电商企业引进优秀专业人才。加大对跨境电商企业高端急需紧缺人才引进的补贴力度，加快构建专业化、社会化、国际化的跨境电商人才队伍。加强跨境电商"双创"支持体系。依托于各地双创示范基地，进一步加强双创示范基地提供托管、代运营、人才培育、培训孵化、创业咨询、业务指导等公共配套服务的能力，充分释放跨境电商创新创业活力。

建立符合 RCEP 规则的营商环境。既要严格执行与 RCEP 约束性义务对应的国内法律法规规章，确保依法依规行政，也要重点研究 RCEP 鼓励性义务，努力将鼓励性义务作为硬约束执行，不断提升贸易投资环境，促进对外贸易和招商引资。河北省的营商环境近年有了很大改善，但是仍存在很大提升空间。RCEP 中包含了诸多高标准的国际规则，不仅给市场主体以及产业层面带来了改变，还对深层次和系统性制度创新提出了新要求。河北要进一步建立符合 RCEP 规则的营商环境，注重从商品、要素流动型开放转向规则、规制、管理、标准等制度型开放，健全省市县重点外商投资企业包联服务机制，细化包联台账。加大对重点外资企业的融资、土地、环保、人员入境等要素保障，建立起规范化的外商投资工作运行机制，从而进一步增强外资来冀投资信心。

第十章　推进教育领域的国际合作

《区域全面经济伙伴关系协定》（Regional Comprehensive Economic Partnership，以下简称 RCEP）于 2022 年 1 月正式生效，这个协议涵盖中日韩澳新和东盟十国，在全球区域性自贸协定中成员国人口数量最多、成员结构也最为多元。当前全球化遭遇"百年变局"，加之新冠肺炎疫情给世界各国带来严重冲击，RCEP 签订并启动着实来之不易。

RCEP 是地区和国家以实际行动维护多边贸易体制、建设开放型世界经济的重要一步，对深化区域经济一体化、稳定全球经济具有标志性意义，对区域经济发展、贸易自由化和教育科技等诸多方面将产生深远影响。20 多年前中国加入 WTO，奠定了中国在世界上最大贸易国的地位，同时中国高等教育逐步进行了一系列改革，实现了由"精英教育"到"大众教育"的转型。现在 RCEP 的正式签署，也将在一定程度上对我国高等教育、职业教育、非学历教育带来新的重大影响。

一、我国对教育开放的承诺与可能的影响

（一）我国对教育开放的承诺

RCEP 中我国承诺的教育服务范围包括初等教育服务、中等教育服务、高等教育服务、成人教育服务（包括非学历培训）、其他教育服务（包括非学历培训英语、烹调、工艺制作）；但不包括特殊教育服务，如军事、警察、政治和党校教育。不管是 GATS（即服务贸易总协定，General Agreement on Trade in Services 的简称，是关贸总协定 WTO 的一部分），还是 RCEP，均未完全实现贸易的自由化。我国在 RCEP 中对教育服务贸易市场准入限制和国民待遇限制所作出的承诺为：

1. 关于教育服务市场准入限制。

关于市场准入限制，我国对跨境提供方式不作承诺；对跨境消费没有限制；在商业存在方面，允许外国投资合作办学，允许外方持有多数股权；在自然人移动方面，除了水平承诺中内容和下列内容以外，不作承诺，若外国个人教育服务提供者受中国学校和其他教育机构邀

请或雇佣,可入境提供教育服务。

2. 关于国民待遇限制。

关于国民待遇问题,我国对跨境提供方式不作承诺;对跨境消费没有限制;对商业存在方面,不作承诺;在自然人移动方面,要求具有学士或以上学位且具有相应的专业技术职称或证书,具有两年专业工作经验。

结合我国在RCEP中的具体承诺表,对于不作承诺的项目,国家可以采取灵活的市场准入限制或国民待遇限制措施,保护国内教育服务市场及消费者合法权益。

基于此,我们从中国加入WTO的经验入手,采取比较研究方法,提出把握RCEP对中国高等教育带来的契机,以及避免不良影响和采取可行应对措施,推动河北省高等教育的健康发展。

(二)加入RCEP在高教方面可能的影响

如同加入WTO一样,中国等15国签订RCEP,将对我国高等教育政策产生影响。从中国加入WTO近20年的经验和历史可以看出,影响将主要体现在如下方面。

1. 对高等教育观念的影响。随着经济全球化和贸易自由化的发展,在以服务贸易和知识产权保护为特点的国际经济发展过程中,高等教育作为服务贸易的一种特殊形式,必将具备全球化视野;同时,世界在知识经济发展过程中对专业人才的需求将更加巨大,创新观点取代我国传统的高教人才观。

2. 对高等教育人文精神产生重要影响。RCEP在货物、服务、投资、原产地规则、海关程序与贸易便利化、卫生与植物卫生措施、技术法规与合格评定程序、贸易救济、金融、电信、知识产权、电子商务、法律机制、政府采购等领域有先进性规定,这些领域与传统高等教育专业有密切的联系,因此随着RCEP的实施,不同民族和国家的文化和社会制度相互交融,进而使高等教育人文教育过程面临更大的挑战。

3. 对我国高等教育资源在新资源筹措和配置上产生影响。我国的高等教育资源配置不足,与发达国家有一定的差距,为此国家实施了"双一流"建设。RCEP的实施,会在一定程度上缓解我国高等教育资源不足的问题，在教育人力资源方面，随着服务市场的开放，外国教育人力资源进入我国，能够促进我国高等教育的现代化，但是也在一定意义上使我国高等教育人力资源出现流失的可能。此外，对于与国际贸易关系密切的专业，如计算机、金融和法律等专业人才的培养会受新资源配置的影响，引发高等教育专业资源的调整和优化。

4. 对高等教育理论和教育模式的影响。诚如中国加入WTO后，外国先进的教育理念和教育模式影响我国高等教育，以法学为例证，先后出现了"案例式"教学模式和"诊所式"教学模式。RCEP的签署，将改变传统的教学模式。虽然有制度和社会环境的差别，但是RCEP签署国家从政治制度、文化背景和人文精神来看，都更有相似性，因此影响将更加深远，对我国教育理论和教育模式的影响将更加明显。

5. 对高等教育科研的影响。随着RCEP的实施，我国高校在科研合作和人员交流等方面更加便利，从根本上改变我国高等教育科研相对落后的局面，同时也必须看到我国可能因此受到的消极影响，如高等教育科研自主权的削弱和人才的流失等。

以下重点对中外合作办学可能出现的各种局面做出分析，希望能为省委、省政府科学决策提供支持，通过把握RCEP的先机推动河北高等教育的发展，在河北创建一流大学和一流学科，服务全省经济社会全面进步。

二、我国以往开展中外合作办学的情况

中外合作办学是指中国教育机构与外国教育机构依法在中国境内合作举办以中国公民为主要招生对象的教育教学活动，有合作设立机构和合作举办项目两种形式。中外合作办学项目也包含中国教育机构采取与相应层次和类别的外国教育机构共同制定教育教学计划，颁发中国学历、学位证书或者外国学历、学位证书，在中国境外实施部分教育教学活动的方式依法举办的中外合作办学项目。

（一）中外合作办学具有四大优势

作为一种国际化的教育模式，中外合办在教学费用、教育模式的融合等方面存在一定问题，但和国内普通高校相比，中外合作办学引

进了国外优质的教育资源和先进的教学理念，为想出国留学的学生提供了便利，并在语言使用、就业、深造方面存在显著优势。

一是课程优势。中外合作办学根据国际、国内人才市场的需求设置专业，执行中外合作院校双方共同制定的教学计划和人才培养方案。课程设置大多与国外课程紧密接轨，师资、教材多来自国外，有利于学生接受中西方文化的教育，丰富其文化知识结构。

二是语言优势。中外合作办学重视加强学生的语言素质和口语训练，对学生一般都有语言能力的要求。部分课程教学采用外方合作院校原版教材，配备国外师资，实施双语教学。在入学的第一年或者第一个学期，上课时校方都会安排翻译，帮助学生听课、吸收专业知识。同时，校方也会开设英语强化课程，有针对性地提高学生的英语水平。

三是费用优势。中外合作办学的学费要比国内其他在职进修形式的收费偏高一些，但是相比纯留学动辄百万元的费用，便宜不少。比较适合当前一些想出国留学，但是又担心费用的人员报名，为他们提供了学习国外前沿知识的机会。

四是就业优势。参加中外合作办学，学生可接触国内大学的教育理念和良好的外语基础，且受到西方教育理念的熏陶，更会受到外资企业和中外合资企业青睐。同时，中外合作办学项目与一些外资企业保持长期合作关系，为学生提供大量的实习、就业机会。

（二）中外合作办学的三种主要形式

一种是具有独立法人资格的中外合作办学机构，截至2022年，国内仅有9所中外合作办学机构具有独立法人资质的高校，分别是香港中文大学（深圳）、宁波诺丁汉大学、西交利物浦大学、昆山杜克大学、上海纽约大学、温州肯恩大学、北师大-港浸大联合国际学院、深圳北理莫斯科大学、广东以色列理工学院等。

另一种是独立的办学机构但不具备法人资格的合作形式。如上海交通大学交大密歇根联合学院、同济大学中德学院、中国政法大学中欧法学院、中国传媒大学国际传媒教育学院、西南大学西塔学院、重庆工商大学国际商学院、四川大学匹兹堡学院、西南交通大学利兹学院、电子科技大学格拉斯哥学院等等。

最后一种是国外高校或机构与国内高校合作开设的中外合作专业或项目,这个类型是最多的,从985、211到双一流、普通的本科高校,甚至有些民办高校也有中外合作办学专业,一些专科院校也有中外合作办学项目。如重庆医科大学的临床医学中外合作办学项目、重庆师范大学的生物科学中外合作办学、重庆邮电大学通信工程中外合作办学、西南财经大学会计学中外合作办学、西南交通大学生物工程中外合作办学等等。

教育部公布的数据显示,到2020年底,我国共有中外合作办学项目达到了890个,覆盖了全国28个省份的440所高校,与我国合作开设中外合作办学项目的国家与地区达到了35个,目前国内本科及以上的中外合作办学在读学生人数超过30余万人。其中河北省高等专科及以上层次中外合作办学项目63个,中外合作办学机构4个。

RCEP生效之后,未来我国将出现外国控股的高等学校和培训机构,这是前所未有的机遇和挑战,对河北省来说既孕育着机会,也要求我们应对新局面做出充分的准备。

(三)中外高校教育合作中存在的问题

1. 中外教育合作中招生对象的问题。教育主管部门要求中外合作办学项目中的生源同国内普通高等教育一样采用配额制并纳入统一管理,然而从高校的角度来看,中外合作办学活动具有很强的市场性,中外高校合作双方都希望在招生环节方面更具自主权。教育主管部门往往认为高校以社会生源作为中外合作办学的招生对象,一旦规模过大则可能影响高校正常的本科生、研究生教育,针对社会生源开展中外合作办学并不能很好地促进校内院系提升教学水平和质量,高校和教育主管部门之间在中外合作办学的招生对象及规模问题上存在分歧。这就导致出现一些高校绕过教育主管部门,以其他名义或途径开展中外合作办学活动的现象。

2. 中外教育合作项目应由谁来运作的问题。教育部门制定中外合作办学政策文件的最终目的是要通过中外合作引入国外优质的教育资源,往往以合作中是否实质性引入了对方的课程、教学方法、师资作为衡量和审批中外合作办学项目的标准。高校往往通过新成立的"国际教育学院"或是通过继续教育学院、成人教育学院,甚至网络学院等单位来开展中外合作办学活动,这样就使得教育部门担心中外合作办学似乎除了经济利益以外并没有对高校高等教育质量的提升带来实质性的好处。中外教育合作项目的运作主体面临着如何平衡好办学经济效益和提高整个大学教学质量与水平这两者间的关系问题。

3. 中外教育合作的模式问题。中外合作办学的模式有很多种,就教学地点而言通常是境内教学、境外教学两种相结合的形式,当然也有一些中外合作办学项目完全在中国境内进行。目前,社会上出现的"中国境内预科学习+境外高校学历教育"的模式是否能成为教育主管部门普遍接受的一种中外教育合作模式仍存在问题。

4. 学分转移、学分豁免的问题。国外对于不同高校之间的学分转移和学分互认已经是通行的惯例。国外高校认可国内著名高校开设的某些课程,并承认学分,是对中方高校教育教学活动质量和水平的认可和肯定。而教育主管部门则认为涉及学分转移的项目都应当纳入中外合作办学的管理中,否则国外获得的学位将不能正常认证。仅仅是国外高校承认中国高校学分,进行学分转移而不实质性引入国外教育资源的合作往往不被教育主管部门看好,审批通过率低。

(四)妥善处理好合作办学的几大关系

鉴于中外合作方面教育主管部门与高校存在认识上的差别,同时高校在中外合作实际操作过程中又不得不考虑现实需求与利益的问题,为了兼顾主管部门和高校联合办学的需要,应该主要处理好以下几种关系:

一是教育主权与教育国际化的关系。中国加入了WTO后开放教育服务市场势在必行,然而教育和其他行业的不同在于教育很大程度上涉及到政府部门对教育的主权问题。因而,在开放教育、推进中外合作的同时,政府部门需要做到兼顾教育国际化和保护中国的教育主权的统一。高等院校在进一步规范中外合作办学秩序的过程中,应当从学校的长远利益出发,对涉及中外合作办学的项目进行必要的规范和调整,探索教育国际化的新路子。

二是教育的市场性和公益性的关系。教育是培养人的活动,应当具备一定的公益性，但是教育活动本身存在市场供给和市场需求，中外高校合作双方需要考虑办学的经济效益和回报的问题。高校作为办学主体需要权衡中外合作办学活动的公益性和经济利益这两个价值取向。以继续教育学院为例，开展中外合作办学项目应积极探索与校内本科生、研究生教育相结合途径，使引进的教育资源服务于校内的教学活动，避免单纯以经济利益为出发点开展中外合作办学活动。

三是政府部门的监管权与高校办学自主权之间的关系。高校和政府之间在中外合作办学方面存在的问题归根到底还是高校办学自主权和政府部门管理权之间的问题。中国的教育体系中存在中央及地方对教育活动的双重行政监管，高校在中外合作办学中究竟应该具有哪些权限，政府权力与高校权利之间如何实现平衡是一个关键性的问题，高校中外合作办学过程中必须处理好"自律"和"他律"的关系。

四是规范与发展的关系。当前中外合作办学呈现尤为突出的矛盾就是一方面要严格规范办学秩序，但另一方面又不能抑制或封堵中外合作办学渠道，政府部门规范政策和发展政策必须实现一种平衡，这样才不至于出现"上有政策、下有对策"的局面。国内高校在中外合作办学方面具有广泛的合作前景，高校一些继续教育或培训项目与国外教育进行合作对接中必须把握好政策的尺度，避免出现违规和"踩线"的情况。

三、扩大与新加坡教育合作的可行性分析

（一）因国际环境条件的战略选择

在 RECP 签约国中，开展国际教育合作可以着重从与新加坡合作入手，逐步扩大对外合作的范围和水平，考虑原因主要有以下三个方面：第一，RCEP 各国发展水平不一，教育科技实力差异较大，为了推动教育提升、引进科学技术和服务产业升级，我国要从与发达国家建立合作关系入手。与 RCEP 签约国的合作，对发达国家来说应以引进国际教育、科技资源为主，主要是日本、韩国、澳大利亚、新西兰、新加坡五国；对较高水平的发展中国家，应该建立双向合作交流关系，既要个别引进、也要有一定输出，比如与马来西亚、泰国两国；对不发达国

家，可以侧重教育和科技优势领域的输出为主，比如对菲律宾、越南、印尼、柬埔寨、老挝、缅甸六国。

第二，"百年变局"的国家形势当中，东盟和日韩澳新对华友好态度不一，其中的发达经济体大多属于西方阵营，在教育和科技对华合作比较审慎，特别是高科技领域对华合作持有消极态度，而新加坡是其中唯一例外。新加坡是做到对华友好、能够"相知互信、与时俱进、互学互鉴"的唯一国家，对于建立在高等教育基础上的对华科技合作相对开放。

第三，新加坡教育是国际公认水平，新加坡国立大学、南洋理工大学在QS大学排名和其他各类排行榜中历来名列前茅，无论这种排名榜科学性、合理性如何，新加坡高校教育质量毋庸置疑。

（二）新加坡教育环境具有较大吸引力

相比赴欧美等发达地区的留学热，中国学生"下南洋"时间则相对较晚，上个世纪90年代开始才渐成规模。其中，在东南亚国家中处于经济和文化前列的新加坡，是中国留学生的主要集中地。由于中新在1990年才建交，所以新加坡对华教育项目起步较晚，历史也仅经历了几十年的时间，但是发展速度却非常之快。新加坡教育部统计数据显示，在2020年时新加坡有近10万名外国学生，其中来自中国的学生超过四成，中国人赴新加坡留学形成一股后发优势，赴往新加坡的留学生覆盖了小学、初中、高中、大学、硕士和博士教育项目。

新加坡目前有五所公立大学和一所私立大学，分别是：新加坡国立大学、南洋理工大学、新加坡管理大学、新加坡科技与设计大学、新加坡理工大学和新加坡新跃社科大学；五所理工学院分别是：新加坡南洋理工学院、新加坡理工学院、淡玛锡理工学院、义安理工学院、共和理工学院。同时也有许多私立学校，这些学校或学院也设有一些适应市场的应用性课程，如语言、工商管理、市场营销、公共关系、金融、酒店旅游业、美容及电脑等，这些课程很多与英美等国家的著名学府联办，学生完成了该课程并通过了英美等合作学校对其专业的考试可获得文凭，并继续到相关接轨母校继续深造。

新加坡之所以成为中国留学生留学的热门，是中新两个方面原因共同作用的结果。从新加坡方面来看，除了公认的花园城市环境、安全的社会秩序、发达的经济水平和相对欧美国家较为容易的签证之外，还包括以下因素：

1. 新加坡的教育水平先进，已经得到世界的广泛认可。新加坡政府大力支持教育事业的发展，使新加坡高等教育跻身世界先进水平。新加坡的高校引进了世界一流的设备、师资、教学体系和管理技术等，使得学生在新加坡可以接受世界一流的教育，新加坡有很多外籍教师和国际留学生，在当地可以感受到多元的国际文化氛围。

2. 新加坡双语教学模式，解除语言障碍的困扰。初到异国，最先面临的障碍就是语言和交流的问题。在欧美等国，有些留学生英语能力差，很难适应融入学生和课堂中。而新加坡以英文教学为主，华文教育为辅，解除了一些学生初到异国因为语言不通而无法交流的困扰。同时，对于参加一些教育项目的中国学生，新加坡给予他们进行一段时间的英语培训，在这些学生的英文能力有了很大的提高后，再进入高校学习其他课程，让他们可以适应全英文课程的教学，这对于他们跟上课堂节奏有重要意义，同时也提升了他们的英语能力。

3. 新加坡为学生提供丰厚的奖学金和助学金。新加坡的奖学金和助学金来源渠道很多，包括政府、大学和社会的各种组织在内，为学生减轻了学费和生活的负担。

4. 文化差异相对欧美小。在新加坡，华人移民占主体地位，他们传承了中国传统文化。中国留学生到新加坡后可以见到很多华人面孔，并且可以接触到熟悉的传统文化，这样避免了他们由于社会意识、文化观念相差过大而产生巨大心理落差，这相对于留学欧美国家来说是一个优势，可以减轻留学生到异国他乡的陌生感，增加对当地文化的认同和归属感。

5. 新加坡推出很多适合的对华教育项目。新加坡政府积极吸引中国留学生赴新学习，开展了很多对华教育项目，包括政府奖学金项目、高校留学项目等。这些项目吸引了大量中国留学生前往新加坡接受教育。

（三）我国对高质量国际教育需求旺盛

自从1999年中国高校扩招以来，中国高等教育学校规模的扩张和毕业生数量的剧增带来了人才市场的饱和，有很多学生毕业后面临激烈的竞争在国内市场很难找到满意的工作。一方面，去新加坡参加毕业生教育项目可以进一步提升自己的能力和在就业市场的竞争力，缓解国内人才市场的竞争压力；另一方面，很多小学、中学、高中或者大学在新加坡读书的留学生毕业以后选择直接留在新加坡工作，避开了国内激烈的人才竞争，并且最终选择定居新加坡。

另外，中国和新加坡的经济交往愈加密切，双方的合作展开需要大批具有全球开放观念、国际竞争意识、能熟练运用英语的复合型人才。新加坡的高等教育有利于这些人才的培养并将人才投入到中新经济发展中。自中国加入WTO后，新加坡加强了与中国的经济合作，当前随着RCEP的启动，两国的合作和发展需要更多人才的投入，中国很多留学生看到了去新加坡学习或工作的机会。

（四）中新教育合作具有良好的基础

新加坡与中国开展教育合作的历程是循序渐进的。起初，新加坡以为优秀的中国学生提供奖学金这一方式来吸引中国学生，如新加坡教育部门与中国某些优秀高校或中学签订合作意向和协定，在这些院校遴选和考核优秀的学生赴新留学。

开始阶段，是通过提供奖学金的方式直接从中国南方广东省选拔优秀的学生赴新学习。随着项目的成功开展，越来越多省市大学、中学、留学服务中心加入到新加坡对华教育项目的队伍中，输送更多的留学生赴新加坡接受教育。

中国留学生在新加坡的人数占到中国在东盟国家的留学生人数总数的一半以上。根据《中国留学发展报告》蓝皮书中的数据显示，2016年时，中国在东盟各国学习的各类留学生总数超过6万人，其中仅新加坡就有3.45万人。

近年来，新加坡政府又着手吸引更多自费的外国留学生，有很多中国大陆学生自费前往新加坡学习。新加坡不断吸引高素质移民的同时，也将其新加坡对华教育项目变成营利性机构，新加坡有很多大专以上的高校在中国的留学网站上刊登招生广告，而这些学校的主要生源来自中国大陆。中国留学生本身承载着中华文化，在向新加坡传递自身文化的同时，也吸收着多元文化，开阔了眼界，有些留学生留在当地，与当地文化兼收并蓄；有些留学生借助新加坡的平台走向世界，进一步探索和融合新的文化；也有些留学生回到中国，带回新的文化元素。

在与河北省合作方面，也曾有过政府间合作关系。2014年2月河北省教育厅与新加坡淡马锡国际基金会、新加坡工艺教育局签署了培训合作协议，商定由新加坡淡马锡国际基金会资助，从新加坡工艺教育局选派师资，对全省职业院校部分中高层管理者及专业教师进行培训，提升国际标准的专业技能。此外，2013年新加坡（沧州）国际文化教育城项目、2016年保定南洋研究院先后探索过与新加坡开展教育和科技合作的方式。

目前中新教育合作涵盖的四个层面：

一是政府层面，开展了形式多样的合作，尤其是在干部培训方面，已经持续多年的合作，目前有超过5万名中国干部到过新加坡参加各种类型的培训课程。这种合作是双向的，新加坡也有越来越多的官员被派到中国学习。

二是高等教育层面，包括各级学校的校长、教职员工之间的交流，特别是双方高校的联合办学。

三是学生层面，中国每年都有大量学生选择去新加坡留学，新加坡拥有比其他发达国家更好的"性价比"；同时，新加坡的小学生特别喜欢到中国游学，两国每年都会组织中小学生互访。

四是科研层面，中国是世界上最大规模的制造业国家，也逐渐成为世界上最大的消费市场，新加坡企业通过推动研发合作，建立与中国政产学研等各方面的深入联系。在中新"深层次合作试验场"——苏州工业园内，新加坡国立大学已经设立研究所，建立孵化器。新加坡跟中国之间的第二个国家层面的合作项目——天津生态城也已建成，国家动漫园落户于此，是文化创意产业的重要载体。同时，新加坡国立大学、南洋理工大学和新加坡科技设计大学与广州知识城、浙江大学也开展了很多创意合作。另外，在"一带一路"倡议下，许多中国企业在新加坡设立研发中心，以新加坡为枢纽走向东南亚和更广阔市场。

四、建设河北国际化教育高地的工作建议

教育对外开放是教育现代化的鲜明特征和重要推动力。进入新时代以来，教育对外开放的蓝图更清晰、布局更宽广、助力更显著、品牌更鲜明、影响更深远，我国已成为世界最大的国际学生生源国和亚洲最大的留学目的地国。2022年6月《教育部等八部门关于加快和扩大新时代教育对外开放的意见》，提出了坚持内外统筹、提质增效、主动引领、有序开放，打造我国教育对外开放新高地的工作要求。《意见》要求着力破除体制机制障碍，加大中外合作办学改革力度，改进高校境外办学，改革学校外事审批政策，持续推进涉及出国留学人员、来华留学生、外国专家和外籍教师的改革，着力推进相关领域法律制度更加成熟定型。

2022年1月，教育部等三部委联合出台了《关于深入推进世界一流大学和一流学科建设的若干意见》，提出要建设世界一流大学和一流学科，这是党中央、国务院作出的重大战略部署，目的是着力解决"双一流"建设中加快高层次创新人才培育、精准服务国家战略需求、优化资源配置等问题。RCEP的生效，也将为世界一流大学和一流学科建设提供有效助力。

河北是教育大省，又是教育弱省。尽管全省高校达到了123所，其中本科院校61所、专科高校63所，但是迄今为止仍没有一所"双一流"或985学校，唯一的211学校河北工业大学又坐落在天津。为了实现快速崛起，需要抓住先机、敢于下先手棋，通过开展国际合作迅速改变教育现状，并为河北省经济社会发展提供源源不断的人才支撑和科技发展动力。河北省人口基数较大，人才总量巨大，高等教育、职业教育具有相当规模，但是在国内同等省份相比，教育质量和教育品牌显得相对落后，与大省身份极不相称，亟须提升改变。

1. 坚持深化改革、扩大开放，按照承诺要求积极稳妥开放河北省教育市场。教育不完全等同于一般贸易和产业，涉及国家主权、文化环境和社会道德等重大问题，教育市场的开放应符合我国对RCEP承诺要求，在合作教育机构中按股权合法行使权益，准确把握国际法与我

国法规的衔接。不能坐等观望,必须抢得先手,才能取得比较优势。

2. 坚持高校思政教育工作,促进政治原则、学术自主和遵守国际规则相统一的合作发展。在加快改革开放过程中,注重政治思想教育方式方法,使学生树立正确的人生观、价值观和世界观。

3. 按照"放管服"改革要求,加快教育改革开放,借鉴发达国家先进有益的教育思想和理念。通过改善高等教育专业结构,下放专业的审批权限,满足高等教育对符合市场需求专业的培养需求,确保优势专业和人才培养。

4. 按照加快扩大教育开放要求,推动我国高等教育理论和教育模式的变革。采取先进的科技手段,及时更新教学设备,使高等教育理论和教学模式实现国际先进与科技的同步发展,实现"创新人才"和"复合式模式"的人才模式培养。

5. 完善留学机制,适用RCEP开放性要求,推动经济全球化发展和自由贸易发展。在确保高等教育主权的前提下,为了改革开放,完善留学机制,充分发挥国际和国内两个人才市场的优势,选送更多的人才赴国外留学。

6. 在国际教育投资"引进来"过程中加快与国际市场规则的融合。鼓励高校聘任更多的外籍教师,扩大留学规模,同时鼓励具备条件的学校"走出去"。

第十一章　推进科学技术国际化合作

由东盟发起的 RCEP 在 2022 年启动生效之后,高于 WTO 水平的自贸区将在东亚、东南亚和澳新 15 国范围内形成,合作框架内 90% 以上的货物贸易将最终实现零关税。RCEP 改善了外部贸易环境、增加了市场规模,推动 15 个成员国之间形成更为紧密的贸易投资和产业分工关系,为经济增长提供新动能,同时为国际科技合作提供了更多机遇,有利于推动我国新质生产力发展。

一、应对"科技脱钩"逆流和在 RCEP 框架内合作方向选择

当前以美国为首的发达国家掀起了"科技脱钩"对华遏制的外交政策,同时提出"印太"合作框架,意欲把我国排斥在国际经贸科技合作体系之外。美国政府对美国科研人员与中国开展合作的申报要求不断趋严,目前美国科学家参与中国科研项目和人才项目评审等均须向所在学校或机构报告。此外,美国政府还推出"中国行动计划",对华人科学家大搞有罪推定。当前中美科技"部分脱钩",根据美国法律,政府官员在实施"科技脱钩"方面拥有很大的自由裁量权,他们只需要援引"国家安全"或"公共利益"等宽泛概念,就可以限制技术产品、服务和投资在中美之间的流动。美国政府正越来越多地使用出口管制、投资审查、拒绝许可、签证禁令、关税制裁等限制手段。

美国推行对华"科技脱钩"逆流带来了不小负面影响。根据美国贝恩公司发布的报告,2016 年至 2020 年,中美双边科技投资锐减 96%;由于美国政府对中国企业打压,中国对美国科技投资比反向投资下降幅度更大。

从当前形势来看,RCEP 框架中的日韩和澳大利亚、新西兰对美国采取了追随态度,东盟的态度相对中立和友好,所以下一阶段的国际科技合作可以把重点放在东盟国家;对日韩澳新科技合作,则尽量维持现状,并择机实现一些领域的突破。

在 RCEP 框架内 15 国当中,既有作为科技和教育发达、产业链局

域上游的国家,如日本、韩国、澳大利亚、新西兰与新加坡,也有与我国经济发展水平接近的马来西亚、泰国,还有发展水平较低的菲律宾、印尼、文莱、越南以及处在底层的柬埔寨、老挝、缅甸,跨产业梯度极大,同时科技水平差异极大。因此,有必要对RCEP处于不同发展水平的国家采取区别性科技合作方式,服务于我国科技水平提升和产业升级。

在RCEP框架内,有两个国家要特别关注,一个是日本,一个是新加坡。日本作为世界经济大国、科技强国,处在国际第一梯队,日本对东盟开展的科技合作具有丰富经验并取得了显著成就,成功扩大了日本对东盟国家的影响力,其经验非常值得借鉴。而新加坡作为东盟的唯一发达国家和实际话事人,被定位为与我国"政治上相知互信、合作中与时俱进、交往中互学互鉴"的友好国家,可作为我国对外科技合作的关键,同时也应成为河北省开展国际科技合作的重要选择方向。

把握RCEP契机,不仅要选择性地确定合作方向和合作对象,同时也要根据河北省产业结构的实际情况确定重点合作领域。比如推动河北省重点发展的支柱产业如新一代电子信息、生物医药、新能源、绿色环保科技、食品工业等,通过RCEP机制,把河北省这些重点产业纳入国际化产业链,突出扶持有潜力、成长性好的优势企业,推动提升科研技术开发能力、促进在创新链的提升。注意有所为有所不为,聚焦关键,提升产品技术含量、争取跻身高位价值链。

以下将从我国与东盟合作现状、如何借鉴日本与东盟科技合作的经验、新加坡的国际科技合作和对河北省加强对外科技合作的对策等方面进行分析探讨。

二、当前我国与东盟科技合作情况

(一)与东盟科技合作回顾

从1991年中国和东盟正式开启对话进程,30年来中国始终坚定支持东盟团结和东盟共同体建设,支持东盟在区域架构中的中心地位,支持东盟在地区和国际事务中发挥更大作用。中国东盟区域合作,也给11国20多亿民众带来了实实在在的利益,成为亚太合作的典范。

2009年以来，中国连续15年保持东盟第一大贸易伙伴地位；2020年，东盟跃升为中国第一大贸易伙伴，贸易额达6846亿美元，形成中国同东盟互为第一大贸易伙伴的良好格局。

在科技合作领域，1994年就成立了中国-东盟科技合作联委会，轮流在中国和东盟国家举行会议；2012年启动中国-东盟科技伙伴计划，我国积极同东盟国家开展科技人文交流、共建联合实验室和联合研究中心、技术转移和科技园区合作。

在科技人文交流方面，开展杰出青年科学家来华工作计划，我国每年资助东盟国家杰出青年科学家来华开展短期科研工作，并面向东盟国家举办先进适用技术及科技管理培训班。在联合实验室建设方面，与柬埔寨、印度尼西亚、老挝、马来西亚、缅甸、泰国等建成10个国家级双边联合实验室平台。在技术转移合作方面，建立中国-东盟技术转移中心和双边技术转移中心工作机制，举办九届中国-东盟技术转移与创新合作大会。在科技园区与创新创业合作方面，与泰国、菲律宾、印度尼西亚等启动园区合作磋商，积极开展政策交流、企业对接等活动，共同促进科技型企业发展和支持青年创新创业。

在知识产权保护方面，中国同东盟在知识产权领域长期保持务实、全面、高效的合作。在2009年中国同东盟10国签署的《知识产权领域合作谅解备忘录》基础上，双方建立中国-东盟知识产权局局长会议、中国-东盟知识产权合作联合工作组合作机制，通过制定和落实年度知识产权合作工作计划，在人员培训、知识产权审查、运用和保护、信息化建设、遗传资源、传统知识和民间文艺等领域广泛开展合作。

(二) 对下一步科技合作的展望

2020年，我国与东盟双方制订了第四份战略伙伴关系行动计划（2021—2025）。内容涵盖国际安全、执法司法、地区事务、经贸合作、教育科技、知识产权保护等多个领域。

2021年11月，国家主席习近平在中国-东盟建立对话关系30周年纪念峰会上提出，中国将启动科技创新提升计划，向东盟提供1000项先进适用技术，未来5年支持300名东盟青年科学家来华交流。

2021年12月，中国-东盟科技创新部发布《中国-东盟建设面向未

第十一章 推进科学技术国际化合作

来更加紧密的科技创新伙伴关系行动计划（2021—2025）》，双方同意在科技创新政策、联合研发、技术转移、人才交流四个领域开展合作：

一是科技创新政策合作。优先领域包括科技创新政策管理、科技园区合作、合作机制和伙伴关系模式，共同组织赴中国各地考察。加强决策者、学术界、研究机构、私营部门代表和相关合作伙伴在规划、实施、绩效评估和行动中的协商和参与，提高科技创新政策管理水平。通过来自中国和东盟成员国的科技创新智库开展中国-东盟科技创新政策合作，就创新政策、企业孵化、新兴产业和科技园区管理等开展联合研究。继续探索跨群体（研究机构、政府、私营部门）开展的联合研究。通过联合组织有针对性的短期管理课程，培养科技创新相关的领导力、沟通力和外交技能。

二是开展联合研发。联合研发目的在于促进共同繁荣、解决共同挑战，优先领域包括但不限于：生命科学包括生物技术，食品科学，基础设施和资源开发，气象学与地球物理学，微电子与信息技术，海洋科技，材料科技，可持续能源研究，空间技术与应用，以及计量学。在具有比较优势的领域探索促进技术创新或应用的各种合作模式与机制。通过开展与第四次工业革命相关的研发合作，寻求跨学科、问题导向的解决方案，应对双方在商定领域的共同挑战。

三是技术转移。通过培训项目，如中国-东盟技术经理人培训班，培养技术转移和商业化方面的人才。通过中国科技部支持建立的中国-东盟技术转移中心与合作伙伴深化开展技术转移和信息交流。根据《中国-东盟知识产权领域合作谅解备忘录》的约定，为科技创新生态系统中的所有利益方，包括参与研发知识产权管理的公共和私营部门机构，提供便利。通过中国-东盟技术转移与创新合作大会，加强与中国-东盟技术转移中心的合作，为初创企业获取创新技术提供便利。

四是人才交流。通过交流计划和合作研究鼓励人才流动；通过学习访问等活动，以及通过新的或现有计划（例如国际杰青计划）促进人文交流。为妇女、青年和弱势群体提供激励和支持机制，鼓励他们参与科技创新。通过国际培训班项目共同组织有关实用先进技术的短期管理课程。

三、借鉴日本与东盟科技合作的经验

长期以来,日本走的是一条面向全球发展经济的道路,加上日本地理位置上邻近东南亚,相互往来历史悠久,双方在社会、政治、经济和文化等领域保持着密切的关系,因而战后日本一直十分重视对东南亚地区的市场开拓。早在1977年,时任日本首相福田赳夫在首届日本-东盟首脑会议上,提出了要与东盟发展"对等的伙伴关系"和"心心相印的信任关系"。2002年1月,时任首相小泉纯一郎提出了"东亚共同体"构想。

(一)日本与东盟开展科技合作关系的演进

2003年12月,日本-东盟特别首脑会议在日本东京召开,在一系列双边和多边会谈会上,日本再次确认了重视东盟的对外政策和基本方针,强调以日本和东盟为核心,实现"东亚共同体",并希望能够加入《东南亚友好合作条约》。另外,日本在会议期间还特意发表了针对东盟的《新行动计划》,在对外援助方面继续优先考虑东盟,在促进投资、基础设施建设、人才培养等方面提供新的援助,并将促进东盟联合、加强东盟各国的经济竞争力及反恐、打击海盗等问题的解决。会后发表了旨在加强政治、经济和安全领域合作的《日本-东盟伙伴关系东京宣言》,并签署了落实该宣言的附属文件《行动计划》,日本宣布正式加入《东南亚友好合作条约》。

之后,日本在经济、社会和文化等众多领域与东盟进行合作并提供了大量的政府开发援助,并且随着其产业技术的升级换代,将本国的中低端技术和设备不断转移到东南亚地区,意图将东南亚地区培育成日本的经济后院。

经过多年经营,日本已成为东盟国家最大的投资者和最主要的贸易伙伴之一,日资和日本技术及设备在促进东盟国家的经济发展过程中起着举足轻重的作用,成为东盟最大的科技合作伙伴和资金、技术来源地。

日本对东盟国家的投资主要分布在制造业、能源开采、电子、汽车零件、化工、矿山、冶金、旅游设施等领域，日本在生物科学、超导和基本粒子、卫星技术和核能利用等高新技术的研究和开发方面居世界领先地位。另外，日本在冶金、电子、机械、化工、能源开发、环保和医疗保健等基础领域的研究开发方面也非常先进，而东盟国家具有丰富的自然资源、广阔的商品市场和良好的投资环境。

此外，东盟所需的机电、化工、仪表、建材、冶金、勘探、通信等技术和产品都是日本的强项，长期以来，日本通过加强对东盟国家的科技合作，对东盟国家的经济和社会发展作出了重要贡献，使东盟国家得以实现经济的快速增长，而东盟国家对于日本所提供的大量的资金和技术合作给予了高度评价，并希望日本能够继续与其保持深入且广泛的科技合作。

由于日本具有巨大的资金和技术优势，东盟国家强烈要求日本在科技合作领域能够发挥主导性贡献。亚洲金融危机以后，根据东盟国家的各种现实需要，日本将实施高效、富有成果的合作当作第一要务，将过去大力推广的农林水产、社会开发和矿产业等领域的合作扩大到了对弱势群体的支持、IT产业、区域分工、加入世卫、财政金融和管理等新领域。

(二) 日本与东盟的科技合作主要渠道

1. 国际协力机构的项目方式与技术合作。日本从20世纪70年代末确定了合作的方式，开始向东盟国家大量提供各种器材和派遣各种领域的专家，通过各种综合项目的实施，促进了与东盟国家的科技合作。由此，日本在东盟国家的人力资源开发和国家建设等方面发挥了重要的作用。

2. 工业技术研究院的国际研究合作。从1973年开始实施，历时30多年，主要是由具有日本官方背景的工业技术研究院与东盟各国的相关研究所开展共同研究，以培养东盟国家进行自主研究的技术力量，该院已确定了重点研究领域：下一代工业所需的基础技术、新能源技术、环境保护、医疗与福利技术。

3. 通过新能源产业技术开发机构开展国际共同研究。特别值得注意的是，日本与东盟国家以能源和环境等相关领域为中心开展了大量的共同研究，从1992年开始实施的"绿色援助计划"即是其中之一。

4. 单独派遣专家，接受东盟国家的进修人员以及无偿提供器材等涉及医疗体制改革、植树造林、农业开发、渔业开发和文物保护等多个领域。迄今为止，日本在东南亚地区的科技及相关合作项目已达40多项。

（三）日本与东盟开展科技合作的新特点

在亚洲金融危机以前，日本对外技术转让是非常保守的，对东盟的技术转让以服务于其企业全球化战略的需要为目的，明显带有"雁行模式"的特征，但亚洲金融危机以后，日本从确保其在东南亚地区的地位出发，对传统的技术开发与转移方式进行重新定位，呈现出了以下新的特点：

第一，技术转让促进了东盟产业结构升级。

亚洲金融危机爆发以前，日本在东盟奉行的是全球化战略，以东盟作为"出口平台"，发挥其作为"迂回加工生产基地"的功能，因而对该地区的技术转让比较消极保守，日方一直坚持只转让"适用性"技术，奉行"转让与当地经济技术发展水平相适应的技术"。据统计，在东盟的日资企业中技术转让比例较高的是操作技术、维修技术、质量管理和工程管理等实用性技术，其比例高达60%～80%，而对被称为"创新性技术"的技术设计、新产品与设备开发等高新技术的转让比例则比较低，只占30%左右。亚洲金融危机以后，日本从提高东盟经济技术水平和调整本国经济结构的实际出发，开始逐步扩大和提高对东盟技术转让的规模和层次。目前，日本对东盟技术出口的产业主要分布在运输机械、电气机械和化学产业，而在纺织品、食品和矿业等产业领域则有所下降。

第二，开始在东盟国家设立研究开发机构。

日本的跨国公司在东盟的生产经营活动向来以日本和第三国市场为主要目标，因其产品多为标准化产品，一般不愿在子公司或东南亚地区开展研究与开发活动，而是将技术开发与研究活动集中于母公司，虽然在某些时候他们也会考虑在当地开展技术研究活动，但这大都是为了了解当地市场以便对其进行技术支援，更好地为其总体目标市场

第十一章 推进科学技术国际化合作

服务。亚洲金融危机后,东盟对日本的这种保守的技术转让方式纷纷提出批评,而从日本方面来看,传统的欧美市场已接近饱和,市场份额难以继续扩大,企业盈利率明显下降,通过东南亚作跳板"迂回出口"方式已难以为继。为调整国内经济结构,重振日本经济,日本不得不扩大内需和开拓新市场。在这种背景下,日本跨国公司开始重视采用分散化的技术研究与开发体制,向东盟子公司或合作伙伴的技术转让变得越来越积极,以研究当地市场为核心目标的研究开发中心纷纷成立。目前,日本设在东盟各国的该类技术研究开发中心已近30个,主要分布在医药、化学、金属制品、电气机械等产业,这些中心也越来越多地雇用当地技术研究人员,并与东道国的技术研究开发机构密切合作,推进双边技术协作与交流。1998年11月23日,日本通产省决定拨款5亿日元设立日本政府倡议的特别日元贷款,其目的之一就是在科技上援助东盟等亚洲国家进行经济结构改革,以改变其出口产品结构单一、外贸依存度过高的状况。

第三,技术援助项目开始向知识密集的领域发展。

日本认为,只有举起经济技术合作这面旗帜,才能真正发挥它在亚太经济中的作用,希望通过加强与东盟的经济技术合作,增加对东盟的技术援助来赢得东盟的认同和尊重,以提高自身影响力,因此,日本自20世纪90年代中期以来一直十分重视对东盟的技术发展援助。在金融危机以前,日本对东盟国家的技术援助项目往往集中在受援国的初级产业部门和社会经济基础设施部门,这些项目对增加受援国制成品的生产能力和提高其生产技术水平一般并不起直接的作用。金融危机以来,在东盟经济有所恢复的基础上,日本为重塑其"领头雁"的地位,力图通过扩大经济技术合作、提高技术援助项目的层次,使东盟从垂直经济合作向水平经济合作方向转化,以便在新的国际分工之中获得更大利益,这使得日本对东盟的技术援助有向知识密集程度较高的项目领域发展的趋势,例如,日本对泰国的技术援助项目主要集中在研究防治艾滋病等医疗领域、高等教育和职业培训、环保等领域,并延伸到计算机软件项目和生物技术等较高级的领域。

迄今为止,有关日本和东盟的科技合作项目中,大致可分为以下几个领域：（1）确立计量标准；（2）支持确立质量管理体系；（3）培养信息化人才；（4）培养铸造技术和金属加工技术人才；（5）培养贸易相关人才；（6）为确保化学品的安全提供相关技术支援；（7）为有效利用东盟国家的资源提供技术支援。

对东盟国家提供相应的援助，今后随着RCEP生效，日本大概率会进一步加强与东盟国家的科技合作，日本与东盟国家的政治经济与外交关系也将得到加强，从而使双方在双边关系的良性互动中增强日本在东南亚地区国际事务中的影响力，有利于日本对东盟国家经济的进一步渗透。日本与东盟国家开展科技合作的一些经验，很值得我们参考和借鉴。

四、把握新加坡对外科技合作带来的契机

20世纪60年代后，通过吸引大量外资，新加坡逐渐转变为高增值和知识导向型工业经济体，建立了裕廊集团等成熟工业园区发展集团。90年代初，新加坡成立科学技术研究局，旨在从资本密集型产业转型为技术密集型产业。此后，新加坡每5年发布一次国家科技计划，指引国家科技的发展和研究方向。基于国家战略考虑，政府将大量资金投入生物医药和水资源技术的研究。

新加坡的科研基础设施在东盟国家排名第一，技术发展主要依靠科研机构和中小企业的研发部门进行。其科研资助体系主要采取政府部门主导、统筹协调的模式。新加坡学术研究基金、贸工部的科学技术研究局和经济发展局等法定机构在该国公共投入中起到很大影响。新加坡科技研究局是公共研发支出的主要载体，设有15种竞争性研究经费。

（一）新加坡对外科技合作的做法

1. 开放的研发框架体系。

新加坡的科技管理主体与研发执行主体都相当开放。研究、创新与企业理事会（RIEC）在新加坡科技管理中的地位举足轻重，其成员既包括总理、部长等政界要人，也包括企业家、学者、科技专家，目前RIEC 18位成员中有8位来自国外。国家研究基金会（NRF）负责

RIEC 的日常事务和设定新加坡国家的研发方向，其所属的科学咨询委员会（SAB）包括主席在内的全部 10 名成员都是来自新加坡国外的世界著名大学与科研机构的科学家。新加坡政府部门雇佣的科技专家中外籍人士占 9.8%。利用跨国企业培养本土创新能力是新加坡的一个重要战略，企业是新加坡主要的研发执行者，跨国公司则是企业研发的主力，2010 年跨国公司研发开支占新加坡企业部门总研发开支的 63%。新加坡对本土企业的认定相对宽松，本地股份占 30% 的企业就被认为是本土企业，可享受诸多政策优惠。新加坡的大学和科技局所属的研究所也广泛参与国际科技合作。政府通过设立众多研究计划鼓励大学和研究机构参与国际科技合作，如国家研究基金会的 CREATE 项目、RCE 项目，交互与数字多媒体项目办公室（IDMPO）发起的 i.ROCK 项目等。

2. 活跃的科技人才国际合作。

新加坡前总理吴作栋曾经说"吸引外国人才这件事，是关系到新加坡生死存亡的问题。"尽管近年来国内对外国移民增多有所反弹，但是新加坡政府还是坚持引进高层次人才，并对外籍高层次人才实施外劳税优惠、长期工作签证、成为永久居民等倾斜政策。新加坡经济发展委员会与人力资源部共同建立了一个"联系新加坡"的网络，在澳大利亚、北美、欧洲、亚洲等地的大城市设立了办公室，为新加坡的雇主在全球范围招募人才。

新加坡政府也设立多个研究计划吸引外国科技人才。国家研究基金会的新加坡 NRF 研究基金项目具有世界竞争力，吸引全球的青年科学家和研究人员到新加坡开展自由研究。其卓越研究中心项目招募世界级的科学家做研究中心负责人，为这些科学家提供充足的可自由支配的研究经费。

科技局则建立了一系列的奖学金，吸引外国学生到新加坡的大学和研究机构做博士生与博士后研究。据统计，1991—2000 年，外国移民对新加坡经济贡献率高达 41%，智力型和技能型移民的贡献占 37%。2018 年新加坡研发国家调查数据显示，新加坡 5 万多研发人力中外国公民达到 30%，其中拥有博士学位的研发人员中外国公民占 40%，博士研究生中外国公民占74%。

新加坡也积极通过国际合作来培养本土人才。一是大力投资教育，力图把新加坡建设成世界一流的国际教育中心。一方面开放高等教育市场，吸引世界一流的大学到新加坡办学，目前有麻省理工学院、宾州大学等多家世界一流大学在新加坡设立了人才培养中心。另一方面，本地大学积极改革，强调创造性思维、创新与企业家精神教育，瞄准世界一流标准。同时，新加坡的大学与世界一流大学建立了广泛的人才培养合作关系，如国立新加坡大学与约翰霍普金斯大学、斯坦福大学等著名大学有人才联合培养项目。新加坡已经形成了世界一流大学办学机构为顶层，新加坡大学、南洋理工大学与新加坡管理大学为第二层，其他大学为第三层的塔式大学系统。二是鼓励本地学生到世界一流大学留学。新加坡提出了"走向世界·根留新加坡"的口号，鼓励新加坡人到海外学习，学有所成后再回新加坡服务。科技局设有专门奖学金资助本地学生到海外攻读科学与工程类研究生学位，也设有奖学金资助本科生、中学生到海外学习。

通过引进外国人才和培养本土人才，新加坡在生物医药、信息技术等重点领域，积累了雄厚的人力资本。优质人力资源已经成为新加坡的一个核心竞争优势。

3. 重点领域优先开放。

通过发展科技，维持竞争能力，促使经济向创新驱动的知识经济转型，是近30年来新加坡科技政策的主要目标。在不同的时期，新加坡根据全球科技与产业的发展趋势，选定与调整其重点发展的产业，然后以产业为导向，选择科技发展的重点领域。20世纪80年代，新加坡重点发展IT技术。20世纪90年代开始，生物技术特别是生物医药技术成为新加坡的又一个发展焦点。科技计划2005将生物医药列为发展的重点领域之一。科技计划2010把生物医药、环境与水技术、交互与数字多媒体技术选为战略领域。RIE2015又选择了电子技术（数据存储、半导体）、生物医药（转化与临床研究、营养与医疗技术）、信息通信与多媒体（交互与数字多媒体）、工程技术（精密工程、运输工程、航空与航海）、清洁技术（水技术、太阳能）作为新加坡的优先研究领域。

（二）日本与新加坡的科技合作

新加坡是日本重要的经济科技合作伙伴，日本与新加坡签有《新时代经济合作协定》的双边自由贸易协定，日新自由贸易协定的主要内容不在商品贸易领域，而是侧重信息技术和金融领域。

因为日新商品贸易额的84%已是零关税贸易，有税贸易仅占16%，仅在传统FTA领域中撤销关税壁垒将使两国享受的互惠较少，也失去了协议的意义。因此该协议的重点是放宽限制，实现服务贸易与投资自由化，完善电子商务自由化及贸易手续，包括完善个人数据交换、电子交易的法律制度，保证相互承认规章和使用电子认证基础。

日新两国在金融领域内的合作，是向亚洲企业进行共同投资。日本国际协力银行（JBIC）作为日本的政府金融机构，与新加坡运作外汇储备的政府投资公司（CIG）共同出资，并向民间募集资金，设立了2亿美元的基金，该基金的目的是为IT风险企业投资，除支援偏重银行借款的新兴企业筹集资金外，还要培育亚洲资本市场。

与借鉴日本经验不同，对我国来说，借鉴新加坡的经验和利用好新加坡国际科技合作平台同样重要。新加坡可以作为我国与RCEP签约国的科技合作重点对象，并通过与新加坡的科技合作项目建立与更多发达国家的三方或多方协作，并以此为起点走向更大国际市场，突破美国对华所谓的"科技脱钩"。

五、加强河北省与东盟科技合作的几点建议

自2013年国家主席习近平在出访时提出建设"新丝绸之路经济带"和"21世纪海上丝绸之路"倡议，特别是2022年RCEP机制生效之后，东南亚地区作为海上丝绸之路的重要枢纽和核心地区成为"一带一路"倡议的重要组成部分。近年来，国家和河北省的科研投入和科技合作都获得了较大增长。对于下一步加强河北省与东盟科技合作，实现共同发展提出以下几点建议。

（一）采取不同合作方式

第一，向以新加坡为主的较发达国家学习成熟的管理经验和高新技术，在吸收新技术的同时提高我国的服务意识、契约精神和法治思

维。例如，新加坡政府与新加坡国家研究基金会，为青年研究学者群体提供了多项资助项目。我国在国家自然科学基金委员会也设立了青年基金、优秀青年基金、杰出青年基金项目，为青年学者提供起步科研经费。在新一代学者的培养模式上，河北省要注意增加人才积累、减少人才流失。

第二，与马来西亚、泰国等经济与科技水平快速提升的国家展开交流与合作，争取合作共赢。自2016年起，亚洲基础设施投资银行筹建工作迈出实质性步伐，丝路基金已经顺利启动，一批基础设施互联互通项目稳步推进。中国-马来西亚钦州产业园区将建成高科技、低碳型、国际化的工业园区，成为中马两国经贸合作的标志性项目和中国-东盟自由贸易区合作新的典范。河北省要努力推动具备条件的科技型企业走出去，在东南亚寻找能够可持续发展的落脚点。

第三，向老挝、柬埔寨等不发达国家输出更多应用型技术，从当地的基础设施建设入手进行科技援助。随着东盟逐渐向一体化方向发展，东盟将作为一个整体进行科技发展的规划，致力于缩小各成员国发展水平间的差距。河北省可通过技术转移与科技援助等方式，向东盟发展水平较低国家伸出援手。

（二）找准合作的领域

在基础研究、应用技术领域、医疗技术领域展开深层次合作，有针对性地满足中国-东盟双方的科技需求。对于与东盟的合作领域，河北省应紧密结合当地现实技术需求和特色资源，如在医疗方面，合作提高疾病医疗技术；在应用技术方面完善热带蔬果深加工、海产品保鲜等技术，有针对性地开展科技援助，与东盟各国进行基础和应用型的各类科研合作。促进河北与东盟的企业和科研院所顺畅合作对接，搭建信息资源共享的平台。

（三）建立河北国际化科技创新统筹机制

根据国家科技发展战略，推动河北省科技服务机构主动接轨国际，围绕与东盟国家的技术合作、离岸孵化、技术转移等，提供符合国际规则和标准的高质量服务；深化河北国际技术直通车品牌活动，推进科技创新国际化，组建河北省科技创新国际研究中心，建立国际化科技创新咨询机制；针对RCEP国家特点，列出重点推动的科技项目清单，结合河北企业和科研机构的实际情况予以系统推进。

（四）推动科技机构"引进来、走出去"

充分利用外事资源和优势，吸引东盟科技服务机构在河北省设立分支机构或开展科技服务合作，建设联合实验室、孵化器、技术转移中心、技术示范推广基地、科技园区等国际科技合作基地；支持有条件的科技服务机构通过海外并购、联合运营、设立分支机构等方式开拓东南亚乃至日韩澳新国际市场，提供联合研发、技术转移、知识产权、产品推广等服务。

（五）不拘一格加强科技人才团队引进

加快实施河北省创新人才推进计划，创新人才招引机制，大力引进河北省急需的海内外高层次人才和创新创业团队，聚拢一批具有国际影响力的科技领军人才和优秀研究群体；与东盟知名高校和科研院所共建一批产业研发中心，加快集聚一批具有国际视野的领军人才，特别是RCEP国家引进一批有经验但在所在国不能充分发挥作用的老专家、退休专家，给予他们可以继续发挥作用的平台。

总体来看，东盟成员国内部的科研与技术创新多由政府主导，目前东盟区域在新加坡等较发达国家的带领下，推动经济转型，提高整体科技实力和核心竞争力，已逐渐向经济、政治安全、社会文化一体化方向迈进，区域内部合作不断加深，正在以东盟为基地推动科技发展国际化趋势。在"一带一路"的大背景和RCEP启动的复合加持之下，河北省可以通过多种科技合作项目加强与东盟之间的合作交流，寻求共同发展，实现合作共赢。

第十二章　经贸合规与风险应对

中国作为东亚经济增长的主引擎，自RCEP谈判开始以来，一直积极参与，发挥了不可或缺的作用。RCEP的签署，将有助于扩大中国同本地区其他国家的经贸和投资往来，为中国出口和投资打开更大空间。对中国消费者而言，将有更多优质外国产品以较低关税进入中国市场，更好满足民众日益增长的对美好生活的追求。与此同时中国企业面临的RCEP合规风险日趋复杂，境外经营合规风险不断增加，为企业开展合规工作带来新的挑战。河北省的众多企业也面临着经贸合规的风险，针对这一问题，有效解决办法就是有效识别合规风险，不断探索培训先行企业等重要举措，并制定一系列重要保障措施来保障企业境外经营的安全，增强应对合规风险的能力。

一、RCEP经贸合规与风险应对相关概念的界定

RCEP经贸合规，是企业在国际贸易与投资、国际经济技术合作、国际工程建设承包等领域境外业务的经营中，遵守相关法律法规和规章制度，遵守业务经营所在国家地区的法律法规和习惯风俗，遵守RCEP包含的规则准则及相关行业商业行为准则，保守职业道德操守，践行合规文化的经营管理过程。

RCEP经贸合规风险，是企业或其员工因违规行为遭受法律制裁、监管处罚、重大财产损失或声誉损失以及其他负面影响的可能性。合规风险可以分为两大类，第一类是企业因违法违规行为受到行政监管部门调查、处罚的监管合规风险，如美国财政部、商务部、证交会等行政监管部门作出的行政处罚、达成的行政和解，以及由此引发的合规风险，就是源于监管合规风险。该风险对企业产生的最大影响不是罚款本身，而是随之而来的经营资格的剥夺，这会给企业带来经济损失、商业交易资格损失、声誉损失等三重损失，由此引发的雪崩效应最终使企业难以承受。合规风险的第二大类型是企业由于受到起诉而被定罪量刑的风险。企业一旦受到刑事追究，损失同样是多重的：一

方面，企业因为被定罪而丧失了声誉，无法获得贷款，也不再有客户愿意与其进行交易；另一方面，企业上市资格会被剥夺，难以再有发展机会。在美国和欧洲多国的司法实践中，行政处罚和刑罚连带进行，这意味着企业一旦被定罪，除了被判处罚金以外，行政处罚中连带的剥夺经营资格的处罚会随之而来，甚至达到附加刑的效果。所以合规风险不仅包括被行政处罚或被刑事追究的风险，还会带来声誉以及商业机会的损失。

我国《企业境外经营合规管理指引》（发改外资〔2018〕1916号）指出："企业应当建立必要的制度和流程，识别新的和变更的合规要求。企业可围绕关键岗位或者核心业务流程，通过合规咨询、审核、考核和违规查处等内部途径识别合规风险，也可通过外部法律顾问咨询、持续跟踪监管机构有关信息、参加行业组织研讨等方式获悉外部监管要求的变化，识别合规风险。"中国企业境外合规风险的预防与控制事关我国企业涉外法治水平建设，提升我国企业境外经营合规风险防范效能意义重大。

二、RCEP 相关规则实施可能带来的机遇

（一）RCEP 相关规则

1. 关税减让规则。

RCEP 的签署是继东盟经济共同体建成后，东亚区域经济一体化的又一重要里程碑，协定中对双边、多边贸易中的细节做了新的规定，关税减让就是其中之一。RCEP 各缔约方适用的关税承诺表分为两大类。一类是"统一减让"，即同一产品对其他缔约方适用相同的降税安排，这些缔约方只有一张关税承诺表，即 RCEP 项下原产于不同缔约方的同一产品，在上述缔约方进口时，都将适用相同的税率。另外一类是"国别减让"，对其他缔约方适用不同的降税安排，这意味着"原产于不同缔约方的同一产品，在进口时适用不同的 RCEP 协定税率"。RCEP 降税模式主要包括 4 种，分别是协定生效立即降为零、过渡期降为零、部分降税以及例外产品，过渡期的时间主要为 10 年、15 年和 20 年等。

RCEP 正式启动，在开启世界经济"亚太新时代"的同时，河北省广大企业和消费者也迎来新的发展机遇。2022 年 1—5 月，石家庄海关为河北出口企业签发 RCEP 原产地证书 1885 份，签证金额 9.9 亿元，预计为企业减免进口方关税超 1000 万元。RCEP 仅仅实施 5 个月，已在 13 个成员国生效，RCEP 政策红利的逐步释放，正在为河北企业带来实实在在的实惠。

2. 原产地累积规则。

作为我国目前参与的最大规模、最高水平的自由贸易协定，RCEP 中有诸多亮点规则，其中原产地累积规则尤为引人注意，被普遍认为是外贸领域的一大利好。原产地规则被人形象地比喻为"货物国籍法"，是确定国际贸易货物原产国的标准。而对于企业来说，除了可以凭借着原产地证书这个"经济护照"享受关税优惠，还将利用 RCEP 在货物贸易领域的另一项"硬核"成果——原产地累积规则。原产地累积是 RCEP 原产地规则的重要内容，是在确定产品的原产资格时，把该产品生产过程中所涉及的国家（地区）视为一个统一的经济区域，并将在该经济区域内对该货物进行生产、加工时所产生的价值成分，都视为最终生产国经济价值成分而进行累积。RCEP 实现 15 个成员国之间的累积，打破原先中韩、中澳、中国东盟等不能跨协定累积的限制。产品在加工过程中，实现的增值部分只要属于 15 个成员国，且价值增值超过 40% 即视为原产地产品。RCEP 项下的区域原产地累积规则，降低了享受关税优惠的门槛，有利于加强区域内产业链供应链合作。

RCEP 结合了之前自由贸易协定的先进经验，原产地规则更加丰富、规定更加细致。累积规则允许商品原产成分在 15 个缔约方构成的区域内进行累积。由于此次 RCEP 涉及 15 个国家，区域成分累积的适用将进一步增强产业价值链布局的灵活性和多样性，协定红利将得到充分释放。例如，我国企业以本国收获的面粉、白糖，新西兰原产的黄油，泰国原产的小苏打，制成饼干出口至新加坡。由于该饼干产品生产过程中涉及的 3 个国家以及最终出口目的国都是 RCEP 成员国，根据 RCEP 项下累积规则，在判定该饼干的原产资格时，其他缔约方的原产材料都可视为原产材料，该饼干产品享有 RCEP 原产资格。

3. 贸易便利化和海关监管规则。

海关程序和贸易便利化章节位于 RCEP 第 4 章，共包含 21 个条款和 1 个附件，包括：对税则归类、原产地以及海关估价的预裁定；为符合特定条件的经营者（授权经营者）提供与进出口、过境手续和程序有关的便利措施；用于海关监管和通关后审核的风险管理方法等。除特殊情况外，进出口环节监管证件统一纳入"单一窗口"受理，最大限度实现通关物流环节单证无纸化。进一步督促指导各地方口岸管理部门落实口岸收费目录清单制度，做到清单之外无收费。积极推进与 RCEP 成员国"经认证的经营者（AEO）"互认合作。有条件的口岸对抵达海关监管作业场所且完整提交相关信息的 RCEP 原产易腐货物和快件，在满足必要条件下争取实行 6 小时内放行的便利措施。

RCEP 海关程序和贸易便利化确保了海关法律和法规具有可预测性、一致性和透明性，简化了海关通关手续，促进了海关程序高效管理，推动了货物快速通关及贸易增长，整体水平超过了世贸组织《贸易便利化协定》，为创造一个促进区域供应链的环境提供了有力保障。

河北省可以探索与 RCEP 成员国共同推动原产地电子联网建设，扩大自助打印证书适用国别范围，提升签证智能化水平，提高签证准确性和规范性。支持有条件的外贸基地申建保税物流中心、保税仓库，搭建研发、检测、营销、信息、物流等公共服务平台。支持河北自贸试验区积极推动制度创新，用好用足优惠政策，搭建与 RCEP 成员国产业合作新平台。扩大面向 RCEP 国家的贸易投资促进和推广，更好带动与 RCEP 国家的对外贸易、双向投资和技术交流。

（二）RCEP 相关规则实施可能带来的机遇

2010 年至今，中国与 RCEP 伙伴逐步实现高质量、多层次的经贸合作关系，为 RCEP 的签署和实施奠定了坚实基础。尽管受到新冠疫情、战争等因素影响，全球经济存在不确定性，但是自 2020 年，东盟已经取代美国和欧盟，首次成为中国第一大贸易伙伴，中国也成为与东盟贸易呈指数级增长的国家。RCEP 的签署和实施不仅大幅度提升中国自贸试验区网络的含金量，不仅全面提升中国与区域成员的经贸与产业合作水平，更将为世界经济实现恢复性增长贡献新力量。

RCEP 的实施和不断深化，将倒逼中国经济体制改革，更好地实现制度开放。如果我们不失时机地深化国内各方面体制改革，中国必将迎来更大的改革红利和开放红利。假以时日，中国在国际经贸规则上将摆脱参与者和跟随者的身份，成为规则的引导者。

RCEP 签署以来，各地方政府抢抓 RCEP 合作机遇，将自身经济发展与 RCEP 合作相结合，出台了相关政策举措，谋划对 RCEP 成员的合作思路。

山东省提出建设 RCEP 地方经贸合作先行区和 RCEP 青岛经贸合作先行创新试验基地，创办 RCEP 中小企业合作论坛，制定了涵盖创新发展货物贸易、着力拓展对日合作等具体措施。致力于构建区域内的供应链和价值链。尤其是对于成规模的外向型企业来说，协议的达成让企业有了更广阔的发展空间。以青岛优势产业——家电制造业为例，借助 RCEP 协议的签署，市场销路更广，而流通的成本也有望降到最低。

广东省提出用好 RECP、中欧投资协定等重大机制，大力开拓东盟、日韩等区域市场。广州市依托跨境电商综试区域领先优势，出台了《把握 RECP 机遇促进跨境电子商务创新发展的若干措施》。

重庆市以落实 RECP 为总揽，以优化进口结构为关键，促进国际消费中心城市建设。以承接产业转移为契机，引进优质项目，推动 RECP 政策落地生效。"十四五"期间，还将以"一带一路"国家为依托，围绕货物贸易、服务贸易、投资及规则等重点领域启动 RECP 先行示范区，重点谋划重庆与东盟、欧盟、日韩等经贸合作规划。

广西壮族自治区提出以陆海新通道建设为契机，加快构建面向东盟的跨境产业供应链，逐步打造 RECP 产业供应链的重要节点，设立南宁 RECP 博览中心，打造高水平合作平台。同时广西贸促会制定了服务 RECP 行动计划。

河北省加速融入全球最大自贸"朋友圈"。河北省与 RCEP 各成员国人文交流密切，经贸合作基础良好，发展潜力巨大。2020 年，河北省与 RCEP 成员国进出口总额为 1632.3 亿元，同比增长 11.8%，占全省进出口总额的 37.0%。2021 年 1 月至 10 月，河北省对 RCEP 国家进出口总值 1625.4 亿元人民币，同比增长 20.8%。河北省与 RCEP 成员国间经济结构具有较强互补性。RCEP生效后，将推动区域内经济要素自由流动，强化成员间生产分工合作，有利于河北企业更为灵活、自主地进行海外布局。统一规则的形成，将降低企业对外投资的经营成本和风险，拉动企业在RCEP区域的贸易投资增长，为河北重塑并优化产业链、供应链提供了契机。

累积规则推动河北省优势产业发展。纺织服装产业是河北省传统优势行业，特别是在出口方面，2020年河北省纺织和服装行业实现出口额484亿元，占全省出口总额的19.2%，为全省第二大出口行业，其中出口亚洲地区产品总值为155.9亿元，占全部出口总值的42.8%。RCEP签署国是河北省出口的主要目的地，在对外贸易中具有重要地位。

机电产品出口超千亿，钢材出口增长超四成。2021年机电产品出口1085.4亿元，增长23.8%，其中汽车零配件出口149.7亿元，增长33.6%；汽车出口118.4亿元，增长1.1倍。劳动密集型产品出口692.1亿元，增长2.6%。钢材出口389.8亿元，增长44.4%。

RCEP将通过原产地累积规则激励区域自身完成全部生产环节，进而培养上游竞争力。河北省应重点优化产业布局，延伸产业链条。加快培育年主营业务收入超亿元的"专精特新"型中小企业，鼓励企业围绕共同关心的产业链供应链环节开展紧密合作，建立绿色制造国际伙伴关系，形成优势互补、深度融合的全产业链条。引导企业加大研发设计投入力度，积极创建国家级、省级、市级工业设计中心。鼓励企业建设智能车间、智能工厂，搭建工业互联网平台，引导中小企业"上云上平台"。

三、RCEP经贸合规的风险识别

合规本身，无论是在中国还是国外，对于企业的运营和可持续发展都至关重要，面对强监管的环境，企业的不合规行为不仅仅会遭致巨额罚款、吊销证照，甚至刑事追责，企业声誉一落千丈；而中国企业的国际生存环境又随着中美关系的变化和"去全球化"的现象变得更具有挑战性，某些国家实施对中国企业的围堵所采用的常见的方法，就是拿出法律合规"武器"。另外，一旦触发合规风险，高管也是最有可能被追责的对象。据此，早在 2018 年底，发改委就曾对中国企业提出了高标准的合规期待和要求，以此避免风险。结合河北省实际，重点从知识产权合规、反垄断合规方面展开论证。

（一）知识产权与数据合规

在国家或地区间的贸易争端中，知识产权保护问题已演变为贸易摩擦的最主要焦点之一。知识产权的协调保护被频繁地写入国际、区域多边乃至双边自由贸易协定且受到更多的重视。2018 年 11 月，美国司法部"中国行动计划（China Initiative）"正式启动。针对该计划，美国司法部在 2020 年 2 月召开的中国行动计划大会（CHINA INTIATIVE CONFERENCE）上表示："中国的经济进攻威胁到美国的技术和知识产权，美国未来会将盗窃知识产权和技术等商业秘密的行为作为执法重点。"

近来，中国企业和科学家已然成为美国商业秘密诉讼打击的主要对象。仅在 2020 年 5 月，就有多名华人科学家被捕或被判刑，这些科学家们的研究方向集中在生物医药、芯片、半导体等核心竞争领域。无论是企业还是企业家核心研发人员都应提前做好准备，搭建起完备的商业秘密合规体系，提前开展 FTO（FREEDOM TO OPERATE）尽职调查，对企业自身的权利和义务做到清晰了解，这样才能安全稳当地开展海外业务。

（1）知识产权章节（第十一章）包含有 83 个条款和过渡期安排、技术援助等 2 个附件，是 RCEP 协定内容最多篇幅最长的章节，也是中国迄今已经签署的自贸协定中对于知识产权保护最全面的章节，全面提升了区域内知识产权整体保护水平，将有助于促进区域内创新合作和可持续发展。知识产权主要涉及著作权、商标权、地理标志、专利、外观设计、遗传资源、传统知识和民间文艺、反不正当竞争、知识产权执法、合作、透明度、技术援助等方面内容。

RCEP 在知识产权章节的"目标"和"原则"内容表述，主要是转引了 TRIPS 第 7 条和第 8 条的文本。在整体内容上，更可以看出 RCEP 继承了 TRIPS 中包含的所有权衡及灵活性。RCEP 还规定，尽管缔约方同意本章对知识产权的保护范围超出了 TRIPS 之规定，但是如本章的某一规定与TRIPS的相应规定不一致时，仍应以后者规定为准。此外，RCEP在知识产权保护方面还凸显出"中国经验"。在该章节中的恶意商标规制条款、商标电子申请规定等，均在一定程度上体现了中国的知识产权保护经验正逐渐成为国际知识产权规则，侧面反映出我国参与区域知识产权治理水平的提升。

（2）知识产权协调保护中过多弹性条款的存在必然增加RCEP权利实施条款在日后具体实行中的难度。弹性条款的灵活性一定程度上也可能无法符合各国具体执法的实践需求，从而导致权利实施条款难以得到有效的执行。这就要求RCEP缔约方全面履行合作互助条款，同时积极协调构建各种形态的知识产权保护及救济机制，增加知识产权执法在技术性工作层面的沟通和交流。

（3）河北省应充分重视RCEP域内电子商务发展所带来的挑战和机遇。随着RCEP区域内贸易壁垒和摩擦的减少，意味着假冒商品亦能够在市场上，特别是通过电子商务形式，更加自由地流通和买卖。由于电子商务的特性，线上溯源及有效查处假冒商品的难度也将增大。这就需要RCEP各缔约方加强在电子商务领域知识产权协调保护的交流与合作，携手制订线上知识产权执法策略，在技术性工作层面确保能够解决随时出现的疑难问题。最终，寻求在RCEP合作框架下构建起一个统一、有效、平衡的知识产权电子商务执法机制。

（4）完善制度，在保护知识产权、鉴定侵权行为等方面进一步提升技术，完善机构设置，加强对公众知识产权确权意识的引导。河北省应成立RCEP常设机构，为域内企业或经营者提供各缔约方的知识产权相关信息的检索、查询、对比、识别、输出等数据处理相关服务。构建域内各缔约方贸易知识产权预警体系，建立知识产权数据库并不断动态更新。利用现代网络技术，及时跟进以及披露国际知识产权新闻及动态，提供多角度多维度的知识产权侵权救济途径，降低域内企业运营中的知识产权侵权风险。

（5）企业应重视规则，纠正不足，实现良性发展。在我国法律还不完善、企业侵权行为较为频繁的领域，例如RCEP强调的打击恶意商标的问题、数字环境下的执法问题，企业应当重视国际规则的要求，纠正自己的不足,实现良性发展。除此之外,RCEP 在一些领域中也存在规定不完善的地方。例如,对于电商知识产权规则的关注度不足,没有相应规则,在这样不存在相应标准的领域,跨境电商企业要注意了解外国的法律法规,避免纠纷。河北企业可继续强化专利布局优势。日本和韩国是近二十年来中国对外专利布局的主要国家,在这两国申请布局的专利数量占中国在 RCEP 国家专利布局总量的比例分别为52%和31%。

(二)出口管制与工程项目合规

受到逆全球化和欧美贸易保护主义的影响,尤其在因中美贸易摩擦争端导致的紧张态势下,中国企业出海贸易和投资受到他国基于国家安全、地区安全以及本国政治外交的目的而遭到管制甚至制裁的风险日益渐增。以美国法为例,根据最新的《出口管制改革法案》(ECRA),违反出口管制相关法律的处罚既包括行政上的处罚(包括民事罚金。进出口禁令,禁止从事 BIS 相关业务等)和刑事上的处罚。刑事处罚以每次处以 100 万美元的罚款,涉案高管也有可能面临最高 20 年的监禁,刑事罚金和监禁二者可并处。

针对出口管制,美国已经形成一套由商务部、国防部国土安全局、司法部、国务院和财政部、国家情报总监等国家机关协同合作的全面监管执法体系。美国法项下的出口管制法律体系严密而复杂,主要包括:《出口管制改革法案》(ECRA)、《出口管理条例》(EAR)、《武器出口管制法》(AECA)、《国际武器贸易条例》(ITAR)、《国际紧急经济权力法案》(IEEPA) 等。

2012 年 12 月 20 日,美国某涂料巨头上海子公司的一名常务董事王某因违反 IEEPA 被美国法院判处其一年监禁,支付 10 万美元罚金,及提供 500 小时社区服务。这次事件给众多正在面临审查或者可能因违规行为需要与目标国谈判的中国企业上了一堂生动的实践课。当企业违反了目标国相关法律导致调查和处罚后,企业与目标国政府机关的和解协议中不可避免地会涉及对涉案高管个人的处罚。此时注重"契约精神"。依约履行和解协议条款至关重要。一旦忽视,极有可能导致非涉案高管"背锅"。造成企业更大范围的人员损失。

(三) 反垄断合规

2020年9月,国务院反垄断委员会印发《经营者反垄断合规指南》,规定了反垄断合规制度建设、合规风险重点、合规风险管理及合规风险保障等制度。鼓励经营者深化对垄断行为的认知,建立健全反垄断合规管理制度,培育公平竞争的反垄断合规文化,防范反垄断合规风险,保障经营能够可持续健康发展。特别是在禁止达成垄断协议的规定中,增设了涉及行政垄断的合规风险条款。虽然各个国家都有自己的相应反垄断法律规定或竞争法,但由于各国背景文化不同、所处环境不同,各国出台的反垄断合规法规政策大同小异,如严格管控滥用损害竞争等手段的行为,防止经营者在市场过分集中。我国在对境外投资的监管上要严格把控并向境外企业普及投资所在国的法律政策、税收政策、环保政策及垄断法政策,对企业提供信息咨询等公共服务,避免企业在外遇到此类问题。

(四) RCEP项下关税减让总体情况

1. 出口方面。RCEP项下韩国、东盟对我国出口的汽车及配件、机电、化工、纺织、建材等产品进一步加大了关税减让。以摩托车行业出口为例,RCEP项下,印尼35个摩托车税目中有31个税目给予我国零关税待遇,马来西亚34个摩托车税目中有24个税目给予我国零关税待遇,基本可享受5%的关税减让,这将大大降低河北省摩托车、电动车出口上述国家的税收成本,增强市场竞争力。此外,韩国对我国纺织服装产品的降税幅度也进一步加大,如羽绒服、衬衫、牛仔裤等产品税率将在原有税率基础上减半,降至6.5%,迎来扩大海外市场规模的重要机遇。

2. 进口方面。以能源化工行业为例,RCEP项下对来自日本、韩国、新加坡等国的石脑油、芳烃、塑料、橡胶等产品,将由3.6%~15%的税率逐步降至零关税,对石化下游企业减负降本效应明显,河北省与石化密切关联的纺织服装、轻工建材、玩具、汽车等行业受益较大。

四、河北企业经贸合规与风险应对的对策建议

做好河北企业经贸合规与风险应对需要各方主体同时发力,第一

部分侧重企业等主体自我建设，第二部分侧重政府部门的支持与保障。

(一) 重要举措

1. 探索培训先行企业。

分类分层，探索培育先行企业。以行业龙头优质企业、高新技术企业、出口排名前列的自营进出口企业、本土跨国公司为重点，培育一批合规先行企业。企业培育名单实行年度动态调整。通过培训提升企业领导层走出去的决策能力，海外项目有其特殊性，往往"一着不慎，满盘皆输"。因此，企业在走出去之前，领导层必须谋全局、谋长远，全方位了解海外情况，包括所在地政治经济状况、投资环境、市场需求、法律法规等，避免因信息不对称造成与外方"喜结连理而又不欢而散"的结局。

首先，探索培训先行企业，提升企业合规能力。加强培训，提升合规能力水平。启动合规引领新航程专项培训，联合专业机构、研究机构常态化开展合规人才专业知识和实践技能系列培训。开展重点行业、重点领域、重点企业合规检查。具体可以包括以下几种措施：一是要建立完善的法律事务机构以及不断完善各种规章制度。二是对合规管理职能进行重新定位。在进行企业和事业单位法律风险评估时，往往会因为没有明确合规管理职能的定位而加大企业和事业单位在合规管理中的法律风险。三是树立员工的法律安全意识，提高员工的专业素养和技能。四是创建风险预案，建立相应的机制。五是全面推行基本的行为规范，让员工在平时的工作中规范自己的行为，同时增加工作效益。

其次，创新举措，加强合规人才培养。一是通过培训提升走出去员工的外语水平和综合能力。企业在海外布局设点、安营扎寨，很多时候都需要与当地政府、客户、员工、居民进行面对面的交流和沟通，如果不懂所在地语言，就可能"两眼一抹黑"，寸步难行。企业要培养掌握原产地规则的专业人员，熟悉证书申领、自主声明、经核准出口商认证等各项业务，积极把握原产地累积规则机遇，将高质量实施RCEP全面纳入企业的国际化经营策略。二是通过培训提升管理人员的综合素质。海外项目管理人员除了过语言关，还必须提高其企业管理、员工管理、对外交往和处理突发事件的能力。三是通过培训解决文化融合的问题。要实现海外项目共商共建共享的目标，中外文化融合是关键。需要通过培训，让中方人员熟知外方的民族文化、企业文化甚至生活饮食文化，在此基础上，求同存异，完成双方文化的融合。四是通过培训提升律师事务所等专业机构服务外经贸企业合规体系建设的能力和水平。实施外经贸企业合规人才培育工程，提升合规人才专业化水平。五是引导普通高校、职业院校与企业合作，培养符合经贸新规则要求的合规管理人才和高素质技术技能人才。比如针对涉外合规法治专业人才法律外语能力明显不足的现实困境，要落实到新时代高校外语法学教育教学改革，要立足国家发展战略，面向涉外合规法律服务现实需求，正确理解涉外合规法治专业人才的内涵要求，正视法律语言（外语），尤其是法律英语专业教学在涉外合规法治专业人才培养中不可或缺的作用，澄清认识误区，打破一切人为障碍，切实加快法律语言（外语）学科建设，快速设置法律英语专业，助力系统培养涉外合规法治专业人才，为推动我国企业境外合规风险防控和合规治理变革提供强有力的智力支持和人才保障。

2. 强化合规预警处置。

关口前移，强化合规预警处置。加强国际税收、跨境支付、跨境金融、出口管制与经济制裁、海关事务、知识产权、数据保护、跨境电子商务、贸易救济、反商业贿赂等领域国际经营风险预警，提供应对指导和服务。提升重点行业、优质企业合规风险防控和应对能力。强化突发合规事件处置属地责任，提供前期咨询、事中指导和后期评估等服务。

一是建立和完善风险评估机制，准确确定风险产生的主要来源。二是构建企业风险预警的相关指标体系。在建立和完善企业风险相关预警指标体系时，主要围绕以下几个方面：科学构建风险预警指标体系，模糊处理相关指标，合理确定各个指标的权重，计算出风险的评估值，依据风险的大小和相关标准及时发布预警信息。要具体说明所识别的主要风险因素、可能给企业带来的机会或损失、相关预警指标计算分析结果、可能达到的合规风险预警级别等合规风险预警评估结果等。三是及时启动合规风险预警机制，有效规避风险。构建企业合规风险预警机制需要明确组织机构风险管理职责、进行目标设定、识别风险因素、列出风险清单（库）构建、设置合规风险预警指标、划分合规风险预警级别、确定风险应对预案等。四是及时更新案例库，将境外风险、国外对华贸易救济调查、国外涉华贸易壁垒等案例进展不断上传，供企业借鉴。

3. 搭建合规服务平台，提高信息共享能力。

数字化引领，搭建合规服务平台。提高数字化水平，加强数据开放共享，推广应用电子证照，充分依托已有平台，提供内外贸政务服务统一化、标准化、便利化的公共服务。深入推进内外贸监管部门信息互换、监管互认、执法互助。强化数字赋能，依托"订单+清单"监测系统，联合律师事务所、信息技术服务企业等第三方机构建立合规业务平台，发布全球经贸规则和预警信息，开展企业远程测评和诊断。搭建合规风险识别产品对接平台，发布外经贸企业合规指引，创新开展小微企业合规服务。智能化是未来发展的核心动力，各个行业也应积极探索前沿技术。比如金融也需要采用智能机器人代替员工完成单调机械的重复性工作，同时探索以人机协同为核心的高质量服务。并且积极探索新技术所带来的业务机会，持续研究对现有业务的智能化改造，以降本增效、提升客户体验、服务流程标准化为目标不断改进。

随着5G的推广应用，金融咨询平台未来还应主动开拓更多的客户交互方式，探索直播、视频及VR等交互方式在咨询平台的应用。同时，深入研究云计算、大数据等技术，增强底层计算能力，以应对客户规模的快速增长和数据计算要求的不断提高。

4. 对标国际：跨国公司合规一体化建设。

当前经济全球化的国际市场环境形势下，加强企业境外经营合规管理，对于中国企业走出国门、成功推进"一带一路"和企业全球化战略极其重要。为了企业能够建立依法依规的合规风险防控体系，营造现代企业合规文化，我国政府和许多国际组织已经颁行了系列法律法规、政策文件，并出台多种措施，如国际标准化组织（ISO）于2014年制定《合规管理体系指南》，对各国企业建立合规管理体系、防控合规风险明确了思路建议；2021年进一步制定《合规管理体系要求及使用指南》，把企业合规管理与合规风险防控推进到认证的更深层次，国际标准化组织（ISO）为我国企业境外经营业务与合规风险预防管控提供了参照标准。

企业境内通常的合规风险防控措施主要包括遵守国内法律法规、遵守行业公约规则、制定企业内部控制制度和强调合规专员职业道德准则等等，实际上对大多数企业而言，境外经营风险突出的是强监管、高风险处罚，这些领域是我国企业境外经营合规风险防控的短板。所以积极加强企业境外经营合规风险的辨识、甄别、预警、防控与应对能力建设，依法依规接受并有效应对境外合规监管审查，是当务之急。从疫情防控角度而言，企业境外经营的风险突出表现在：刑事关系、劳动用工、买卖合同、宣传销售、数据信息和无偿捐赠等方面。近年来由于疫情防控措施影响，合规风险防控更要对标国际通行做法，以协调、平衡与完善企业境外经营中的合规风险防范机制。

（二）保障措施

1. 有效工作机制的建立。

加强部门协同、省市联动，统筹推进外经贸企业合规体系建设。各设区市有关部门要进一步完善配套政策和保障措施，按照职责分工抓好工作落实。省商务厅需要会同省级有关部门加强工作指导，确保各项措施落地见效。具体工作机制包括：一是合作共享机制。各个部门要加强合作，可以公开访问的信息平台，促进中小企业信息共享，为中小企业提供获利机会。二是在河北省的不同区域之间开展重点经济技术合作，较为发达地域向不够发达区域和最不发达区域提供能力建设和技术援助。

2. 加强政策支持。

各地、各有关部门要加大对外经贸企业合规体系建设的工作引导和政策支持力度，对合规建设先行企业给予资金、人才等要素支持。加强省内合规风险应对专业机构建设，建立对外贸易、跨境投资合作、外汇管理等涉外领域专家库。强化知识产权海关保护和国际执法合作，持续健全海外知识产权纠纷应对指导工作机制，加强知识产权海外维权援助服务，提高企业创新和拓展国内国际市场积极性。支持联盟、协会等行业组织、第三方服务机构建设公共服务平台，为企业提供一站式综合服务。

3. 有效评估机制的建立。

建立企业合规绩效评估监测系统，推动各地、各有关部门开展分领域、分区域企业合规评估，发布监测报告。建立外经贸企业合规经营指数指标体系，发布年度外经贸企业合规体系建设报告。加强舆论引导，加大合规宣传普及力度，营造企业重合规的氛围。

合规监管人制度也是制度改革的重点，如何保障合规监管人的独立性、权威性、专业性，合规监管人应由律师事务所、会计师事务所、税务师事务所等专业机构还是由专业人员担任，如何设定合规监管人的地位等等。一是制定合规计划，落实跟踪纠偏。二是加强交叉审核，强化审批监督。强化重点领域重点监管防控，推进"双随机、一公开"跨部门联合监管，探索信用监管、大数据监管、包容审慎监管等新型监管方式，努力形成全覆盖、零容忍、更透明、重实效、保安全的事中事后监管体系。

4. 促进标准认证衔接。

支持有条件的企业、行业组织、专业机构等开展国内国际标准比对，积极采用通过开放和透明程序制定的国际先进标准，参与国际标准制定，参与各类国际性专业标准组织。支持国际性专业标准组织来华落驻。推进中外标准互认。支持检验检测、认证认可等第三方合格评定服务机构为内外贸企业提供一站式服务，鼓励第三方合格评定服务机构国际化发展。

跋

民营经济是稳发展、拓新局的重要力量。近年来，随着一系列促进民营经济发展壮大的政策陆续出台并落地实施，我国民营经济发展总体上呈现稳中有进、稳中向好的基本态势。但受国内外宏观经济形势影响，民营经济发展仍然面临一些困难和挑战。有的民营企业面临转型升级动力不足、高质量发展陷入瓶颈等问题，需要进一步与国际接轨拓展市场，在更大的空间实现合作共赢，滋养创新的动力和能力。而"一带一路"及"RECP"正是能在这一方面帮助企业"走出去"的公共服务平台。

河北省的机电设备、钢材、纺织等产业优势明显，是外贸出口的主要产品。随着"一带一路"倡议的提出以及"RECP"机制的建立，河北省民营企业走向海外发展的热情持续升温，外贸出口连年保持高速增长。民营企业凭借高质量的产品、灵活的商业模式等，表现出了强劲的发展活力。据统计，河北省2022年出口总额达到3207.41亿元，其中民营企业出口额达到2374.95亿元，占主要地位。但相较经济结构更加外向的南方沿海省份，民营企业在外贸领域仍有广阔的发展空间。围绕企业国际化发展问题开展政策理论研究，其研究成果有助于帮助企业加深对国际化发展的认识，形成发展海外市场的正确思路，使企业更快适应海外市场的竞争环境，提高国际竞争力；有助于帮助企业厘清外贸政策红利，打造出更有价值的产品，通过外贸实现更大的盈利；具有很强的现实意义。

河北省民营经济研究会与河北省社会科学院城市经济研究中心建立了常态化研究合作机制，与作者李韶鉴同志共同确立了"新时代河北省企业国际化发展战略研究"这一课题的研究思路和内容结构。在课题研究阶段，省委统战部副部长、省工商联常务副主席兼党组书记李红录，省民营经济研究会会长、河北养元智汇饮品股份有限公司董事长姚奎章，对研究工作提出了许多建设性意见。在修订过程中，省工商联副主席赵斌，省工商联秘书长李明辉，参与了课题评审并提出了具体实际的建议。希望这一研究成果能够为谋求"走出去"的河北省民营企业以及有意从事相关研究的专家学者及各界人士提供有价值的参考。

河北省民营经济研究会
2024 年 5 月 14 日

参考文献

1. 齐玮,彭晓亚,熊含瑜."一带一路"沿线国家贸易便利化水平对进出口贸易的影响 [J/OL].统计与决策,2021(08):144-147.

2. 倪琳,盛龙坤.中国机电产品出口法国的影响因素与潜力分析 [J].特区经济,2020(11):87-93.

3. 喆儒,王楚盈.中国机电产品出口东盟的贸易潜力研究 [J].价格月刊,2020(09):36-43.

4. 蔡玉秋,王馨瑶.中国对印度出口机电产品的贸易效率及潜力研究——基于随机前沿引力模型的实证分析 [J].价格月刊,2019(08):52-58.

5. 张静中,曾勇.中国对丝绸之路经济带沿线国家机电产品出口潜力研究——基于扩展引力模型的实证分析 [J].国际商务(对外经济贸易大学学报),2017(04):5-15.

6. 车春鹂,许安.中国机电产品出口中东欧国家的潜力分析——基于引力模型的实证研究 [J].上海对外经贸大学学报,2016,23(05):26-37.

7. 胡玫,王云洁.中国与东盟六国机电产品贸易潜力研究 [J].兰州商学院学报,2015,31(02):111-118.

8. 黄洁,尹雄艳,金丽.中国机电产品出口德国市场的影响因素分析——基于引力模型的实证分析 [J].经济问题探索,2015(04):152-159.

9. 李焱,王孟孟,黄庆波.中国水产品出口贸易的影响因素及潜力测度——基于扩展引力模型的分析 [J].价格月刊,2013(04):50-55.

10. 林玲,王炎.贸易引力模型对中国双边贸易的实证检验和政策含义 [J].世界经济研究,2004(07):54-58.

11. 刘青峰,姜书竹.从贸易引力模型看中国双边贸易安排 [J].浙江社会科学,2002(06):16-19.

12. Inmaculada C. lvarez, Javier Barbero, AndrésRodríguez –Pose, José L. Zofío. Does Institutional Quality Matter for Trade? Institutional Conditions in a Sectoral TradeFramework [J]. World Development, 2018, 103.

13. Jesus Felipe, Utsav Kumar. The Role of TradeFacilitation in Central Asia [J]. Eastern European Economics, 2012, 50 (4).

14. LINNEMANN H. An Econometric Study in International Trade Flows [M].Amsterdam：North –Holland Publishing Co., 1966.

15. 龚春辉.组建外资外贸领域"智库"完善 RCEP 政策配套服务 [N].南方日报，2022 年 1 月 20 日第 A03 版.

16. 肖琬君.冼国明.RCEP 发展历程：各方利益博弈与中国的战略选择 [J].国际经济合作，2020（2）：12-25.

17. 于洋.中美贸易摩擦背景下汇率波动对我国光伏产业出口贸易影响的研究 [D].中国石油大学，2020.

18. 雍黎.RCEP 正式生效各地紧抓新机遇推动开放合作 [N].科技日报，2022-01-04（002）.

19. 王淑妍.中国与 RECP 成员国的贸易关系研究 [D].天津师范大学，2014.

20. 赵豪哲.河北省光伏产业的金融支持探析——以晶澳科技为例 [D].河北大学，2021.

21. 王捷，林余杰，吴成坚等.碳中和背景下太阳能光伏产业现状及发展 [J].储能科学与技术，2022（2）:731-732.

22. 梁一新.中美贸易摩擦背景下加入 RCEP 对中国经济及相关产业影响分析 [J].国际贸易，2020（8）:38-47.

23. 张珺，展金永.CPTPP 和 RCEP 对亚太主要经济体的经济效应差异研究——基于 GTAP 模型的比较分析 [J].亚太经济，2018（3）:12-20.

24. Raheem A A, Petri P. Can RCEP and the TPP be path ways to FTAAP [J].Social Science Electronic Publishing, 2014（10）:1-21.

25. Rahman M M, Ara L A.TPP, TTIP and RCEP:implications for

south Asian economies [J] .South Asia Economic Journal，2015，16（1）：27-45.

26. 辛中华.贸易保护主义的应对策略——基于光伏产业的经验 [J] .南京林业大学学报，2020（5）:114-122.

27. 于长洹.RCEP行业冲击波：纺织服装轻工业受益最大应以差异化政策推动企业抢抓机遇 [N/OL] .21世纪经济.2022年1月6日.

28. 中国纺织工业联合会.中国纺织工业发展报告2020-2021 [R] .中国纺织出版社.

29. 综编.RCEP生效实施，将为中国纺织业创造明显利好和制度红利 [J] .纺织服装周刊，2022（04）:6.

30. 马英.RCEP与纺织服装业出口机遇推动中间产品出口 [J] .进出口经理人，2021（11）:48-51.

31. 陆杨.京津冀纺织业集群竞争力评价研究 [D] .燕山大学，2021. DOI:10.27440/d.cnki.gysdu.2021.000402.

32. 张希颖，王超杰.RCEP签署对中国纺织业对外贸易的机遇和挑战 [J] .北方经济，2021（03）:39-43.

33. 李鹏，张志斌，王芳，高君.河北纺织服装企业集群竞争力及产业转型升级的对策研究 [J] .毛纺科技，2017，45（04）:75-78.DOI:10.19333/j.mfkj.2016100200404.

34. 曾圣舒.河北纺织插上腾飞翅膀 访河北省纺织与服装行业协会会长王超 [J] .纺织服装周刊，2013（11）:17.

35. 崔真琪，赵宏宇，刘治民，屈玉萍，柴淑敏.释放正定片区红利，助推河北医药行业新发展 [J] .特区经济，2021（01）:152-154.

36. 董微微，崔丽红，曹馨洁.京津冀健康产业协同发展现状与对策研究 [J] .城市，2021（12）:45-56.薛健.京津冀一体化背景下河北医药产业发展战略研究——兼论京津冀医药产业协同发展路径 [J] .河北企业，2016（02）:39-41.

37. 王娟娟.RCEP与我国双循环新发展格局下的产业链优化 [J] .中国流通经济，2022，36（04）:3-18.

38. 洪银兴，李文辉.基于新发展格局的产业链现代化 [J] .马克思主义与现实, 2022 (01).

39. 汤莉.医药产业借 RCEP 推升供应链集成度 [N].国际商报, 2022-04-11 (004).

40. 许志彪, 张永庆.长三角地区生物医药产业链效率评价 [J].技术与创新管理, 2018, 39 (01):71-75.

41. 罗翔, 赖丹.产业链延伸视角下稀土全产业链效率测度与比较研究——基于三阶段 DEA 模型 [J].科学决策, 2021 (06):104-121.

42. 刘俊华, 刘振刚, 长青.基于 DEA-Malmquist 指数的我国两阶段乳品产业链效率变化研究 [J].中国农业大学学报, 2015, 20 (02):276-283.

43. 杨丽, 王欣.中国有色金属产业链效率及其影响因素研究——基于网络 DEA 模型的两阶段分析 [J].改革与战略, 2018, 34 (11):102-109.

44. Peter Wanke and C.P. Barros and Ali Emrouznejad. Assessing productive efficiency of banks using integrated Fuzzy-DEA and bootstrapping: A case of Mozambican banks [J]. European Journal of Operational Research, 2016, 249 (1): 378-389.

45. 中国自由贸易区服务网.《区域全面经济伙伴关系协定》(RCEP) 协定文本.http://fta.mofcom.gov.cn/rcep/rcep_new.shtml

46. 陈慧.RCEP 生效后中国参与区域产业链价值链重构的机遇、挑战与应对 [J].经济纵横, 2022 (08):76-82.

47. 何坤, 王立.撬全球废钢市场, 促钢铁产能输出与经济效益 [J].中国冶金, 2021, 31 (02):103-108.

48. 卢延纯, 赵公正, 左更, 高圆钰薇.破解铁矿石价格困境 构建钢铁产业新发展格局 [J].价格理论与实践, 2021 (01):4-9.

49. 王玉珍, 李矿, 王茸花.推进钢铁行业产业数字化转型 [J].金融博览, 2022 (06):60-61.

50. 葛振华, 梁伟, 吴琪, 张必欣.中澳矿产品贸易形势分析 [J].自然资源情报, 2022 (03):7-15.

51. 何坤, 王立.撬全球废钢市场, 促钢铁产能输出与经济效益 [J].中国冶金, 2021, 31 (02):103-108.

52. 曹华军,李洪丞,曾丹,葛威威.绿色制造研究现状及未来发展策略 [J].中国机械工程,2020,31(02):135-144.

53. 吴莎.中国钢铁遭到反倾销调查的原因及对策分析 [J].对外经贸实务,2020(05):48-52.

54. 王新东.以"绿色化、智能化、品牌化"为目标规划设计河钢唐钢新区 [J].钢铁,2021,56(02):12-21.

55. 祝丽云,马栋栋,曾昭春.基于网络 malmquist-luenberger 指数的钢铁企业绿色全要素生产率研究——以河北省钢铁企业为例 [J].数学的实践与认识,2017,47(19):146-157.

56. 刘绍敏.河北钢铁业绿色产业链构建 [J].开放导报,2016,(01):82-85.

57. 许丹."一带一路"背景下钢铁出口对策研究 [J].商场现代化,2018(09):20-22.

58. 史慧龙.河北省钢铁产业发展现状、问题及对策研究 [D].河北经贸大学,2017.

59. 邢寒冰,金花.河北钢铁产品遭遇国外反倾销调查现状及对策 [J].现代商贸工业,2018,39(04):32-34.

60. 陈万钦,霍小龙.推进国际钢铁产能合作若干问题的思考——以河北钢铁产能"走出去"为例 [J].国际经济合作,2015(09):23-28.

61. 郭宏."一带一路"战略下去产能外溢之路——以河北钢铁行业为例 [J].经济研究参考,2016(64):54-57.

62. 黄健柏,刘京星."一带一路"战略背景下金属产业国际产能合作研究 [J].中国人口·资源与环境,2017,27(07):1-7.

63. 王洪林,任逸凡,刘昭."一带一路"背景下河北钢铁产业纵深发展的可行性 [J].区域治理,2019,(35):78-80.

64. 蔡鸿毅,王静怡,刘合光.区域全面经济伙伴关系的经济影响分析 [J].世界农业,2017(07).

65. 张珺,展金永.CPTPP 和 RCEP 对亚太主要经济体的经济效应差异研究——基于 GTAP 模型的比较分析.

66. 张恪渝,周玲玲.RCEP 对中国经济及其区域内部的影响分析 [J].国际贸易问题,2021(11):37-53.

67. 钱进.《区域全面经济伙伴关系协定》的经济效应及产业产出分析 [J]. 国际商务研究, 2021, 42（01）:86-96.

68. 赵灵翡, 郎丽华.从TPP到CPTPP:我国制造业国际化发展模拟研究——基于GTAP模型的分析 [J].国际商务（对外经济贸易大学学报）, 2018（05）:61-72.

69. 孟夏, 黄陈刘, 张晓.RCEP对中国机电产品出口的影响——基于GTAP模拟分析 [J]. 亚太经济, 2018（04）.

70. 曲余玲, 邢娜, 黄维, 景馨.我国钢铁行业节能降碳现状及存在的问题和对策建议 [J].冶金经济与管理, 2022（01）:10-11+15.

71. 曹朝晖.经济全球化背景下河北省推进企业国际化问题研究 [D]. 河北大学, 2017.

72. 康晓辉.基于可持续发展理论的京津冀建筑产业化发展水平评价研究. [D]. 北京建筑大学, 2020.

73. 左慧敏.我国建筑工业化产业扶持政策研究 [D]. 北京交通大学, 2018.

74. 帅宁馨.中小型城市被动式建筑成本效益影响因素分析 [D].北京建筑大学, 2021.

75. 王小芳.外商直接投资对河北省经济可持续发展的影响及对策研究. [D]. 河北工业大学, 2006.

76. 张凯, 陆玉梅, 陆海曙.双碳目标背景下我国绿色建筑高质量发展对策研究 [J]. 建筑经济, 2022, 4303:14-20.

77. 朱韦康.从行业视角看RCEP [J].中国外汇, 2020, 24:45-47.

78. 宋蔚, 姚继东, 祁春凌.中国与RCEP伙伴国服务贸易的竞争力和互补性研究——基于行业视角的分析 [J].价格理论与实践, 2021, 03:15-19.

79. 王虹, 陈超奇, 杨美琳, 张志斌, 刘昀宗, 严广伟, 刘理群, 徐惠珍.RCEP成员国行业机遇分析 [J].国际工程与劳务, 2021, 10:72-74.

80. 赵雅玲,彭先江.RCEP对我国经贸和全球供应链地位的影响研究 [J].产业创新研究, 2021, 19:91-95.

81. 郑国富,张鑫.中国与RCEP成员农产品贸易合作发展的特征,问题与对策 [J].农业展望,2021, 17 (11) :74-79.

82. 林清泉,郑义,余建辉.中国与RCEP其他成员国农产品贸易的竞争性和互补性研究 [J].亚太经济,2021 (1) :75-81.

83. 陈雨生,王艳梅.中国与RCEP成员国农产品贸易结构,效率及影响因素研究——基于细分产品的实证分析 [J].世界农业,2021 (12) :73-83.

84. 石超,胡列曲.乡村振兴视域下中国与RCEP其他成员国农产品贸易效率影响因素研究.广西社会科学.2022 (3) :78-87.

85. 杨重玉,高岚.中国-东盟自由贸易区的中国农产品出口贸易效应 [J].北京工商大学学报:社会科学版,2018, 33 (4) :43-52.

86. 李博英.中韩FTA对中韩农产品贸易影响研究 [J].世界经济与政治论坛,2020, (2) :155-172.

87. 谢海燕.中澳自贸协定对中国乳制品进出口贸易的效应分析 [J].价格月刊,2020 (9) :89-94.

88. 曾华盛,谭砚文.自由贸易区建立的农产品贸易及福利效应:理论与来自中国的证据 [J].中国农村经济,2021 (2) :122-144.

89. Seung-Hyun Kim, Shikher Serge. Long-run Effects of the Korea–China Free-Trade Agreement, Journal of East Asian Economic Integration, 2015, (2) : 117-142.

90. 周曙东,卢祥,郑建.自由贸易区战略背景下中国农业供给侧结构优化研究——基于中国已签订13个自由贸易协定农产品贸易的模拟分析 [J].中国农村经济,2018 (4) :28-40.

91. 杨娜.全球经济治理机制的革新与探索——以RCEP的构建为例 [J].国际经贸探索,2020, 36 (12) : 67-81.

92. 戴艳军.中国国际科技合作的现状与对策 [J].科学学与科学技术管理,2001 (12) :20-23.

93. 中国科学技术信息研究所.中国科学技术国际地位与影响报告2010 [M].北京:科学技术文献出版社,2011:78-128.

94. 韩涛,谭晓.中国科学研究国际合作的测度和分析 [J].科学学研究，2013（8）:1136-1140.

95. 梁立明，马肖华.从中德合著SCI论文看中德科技合作[J].科学学与科学技术管理，2006（11）:22-28.

96. 梁立明，张琳，韩强.欧盟15国科学合作的地域倾向和语言倾向[J].自然辩证法通讯，2006（5）:60-67.

97. 袁军鹏，薛澜.主导与协同:中国国际科技合作的模式和特征分析[J].科学学与科学技术管理，2007（11）:5-9.

98. 袁永，廖晓东，胡海鹏.新加坡近期科技创新战略与政策研究[J].科学管理研究，2017，（2）:105-107.

99. 李鸿阶，张元钊.韩国与新加坡科技创新政策及其成效的启示[J].亚太经济，2016，（5）:67-69.

100. 徐程锦.中国跨境数据流动规制体系的CPTPP合规性研究[J].国际经贸探索，2023，39（2）:69-87.

101. 李思奇，孙梦迪.美国产业补贴政策实践及其对中国的启示[J].国际贸易，2022（10）:43-52.

102. 桑琦.突发公共卫生事件下临时性贸易限制措施的合规性研究[D].河南:郑州大学，2022.

103. 周磊，杨威，余玲珑，兰姗.美国对华技术出口管制的实体清单分析及其启示[J].情报杂志，2020，39（7）:23-28.

104. 王天禅.美国新兴技术出口管制及其影响分析[J].信息安全与通信保密，2020（4）:14-19.

105. 梁若楠.美国出口管制法的域外适用研究[D].厦门：华侨大学，2020.